¡Es hora de emprender el vuelo!

¡Es hora de emprender el vuelo!

Un llamado a las mujeres que quieren la recompensa de su libertad financiera

Kim Kiyosaki

AGUILAR

AGUILAR

¡Es hora de emprender el vuelo!
© Kim Kiyosaki, 2011
Título original: *It's Rising Time! A Call For Women*
Publicado en inglés por Plata Publishing, LLC

De esta edición:
D. R. © Santillana Ediciones Generales, S. A. de C. V., 2012
Av. Río Mixcoac 274, Col. Acacias
C. P. 03240, México, D. F.

Primera edición: abril de 2012
ISBN: 978-607-11-1672-7

Traducción: Alejandra Ramos
La cubierta es una adaptación de la edición original.
Fotografía de la autora: Seymour & Brody Studio

Impreso en México

PRISA EDICIONES

ÍNDICE

¡HAZLO!

Actúa… Aplica

Si no se actúa –si no *haces* algo–, ni la mejor educación, ni los entrenadores, ni los mentores, ni el equipo de apoyo, ni todo el compromiso del mundo, lograrán mover la aguja de tu medidor de sueños.

Hazlo… Aspira a tus sueños.

Hazlo… Consigue el conocimiento y las habilidades necesarias para desarrollar la confianza en ti misma y estar más preparada para tomar decisiones informadas.

Hazlo… Aplica todo lo que has aprendido y ponte a la altura de tus desafíos, tus distintas inteligencias… y tus sueños.

Tú puedes hacerlo. Estoy segura.

¡Es hora de emprender el vuelo!

PREFACIO

¡Es hora de emprender el vuelo!

Un llamado a las mujeres…

Para que emprendan el vuelo y hagan lo que *realmente* se requiere para obtener la recompensa de la libertad financiera.

Emprender el vuelo significa "ser más poderosa, crecer, ponerse de pie, extender las alas y volar". *¡Es hora de emprender el vuelo!* es un manifiesto de tu compromiso de no darte por vencida, de superar los obstáculos y continuar escalando incluso en los momentos de duda. Éste es un acuerdo contigo misma para hacer lo que sea necesario con tal de alcanzar tus sueños financieros. *¡Es hora de emprender el vuelo!* trata de ser fiel a ti misma y ayudarte a obtener lo que deseas.

Hacer lo que realmente *se necesita*… ¿Qué es lo que *realmente* se *necesita*? Se requiere todo de ti: cuerpo, mente, pensamientos, emociones y espíritu. ¡Perseguir tus sueños financieros y tu libertad económica te obligará a emprender un viaje maravilloso! Yo le tengo enorme respeto a las mujeres que deciden hacerlo porque, aunque es muy gratificante, no es una tarea sencilla. Al asumirla no te quedará otra opción más que crecer en los aspectos mental, emocional y espiritual, debido a las experiencias que vivirás. Esto *realmente* exige más que sólo conocer la información acerca de cómo buscar, comprar, tener y vender inversiones. Exige *realmente* más que sólo estudiar e investigar, porque los datos y la información, por sí solos, no te llevarán hasta allá. Lo que se requiere es reunir los hechos y las cifras para luego salir y ponerlos en acción, para actuar de verdad. El auténtico aprendizaje se da en la práctica. Al leer este libro conocerás a muchas mujeres que justamente hicieron eso y triunfaron. También te enterarás del tipo de desafíos que enfrentaron y de la manera en que continuaron viviendo. Ésa es la clave. Hay muchas mujeres que nunca comienzan o que, sencillamente, se dan por vencidas en algún momento antes de lograr sus sueños. Ellas saben que lo que *realmente* se necesita es: lidiar con los obstáculos, los temores y lo desconocido.

El propósito de *¡Es hora de emprender el vuelo!* es brindarte las herramientas, las historias de la vida real, la inspiración y el valor para ir más allá de lo que se interpone en tu camino, y seguir avanzando por encima de todo.

… *para obtener la recompensa de la libertad financiera.* La recompensa es lograr tu sueño, aunque puedes conseguir aún más. La libertad financiera tiene que ver con algo más que el dinero. Tiene que ver con el hecho de que una mujer sea libre para ser quien verdaderamente desea ser. A veces estamos demasiado ocupadas favoreciendo a todos los demás (esposo, pareja, hijos, padres, jefes) y desempeñando tantos papeles (madre, esposa, mujer de negocios, empleada, hija, hermana) que perdemos de vista quiénes somos en realidad y qué es lo que deseamos. *¡Es hora de emprender el vuelo!* te ayudará a aclararlo. Porque, verás, para alcanzar tu sueño financiero tienes que convertirte en una mujer distinta a la que eres hoy. En este proceso tendrás que crecer, mejorar y fortalecer los aspectos espiritual y emocional. Dicho de otra forma, cualquier cosa que en el pasado y hasta ahora te haya impedido desarrollar tu potencial total, tendrá que desaparecer para que pueda emerger la mujer feliz, juguetona e inteligente que *tú* eres en realidad. Ésa es la verdadera recompensa.

¿Cómo lo vas a hacer? Dando un solo paso cada vez. Llevando a cabo todos los días alguna acción que te acerque más a tu sueño financiero. La clave radica en actuar porque, sencillamente, no puedes *tener* algo sin *hacer* algo para conseguirlo.

¡Es hora de emprender el vuelo! es un verdadero llamado para las mujeres. Es para aquellas mujeres que quieren más en su vida, que no le tienen miedo al desafío, que están dispuestas a ponerse de pie y convertirse en modelos a seguir, que están preparadas para hacer lo que se requiere hoy para conseguir la libertad y la felicidad del mañana. ¡Para las mujeres que lo quieren todo!

Si tú eres así, entonces, bienvenida a una aventura increíble. *¡Es hora de emprender el vuelo!*

INTRODUCCIÓN

¡Es hora de emprender el vuelo! es un llamado para las mujeres que están listas para dar el siguiente paso importante en sus vidas. *¡Es hora de emprender el vuelo!* es para las mujeres que quieren crecer y llegar más allá del lugar en el que ahora se encuentran. *¡Es hora de emprender el vuelo!* es para las mujeres que tienen una visión de lo que verdaderamente quieren en la vida y que están dispuestas a hacer lo necesario para conseguirlo.

La revista *The Economist* afirmó: "[…] la siguiente ola importante de crecimiento económico no se generará a partir de Internet, China o la India, sino de las mujeres que ahora están cobrando fuerza".

Recientemente, Muhtar Kent, director ejecutivo de Coca-Cola, señaló en uno de sus discursos que "la verdad es que las mujeres ya son la fuerza económica más dinámica y de mayor crecimiento del mundo en la actualidad. El siglo XXI será 'El siglo de las mujeres'".

¡Es hora de emprender el vuelo! se enfoca en el mundo en el que tú y todas las demás mujeres viven hoy: nuestro mundo financiero. El libro trata acerca del dinero; sin embargo, a medida que lo leas, te irás dando cuenta de que tiene que ver con muchos otros aspectos. *¡Es hora de emprender el vuelo!* es una afirmación para ti misma de que ha llegado el momento de cumplir *tus* sueños por encima de todo.

¿Por qué digo "por encima de todo"? Porque para cumplir un gran sueño se requiere de un carácter atrevido y decidido, y de agallas a la vieja usanza. Éste no es un juego para niñitas, como dice mi amiga Dionne: "Es hora de que te pongas las pantaletas de niña grande".

¿Por qué digo "por encima de todo"? Porque hay muchas mujeres que se dan por vencidas, que renuncian a sus sueños y, peor aún, a sí mismas. A muchas les fascina la idea de tener seguridad e independencia financieras. Les emociona tanto que, por eso, comienzan a trabajar. Tal vez leen un libro o asisten a un seminario. Inician el proceso y lo siguen hasta que se encuentran con un gran tope en el camino. Cometen un error o la vida interfiere en sus planes y eso las hace llegar a la conclusión de que "es muy difícil". Entonces, renuncian.

Este libro no se llama *¡Es hora de echarse a flojear!*, se llama *¡Es hora de emprender el vuelo!* Ahora bien, para ser poderosa, crecer y volar, se requiere ir más allá de la zona que ya conoces y que te hace sentir cómoda. Es necesario adentrarse en un territorio que te es ajeno y te hará sentir torpe.

¡Es hora de emprender el vuelo! habla acerca de lo que *en verdad* se requiere para ir del lugar en donde hoy te encuentras, en el aspecto financiero, al lugar en donde quieres estar. Tal vez te sorprendas al descubrir lo que se necesita porque, independientemente de que seas una novata o una mujer que ya se ocupa de manera activa de cumplir sus sueños financieros, *¡Es hora de emprender el vuelo!* te desafiará a continuar elevándote y yendo más allá de donde estás, más allá de lo que crees que puedes lograr.

Aquí compartiré historias de la vida real. Historias de mujeres de negocios e inversionistas muy abiertas y francas, que cuentan las cosas tal como son. No tiene nada que ver con la teoría o las perspectivas académicas porque, para entender lo que en realidad se requiere en el mundo del dinero es necesario aprenderlo de la gente que practica lo que predica, que está allá afuera todos los días haciendo aquello de lo que hablan en este libro.

Incluiré hechos, cifras y datos, es decir, la información para el hemisferio izquierdo del cerebro que necesitarás para alcanzar la independencia financiera. Sin embargo, también iré más allá. *¡Es hora de emprender el vuelo!* involucra todos los sentidos: pensamientos, mente, emociones, corazón, cuerpo y espíritu; porque para alcanzar cualquier objetivo valioso y significativo, es necesario entregarse por completo.

Lograr algo exige acción, y la acción, a su vez, te abrirá puertas que nunca imaginaste. Esto es lo más emocionante de todo porque aquí es donde ocurre el verdadero crecimiento y aprendizaje, en el *actuar* en la vida real.

Para tener tienes que actuar: el triángulo triple A.™

No puedes tener lo que quieres a menos de que hagas algo. Si no es imposible. Piensa en los "deseos" de tu vida. Tal vez deseas éxito, riqueza, salud, relaciones gozosas o diversión. Para lograr cualquiera de esos objetivos tienes que *actuar*. El éxito requiere de logros. La riqueza requiere liberar un producto o servicio que alguien quiere adquirir en buenos términos. La riqueza exige comer bien y ejercitarse. Cualquier cosa que *tengas* es resultado de lo que *haces*.

La definición de *hacer* es la de "planear, ejecutar, complementar, ejercer, para convertirse en su causa". Hay tres tipos necesarios de *hacer* para alcanzar una meta. Algunas mujeres comienzan pero no alcanzan sus metas financieras, porque sólo se enfocan en dos o tres pasos del *hacer*.

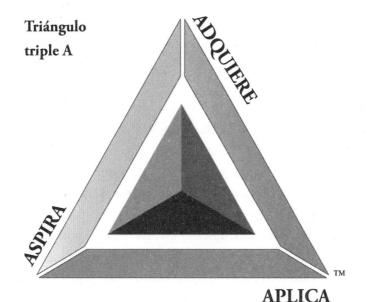

Triángulo triple A

ADQUIERE

ASPIRA

APLICA ™

Éstas son las tres partes del triángulo triple A:

1. ASPIRA

Éste es el sueño, la visión, el deseo. Es algo más que "Quiero un millón de dólares". Es lo que obtendrás cuando alcances tu meta financiera. El sueño puede ser: "Tendré la libertad de navegar por todo el mundo", "Me voy a dedicar a la fotografía", "Tendré tiempo para estar con mi nieta", "Voy a abrir mi tienda de alimentos *gourmet*", "Seré voluntaria de la asociación Habitat for Humanity". Como verás, aunque el objetivo es financiero, el sueño va más allá de lo económico. *Actuar* para *aspirar* implica que debes:

• Elegir tu sueño o deseo.
• Tener una visión clara de cómo luce el deseo en tu imaginación. Puedes crear esta imagen en tu mente o fabricar un dibujo o *collage* de fotografías y palabras que representen tu sueño.
• Lo más adecuado es que recurras a esta imagen todos los días. Ésta es la visión de por qué haces lo que haces.

2. ADQUIERE

Ésta es la parte educativa de *actuar*. Adquirir conocimiento implica leer libros, asistir a seminarios y clases, realizar investigación y estudios por medio de Internet, hablar con expertos, trabajar con entrenadores y mentores, etcétera. En este punto reúnes la información que necesitas para actuar, y esto nos conduce a la tercera etapa.

3. APLICA

Éste es el momento en el que pones en acción todo lo que has aprendido. Aplicar el conocimiento exige acciones como presentar una oferta de compra, poner el dinero sobre la mesa, recibir a tu primer cliente, comprar acciones u oro, hacer una llamada de ventas o solicitar que alguien invierta en ti. La frase técnica que uso para la aplicación del conocimiento es: "Es hora de poner tu trasero en riesgo". Si no das este paso de *aplicación*, no sucederá nada.

El verdadero conocimiento proviene de poner en práctica, en la vida real, lo que has aprendido. Para alcanzar tus objetivos y sueños tienes que incluir las tres etapas del triángulo triple A.

Confucio lo dijo mejor: **"Saber y no hacer es como no saber nada".**

Muchas mujeres dan el primer paso, ASPIRAN, pero luego pasan a la etapa de ADQUIRIR, y ahí se quedan. Van a todos los seminarios, leen los libros e investigan todo el tiempo en Internet. El problema es que nunca llegan a la etapa en la que deben APLICAR. ¿Por qué? Yo creo que es porque tienen miedo de cometer errores, de perder dinero, de parecer estúpidas, o de que la gente les recrimine: "¡Te lo dije!".

Sin embargo, todos esos miedos sólo desaparecerán cuando *apliques* el conocimiento que has *adquirido*. Para alcanzar tus sueños financieros es necesario que des los tres pasos y, sobre todo, que superes la etapa de *aplicación*, en la que muchas mujeres se detienen.

El propósito de *¡Es hora de emprender el vuelo!* es ofrecerte claridad para definir lo que ASPIRAS a hacer, brindarte la información que necesitas ADQUIRIR, y luego, lo más importante, que uses las anécdotas reales y la motivación como un elemento catalizador que te permita APLICAR el conocimiento en tu vida y obtener lo que siempre has querido.

Estos tres pasos están en movimiento constante, es decir, no pasas del primero al segundo, y luego al tercero para acabar y ya. Primero tienes que aspirar, adquirir y aplicar. Luego vuelves a adquirir y aplicar más, adquirir y aplicar más. Y mientras tanto, te mantienes aferrada a tu visión y a lo que deseas. Es un ciclo dinámico que no termina. Durante el proceso en el que tienes ese gran sueño al que aspiras, también irás logrando objetivos menores que se presentarán en tu camino. Cada uno de estos objetivos tiene a su vez su propio triángulo triple A.

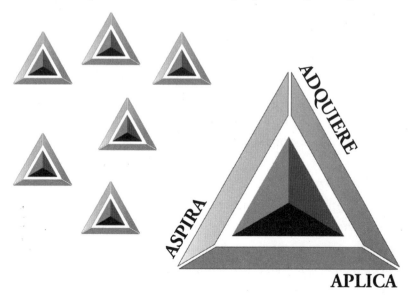

Conforme te vayas acercando a tus sueños financieros tienes que prestar mucha atención a qué cantidad de tus *acciones* inviertes en *adquirir* conocimiento, y qué cantidad inviertes en *aplicarlo*. Si notas que hay un desequilibrio, tienes que reajustar las cantidades porque siempre debe mantenerse un flujo constante entre las tres etapas: aspirar, adquirir y aplicar.

Lo que significa hoy para ti

En el momento en el que escribo, septiembre de 2011, Estados Unidos y la economía del mundo están convertidos en… (¿cómo puedo expresarlo de una manera amable?), una inmensa porquería, digamos. Sin embargo, yo predigo que la situación global empeorará mucho más, antes de comenzar a mejorar.

¿Y qué significa eso para ti y para mí? Dado el momento en que nos encontramos, significa tres cosas:

1. Que yo no espero ni dependo de que el gobierno y su legislación resuelvan mis problemas económicos. No creo que ellos tengan las respuestas que nos ayudarán a ti o a mí.

2. Que éste es el mejor momento para tomar tu vida financiera en tus manos y no depender del gobierno, de tu esposo, de tus padres o de algún "experto" financiero. Tu futuro depende de ti misma.

3. Que tu vida financiera y tu riqueza no tienen por qué estar a merced de la economía. Sí, es importante que prestemos atención a lo que sucede, pero la economía no tiene por qué ejercer un impacto importante en ti, tu dinero o tu bienestar. Tú puedes prosperar a pesar de lo que suceda en el mundo. En este libro encontrarás la evidencia que lo prueba.

¡A la aventura!

Cuando te embarques en esta travesía descubrirás que el aspecto financiero es parte esencial de tu vida diaria, y no algo ajeno. Admítelo, el aspecto financiero siempre te acompañará porque no es un pasatiempo, ni algo en lo que trabajes una o dos veces al año. Es una preocupación viva y constante. Si todos los días le prestas atención y haces algo que te acerque a tu objetivo financiero, entonces verás que otras áreas de tu vida también mejoran.

Te prometo lo siguiente: si eres nueva en el mundo de las finanzas y la inversión, o si llevas varios años invirtiendo de manera exitosa, *¡Es hora de emprender el vuelo!* te apoyará y te dará la información que cualquier mujer que se encuentre luchando para mejorar su vida financiera necesita. Las mujeres que aquí comparten sus historias lo hacen con pasión para encender una chispa en todas aquellas que quieren asumir el control de su vida financiera.

También te prometo que, en el proceso para alcanzar tus sueños financieros, vivirás una gran cantidad de momentos de realización, de logros personales en los que crecerás en los aspectos mental, emocional, físico y espiritual. Ésta es la belleza del conocimiento verdadero, y el tipo de magia oculto en esta travesía.

Así pues, mujeres, yo las aplaudo. *¡Es hora de emprender el vuelo!*

PRIMERA PARTE

ASPIRA:
ELIGE TU SUEÑO

CAPÍTULO 1.

EL DINERO
NO TE VUELVE RICA

---

*Para emprender el vuelo y aumentar tu inteligencia financiera
y mucho más se requiere...*

El encabezado decía: "¡La ex esposa de Eddie Murphy está en la ruina!". Un artículo de 2010 explicaba que, en 2006, Nicole Murphy había llegado a un convenio de divorcio con Eddie Murphy por quince millones de dólares. Nicole eligió recibir el dinero en una sola exhibición en lugar de que se le entregaran pagos mensuales, y en menos de cuatro años se gastó los quince millones. Para colmo, todavía tiene deudas pendientes. Le debe 846 000 dólares al Servicio de Impuestos Internos (IRS, por sus siglas en inglés), 600 000 a un despacho de abogados y 60 000 a una compañía de diseño del paisaje. Además, se vio forzada a poner su casa a la venta (inmueble por el que todavía debe cinco millones de dólares). En suma, no sólo se gastó los quince millones, también acumuló una deuda mala de 6.5 millones de dólares.

¿Cuál es ahora su plan financiero? Según el artículo, "Nicole Murphy se encuentra comprometida a Michael Strahan, el gran ex futbolista de la NFL, comentarista de televisión y celebridad del momento". Todo parece indicar que Nicole sí tiene un plan, sin embargo, éste no tiene nada que ver con hacerse cargo por sí misma de sus asuntos financieros. Más bien, parece que ahora dependerá de su siguiente príncipe azul.

Nicole es joven, hermosa y está muy bien conectada entre las celebridades, así que estoy segura de que le va a ir bien. Pero el golpe que sus acciones le propinará a su autoestima, y el ejemplo que le está ofreciendo a otras mujeres jóvenes del mundo, es un asunto distinto. Y no tengo nada más que decir al respecto.

Acepto que soy sólo una observadora desde el exterior, no obstante, desde mi perspectiva, esta historia ilustra algunas de las decisiones que muchas mujeres toman con frecuencia. Decisiones como:

• Mi plan financiero es un hombre.

• Elijo ser ignorante en el aspecto financiero. Si ignoro el problema, tal vez éste desaparezca.

• Hoy voy a tomar el camino fácil a pesar de que es muy probable que, en el futuro, se torne en el camino difícil.

La historia de Nicole también revela otra verdad: si no sabes en dónde colocar tu dinero, éste desaparecerá. Ella tenía mucho pero, como no sabía en dónde ponerlo para generar seguridad financiera para sí misma, lo perdió. Y no sólo lo perdió, también terminó enfrascada en una deuda mala mucho mayor.

Tener dinero no implica ser inteligente en el aspecto financiero

Tengas mucho o poco dinero, hay un hecho innegable: si no sabes qué hacer con él, te lo vas a acabar.

Ed McMahon fue por muchos años el famoso compañero de Johnny Carson en *The Tonight Show*, y actualmente, también es un ejemplo perfecto de lo que te digo. El señor McMahon hizo millones de dólares a lo largo de su vida y se convirtió en un icono de la televisión estadounidense porque era un caballero inteligente, carismático, respetado y querido. Pero el hecho de que una persona tenga mucho dinero no significa que esté bien informada sobre temas financieros.

Si no sabes en qué usar tu dinero, éste desaparecerá.

Hacia el final de su vida, McMahon tuvo que enfrentar el remate de su casa y una deuda por 747 000 dólares con American Express; pero ésos fueron sólo dos de sus muchos dolores de cabeza financieros.

¿Cómo pudo suceder algo así? El señor McMahon lo explicó con mucha brevedad: "Hice mucho dinero, pero también puedo gastar en grandes cantidades". El suyo fue el típico y sencillo caso de quien gasta más de lo que gana. Bueno, ¡tal vez no sea tan sencillo cuando hablamos de millones!

Las historias de Nicole Murphy y Ed McMahon ilustran que tener mucho dinero no garantiza ser independiente en el aspecto financiero, ni siquiera garantizan la seguridad, para empezar.

Las mujeres y el dinero en la actualidad

Hoy en día, las mujeres señalan que los "problemas financieros" son la mayor preocupación en sus vidas, que incluso tienen un peso mayor que la familia, la salud o el tiempo. Las mujeres sabemos bien que tenemos que hacer algo, pero, entonces, ¿por qué no actuamos? ¿Qué es lo que nos impide a las mujeres involucrarnos activamente en la construcción de un futuro financiero seguro? Un estudio realizado en 2010 dio como resultado tres razones principales:

1. Las mujeres saben muy poco sobre el dinero y el ámbito bursátil.
2. A las mujeres les parece que el tema de las finanzas es demasiado complicado, confuso y abrumador.
3. Las mujeres dicen que no tienen tiempo para dedicarse a su vida financiera debido a sus niños, su empleo o carrera, y sus obligaciones cotidianas. (Sí, nosotras las mujeres somos expertas en atender a todo mundo antes y dejarnos en último lugar.)

En realidad no es difícil entender por qué el dinero ocupa el primer lugar en la lista de preocupaciones de las mujeres. Los datos acerca de la relación entre ellas y el dinero son pavorosos, particularmente a medida que vamos envejeciendo.

1. **Durante la jubilación las mujeres son más pobres que los hombres.**
   - Las mujeres tienen el doble de probabilidades que los hombres de vivir su retiro en la pobreza.

- De los adultos mayores que viven en la pobreza en los Estados Unidos, un alarmante 87 por ciento está formado por mujeres.
- Un dato aún más sorprendente es que la mayoría de estas mujeres que ahora vive en la pobreza tenía una situación económica diferente cuando sus esposos estaban vivos.
- Y aquí hay una variante muy peculiar: una mujer podría acabarse los ahorros de la pareja para cubrir los gastos de un esposo enfermo y agotar, de esa forma, los recursos financieros que necesitaría para el resto de *su* vida.
- Además de vivir más tiempo que los hombres, las mujeres muy a menudo se casan con parejas mayores. Eso significa que muchas de ellas serán viudas que tendrán que mantenerse a sí mismas durante quince o veinte años.

2. En el divorcio, las mujeres son más pobres que los hombres.

- Las mujeres divorciadas con niños tienen cuatro veces más probabilidades que las mujeres casadas de recibir un ingreso por debajo de la línea de la pobreza.
- En el año 2000, en Estados Unidos el ingreso promedio para una mujer madura divorciada es de sólo once mil dólares al año.

Ahora te presento un estudio que me dejó atónita. Este artículo apareció en el periódico *Saturday Star* de Johannesburgo, Sudáfrica, el 19 de enero de 2008:

Si bien es cierto que prometen permanecer junto a uno en lo próspero y en lo adverso, las esposas están más interesadas en lo próspero. En un estudio realizado con hombres y mujeres casados en Gran Bretaña, 59 por ciento de las esposas dijo que si el futuro de su seguridad económica estuviera asegurado, se divorciarían de inmediato.

¡Casi 60 por ciento de las mujeres encuestadas aseguraron que dejarían su matrimonio si pudieran darse el lujo de hacerlo!

En Suecia se realizó un estudio similar en donde 37 por ciento de las mujeres afirmó que si tuviera el dinero suficiente para cuidar de sí mismas, se divorciarían. El resultado no es tan alto como en Gran Bretaña, pero aun así sigue siendo importante. Resulta muy obvio que las mujeres, el dinero y el matrimonio están fuertemente vinculados.

3. Las mujeres carecen de educación financiera en general.
- Cincuenta y ocho por ciento de las mujeres *baby boomers* tiene menos de diez mil dólares en su plan de retiro.
- Treinta y tres por ciento de las mujeres inversionistas acepta que evita en lo posible tomar decisiones financieras por miedo a cometer errores.
- Las mujeres tienden a poseer inversiones y valores con tasas de retornos muy bajas.
- Las mujeres tienen tres veces más probabilidades que los hombres de NO saber qué tipos de inversiones ofrecen los mejores retornos.

De acuerdo con la investigación de Christopher Hayes y Kate Kelly, "La toma de decisiones de las mujeres tiende a basarse en la seguridad y la preocupación por otros. Sus elecciones están dirigidas a ganar suficiente dinero para ir sobreviviendo, más que a volverse ricas. Este deseo de seguridad ocasiona que favorezcan las inversiones 'seguras' en lugar de aquellas que podrían darles mayores retornos".

Lo que realmente *se necesita*

Ya no pienso continuar hablando del horripilante estado en el que muchas mujeres terminan, en lo que se refiere a su vida financiera, particularmente a medida que van envejeciendo. Asumo que tú ya tomaste la decisión de seguir adelante, mejorar tu vida financiera y cumplir tus sueños. Creo que no hay necesidad de convencerte de que esto es importante, porque tú sabes que lo es, al menos para ti. (No obstante, te pido que compartas estas estadísticas con mujeres que no están al tanto del asunto.)

Entonces, ¿qué es lo que *realmente* se necesita hacer para que se cumplan tus sueños financieros? ¿Recuerdas qué es lo que, según el estudio, impide actuar a las mujeres?
- Falta de conocimiento.
- Falta de tiempo.
- Información abrumadora.

La verdad es que cualquier mujer puede adquirir el conocimiento; cualquier mujer puede revisar la información para encontrar lo que necesita. Todo comienza con aprender el vocabulario del dinero y las inversiones. Tu conocimiento sobre el tema se incrementará en gran medida tan sólo con aprender las definiciones de la jerga financiera.

¿Y respecto a no tener tiempo? ¿Qué harías si tu casa comenzara a incendiarse? ¿Acaso dirías, "Lo siento, no tengo tiempo para apagar las llamas"? Claro que no. Lo que harías sería dejar a un lado lo que te mantiene ocupada, y actuar de inmediato porque, en ese momento, tu casa debe ser la prioridad número uno. Por desgracia, hay muchas mujeres que no le dan importancia a su situación financiera hasta que la casa, es decir, su economía, ya está envuelta en llamas. En la mayoría de los casos para entonces ya es demasiado tarde.

Estoy segura de que las mujeres que contestaron las encuestas anteriores lo hicieron con honestidad, pero ¿*de verdad* son estos los factores que las limitan? ¿Son éstas las causas *verdaderas*?

Creo que en este rompecabezas que explica lo que impide que las mujeres *aspiren* a su sueño, *adquieran* el conocimiento y lo *apliquen*, faltan dos piezas de gran relevancia.

La primera pieza es la *educación financiera*. Debo señalar, sin embargo, que hay demasiada confusión sobre este término porque la mayoría de la gente no tiene una definición clara de lo que significa. La palabra "educación" proviene de "educe", que significa "obtener información, desarrollar". La educación es un proceso de descubrimiento, no de quedarse sentado en silencio memorizando lo que se lee y lo que el maestro dice para luego sólo regurgitarlo. Esta descripción se acerca más a lo que se conoce como "lavado de cerebro: imponer ideas a alguien o condicionarlo a que se comporte de una manera diferente".

La verdadera educación tiene como objetivo sacar la información de los alumnos para que ellos puedan aprender mediante su propio proceso de descubrimiento. El sistema educativo tradicional a menudo te dará la respuesta de la siguiente forma: "El quemador de la estufa está caliente. No lo toques". La verdadera educación, por otra parte, consiste en esa experiencia que se vive cuando ves el quemador por primera vez y sientes curiosidad de tocarlo. Luego caminas hasta la estufa, lo tocas y te quemas. ¿Cuál de los dos sistemas brinda un aprendizaje mayor? La verdadera educación implica descubrir las cosas por ti mismo aunque, a veces, el proceso sea muy doloroso.

¿Y qué pasa con la educación financiera? El sistema escolar invita a un banquero al salón de clases, en donde hay niños de diez años de edad. Ahí, les explica cómo pueden abrir una cuenta en el banco. O tal vez se invite a un corredor de bolsa a una preparatoria para que hable sobre acciones y fondos mutualistas, al mismo tiempo que reparte tarjetas de presentación y motiva a los adolescentes a abrir una cuenta de compra-venta de acciones. Pero eso no es educación, es un discursito de ventas.

La educación financiera consiste en descubrir en dónde te encuentras tú, qué es lo que tienes y a dónde quieres ir. La palabra clave aquí es *tú*, porque la situación financiera de cada persona es distinta. A menudo escucho a los "expertos" financieros recomendar de manera general, "No debes invertir más de 15 por ciento de tu portafolio en oro". ¿Cómo demonios saben lo que más le conviene a cada individuo? O a veces dicen, "Termina de pagar la hipoteca de la propiedad en la que habitas". Éste tal vez sea un buen consejo para algunas personas, pero no para todas. Tú tienes que descubrir lo que necesitas y lo que deseas en términos de tu dinero y tu futuro financiero. Después de hacerlo, debes conseguir el conocimiento que te ayudará a cumplir tus objetivos.

¿Pero qué tipo de conocimiento debes buscar y dónde vas a encontrarlo? La escuela no nos brinda muchas opciones en lo que respecta a quién prestarle atención. La información proviene de los maestros que fueron seleccionados previamente para dar clase en cada salón. Sin embargo, en el ámbito extraescolar sí tenemos la oportunidad de elegir a quién escuchar. Fuera de la escuela, podemos elegir a nuestros mentores, consejeros, entrenadores y "maestros". La mayoría de mis maestros ni siquiera está consciente de que enseña. Ellos son personas que, de manera natural, me transmiten su experiencia y conocimiento del mundo real.

Debo señalar que, por lo menos al principio, esta libertad de elegir también puede implicar cierto nivel de confusión. Eso se debe a que no existe un solo lugar, como una escuela —digamos— que contenga toda la información y el conocimiento que requieres para llegar a ser independiente en el aspecto financiero. Es algo que tienes que buscar por ti misma.

¿Y en dónde debes buscar? En libros, seminarios, reuniones y clubes de inversión. Investigando, viendo videos y chateando en Internet. Discutiendo con expertos de cada ramo, es decir, el tipo de gente que ya está haciendo lo que tú quieres lograr. Encontrando mentores y entrenadores que te puedan guiar en este proceso, y trabajando en red con otros inversionistas. Éstas son tan sólo algunas opciones, pero no hay nada que pueda remplazar este tipo de educación financiera. Son pasos que debes dar y que no puedes eludir ni delegarle a alguien más. Es una obligación que debes cumplir, pero los resultados valen la pena.

A continuación, Lorraine Stylianou, de Londres, Inglaterra, nos comparte su experiencia y nos habla de la recompensa que ella obtuvo gracias a su educación financiera.

Tengo dos hijos pequeños, menores de cinco años, y yo soy quien mantiene la casa. Me conseguí un segundo empleo para pagar la hipoteca de la casa familiar en el norte de Londres. Era una modesta vivienda en un conjunto de casas adosadas. Sin embargo, como trabajaba más de cuarenta horas en mi empleo de tiempo completo, y además, pasaba los fines de semana trabajando como administradora autoempleada, muy pronto ya no tuve tiempo para estar con mis hijos.

Vivía en una especie de rueda gigante para hámsters y tenía que cuidar cada centavo que ganaba.

Un sábado salí de compras con mis hijos y descubrí que en mi bolsa sólo quedaba una moneda de dos libras. Teníamos hambre y decidimos compartir una comida infantil que compramos en un restaurante de la más famosa cadena de hamburguesas. ¡Cada uno de nosotros comió un nugget de pollo y como cuatro papas fritas!

A partir de ese momento comprendí que algo tenía que cambiar. Decidí que iría a la sección de Economía de la biblioteca local, y leería todos los libros que encontrara sobre negocios y finanzas. Ese año me inscribí en un curso de fin de semana sobre dinero e inversiones para mujeres, y más adelante tomé cuatro cursos sobre bienes raíces. Cuatro meses después, compré un diminuto departamento de una recámara para rentar en Escocia, y no tuve que pagar enganche.

Ahora, a tan sólo dieciocho meses de haber comprado el primer departamento, ya poseo ocho propiedades y pude renunciar a mi empleo fijo. Vivo temporalmente con mis hijos en uno de los departamentos y rentamos la casa familiar. Gracias a estos cambios, mi nivel de vida mejoró muchísimo. Pintar, que es mi pasatiempo preferido, se está transformando en un negocio lucrativo, y por fin logré dejar aquella vida en la rueda de hámster que me hacía ir y venir al centro de Londres. Por si fuera poco, ya no necesito aquel empleo que me hacía la vida insoportable y me deprimía tanto.

Ahora soy mi propia jefa. Lo logré, principalmente, gracias a la educación financiera que adquirí con los libros, seminarios y la experiencia de salir allá afuera y hacer las cosas.

Ésa es la recompensa que se puede obtener al buscar la educación financiera apropiada para ti.

La segunda pieza que falta en el rompecabezas de por qué las mujeres no actúan es *lo invisible*. Más allá del conocimiento que proviene de la educación financiera, yace lo invisible, lugar en donde se encuentra la "fórmula secreta". Esta fórmula secreta tiene muy poco que ver con datos y cifras. Es invisible porque no se le puede ver, y es secreta porque está oculta para la mayoría de las personas.

La verdadera fuerza, propósito y genio de una mujer, radican en lo invisible. El secreto está en hacerlo visible: justamente en lo que nosotras nos enfocaremos ahora.

Para cumplir tus sueños financieros debes mezclar la información de lo que quieres y cómo lo quieres lograr, con los pensamientos, emociones y espíritu de lo invisible. A continuación exploraremos los detalles de este secreto oculto.

CAPÍTULO 2

VE LO INVISIBLE

Para ir más allá de lo visible se requiere...

Tu cerebro tiene un lado izquierdo que alberga la parte lógica, analítica y práctica de tu mundo. Asimismo, cuenta con un hemisferio derecho que contiene la parte creativa, innovadora e intuitiva. Además de lo anterior, existe lo físico, lo espiritual y lo que hay en medio. Para cumplir tus sueños financieros tienes que echar mano de todo lo anterior. Se necesita todo lo que eres.

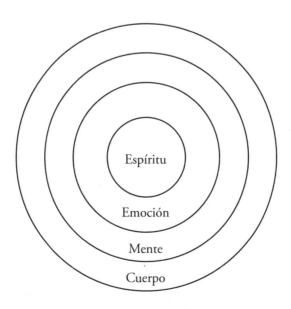

Espíritu

Emoción

Mente

Cuerpo

Cuerpo

En este mundo físico en el que vivimos, es obvio que necesitamos de nuestro cuerpo para lograr cualquier cosa. No tiene que funcionar a la perfección, pero es una herramienta importante para nuestra travesía financiera.

Tu cuerpo te da señales. Por ejemplo, ¿alguna vez has tenido una sensación física con la que el corazón te dice que algo anda mal? O tal vez has sentido que el estómago se te revuelve cuando estás con alguien en quien no confías. Pues ése es tu cuerpo que está tratando de enviarte señales, así que confía en ellas. Tu cuerpo es el conducto físico de tus pensamientos, emociones y espíritu.

Mente

El cerebro es una zona de suma importancia del cuerpo; en él se reúnen, almacenan y organizan todos los hechos, las cifras, las historias y la información que necesitamos para tomar buenas decisiones. Tu cerebro físico es una masa encapsulada en el cráneo, pero, ¿alguna vez has visto una mente o un pensamiento? A pesar de que tus pensamientos son parte de tu mundo invisible, tienen muchísimo poder. Son una de las fuerzas que determinan los resultados que obtienes en la vida. Lo que es difícil manejar es el hecho de que algunos de nuestros pensamientos son conscientes, mientras que otros son subconscientes y están ocultos bajo la superficie. Estos pensamientos subconscientes tienen igual o mayor poder que aquellos de los que sí nos percatamos. Por ejemplo, cuando escuchas la palabra "invertir", ¿qué es lo primero que te viene a la mente? ¿Son pensamientos positivos o negativos? ¿La idea de invertir te emociona o te da flojera?

Cuando escuchas el término "independiente en el aspecto financiero", ¿en qué piensas? ¿Te dices a ti misma, "¡Sí, yo puedo hacerlo! ¡Será un viaje divertido!"? O piensas, "Prefiero ser feliz que rica. Se ve demasiado difícil. No quiero perder dinero"? Pensamientos como: "No-puedo-hacerlo" o "No-sé-qué hacer", son lo que te impide tener el éxito financiero que deseas.

En una ocasión estaba platicando con Janet, una amiga mía, sobre el tipo de auto que debería comprarse. Ella es joven, inteligente, soltera y atractiva. Le pregunté, "¿Alguna vez has probado el Porsche?". De inmediato la noté nerviosa e irritada. Con un tono de voz agresivo, me contestó, "¡No quiero un Porsche!". Yo me quedé asombrada por la forma en que reaccionó.

—¿Por qué? –le pregunté.

—¡Porque no soy ese tipo de mujer! –respondió con rapidez.

Me esforcé mucho para no molestarme porque… ¡Yo tenía un Porsche! Mantuve la calma y, llena de curiosidad, le pregunté, "¿Qué tipo de mujer?". Me miró como si yo debiera saber la respuesta. "El tipo de mujer ostentosa y fácil que echa mano del sexo, no tiene cerebro y sólo quiere ser vista".

"¡Guau!", pensé. "¿Cómo diablos llegó a asociar el Porsche con todo eso?". Su respuesta me parecía totalmente ilógica, pero, en algún lugar del subconsciente de Janet, resultaba natural creer que el hecho de que una mujer manejara un Porsche la hacía estúpida y superflua. En ese momento decidí abandonar el psicoanálisis y, de paso, dejar de hablar de autos.

El poder de tus pensamientos

Uno de mis libros favoritos es *Así como un hombre piensa* de James Allen. Este libro fue escrito en 1902 y, en él, Allen explica que su propósito es "estimular a los hombres y las mujeres al descubrimiento y entendimiento de la siguiente verdad: *Que ellos son los forjadores de sí mismos*". Luego explica que, "Un hombre es literalmente lo que piensa, dado que su carácter es la suma completa de todos sus pensamientos". Allen hizo un poema para ilustrar su concepto:

> *La mente es el poder supremo que moldea y crea.*
> *El hombre es mente y en la medida que toma*
> *a la herramienta del pensamiento para darle forma*
> *a lo que desea,*
> *atrae para sí mil gozos y mil penas.*
> *El hombre piensa en secreto, y el deseo,*
> *se cumple:*
> *su entorno no es entonces más que el reflejo.*

Sólo escuchamos lo que queremos

Según Allen, tus pensamientos son lo que le da forma a tu mundo, al mismo tiempo que determinan la manera en que procesas la información que recibes.

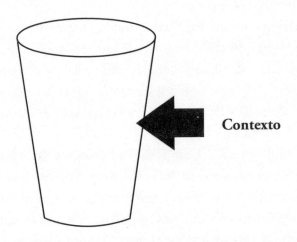

Contexto

Ahora relacionemos este concepto con el dinero. Imagina que el vaso del diagrama representa tus pensamientos, creencias, opiniones y juicios. En otras palabras, que es la base o contexto de tu punto de vista respecto al dinero.

Contenido

El agua que se sirve en el vaso representa los datos y la información que recibes sobre el tema del dinero. Digamos que estamos hablando acerca de "independencia financiera". Si el pensamiento que tienes fijo en tu mente es "Jamás seré independiente en el aspecto económico", entonces es sencillo: NO LO SERÁS. Si tu pensamiento es: "No tengo tiempo para hacerlo", entonces NO TENDRÁS TIEMPO.

La información que se vierte en tu vaso, sin importar de qué tipo sea, siempre tiene que pasar a través de tu filtro o contexto, es decir, a través de lo que piensas sobre el dinero y la independencia financiera. De la misma manera en que se prepara el café, el flujo de información tiene que pasar primero por el filtro de tus pensamientos, opiniones y creencias, para luego llegar al vaso. La información que no concuerda con lo que piensas acerca del dinero terminará siendo rechazada para que, finalmente, lo que obtengas encaje en tu contexto.

Muy a menudo, lo que piensas sobre el dinero y las inversiones es más importante que el contenido de la información. Esto se debe a que todos los datos del mundo carecerán de valor si tus filtros o pensamientos no concuerdan con las metas que te fijaste. Sin embargo, cuando modificas tu contexto o pensamientos para alinearlos con tus objetivos, entonces, lo invisible se hace visible.

¿Cómo hacer visible lo invisible?

No es difícil. Lo primero que tienes que hacer es empezar a observar tus pensamientos, escuchar esa vocecita en tu cabeza. En 1985, un amigo me desafió a "pasar una hora observando mis pensamientos". Lo hice y mi vida cambió. Antes de eso no tenía idea de cuántos pensamientos deprimentes me rondaban en la cabeza. Te reto a que hagas este ejercicio.

Puedes escribir tus pensamientos en un diario. Cuando sientas temor, pregúntate, "¿A qué le tengo miedo?", y comienza a escribir. No corrijas tu texto ni lo juzgues, sólo escribe. Escribe hasta que llegues a una epifanía, hasta que comprendas por qué sucede lo que sucede. Te sorprenderá descubrir la claridad que se puede llegar a tener con este ejercicio.

Emoción

Lo más común es que tus pensamientos controlen tus emociones. Por ejemplo, si una persona te dice algo muy grosero e hiriente, lo más probable es que te molestes porque pensarás que tú jamás le hablarías de esa forma a nadie. Pero, ¿qué pasaría si hubieras crecido en un ambiente o familia en los que ser grosero e hiriente fuera una peculiar manera de demostrar afecto? Si ése fuera el caso, en lugar de enfadarte, hasta llegarías a sentirte amado. Todo depende de tu contexto, y éste, a su vez, toma forma de acuerdo con tus pensamientos.

La emoción más recurrente para las mujeres respecto al dinero es el miedo. Tienen miedo a cometer errores, a perder dinero, a lo que otros podrían pensar de ellas. Uno de los mayores temores de las mujeres es quedarse sin dinero cuando estén jubiladas, y esto, en realidad, produce una especie de paradoja. Tenemos miedo a no tener dinero cuando seamos mayores, pero también tenemos miedo de hacer lo necesario para conseguirlo ahora. Lo que debemos hacer es aprender que la capacidad de vencer el miedo puede ser un maravilloso catalizador en nuestro desarrollo personal.

Yo no conozco a una sola mujer que no haya sentido mucho temor en las primeras etapas de su vida como inversionista. Dadas la incertidumbre y la volatilidad de la economía actual, incluso yo llego a sentirme nerviosa cada vez que me aventuro en nuevas áreas de negocios e inversión. Es natural. El problema surge cuando el miedo te paraliza hasta el punto en que no te deja hacer nada, y te obliga a delegarle tus responsabilidades financieras a alguien más, porque tu temor a cometer errores o perder dinero es demasiado intenso. Shelby Kearney, de Nueva York, aprendió esta lección a la mala.

Leí Padre rico, padre pobre *y creí todo lo que en él decía. Sin embargo, el miedo me paralizaba y me impedía actuar. A pesar de ello, un par de años después, mi novio (quien trabajaba como agente de bienes raíces) me motivó a comprar una casa dúplex y una tríplex. Como me parecía que él sabía mucho sobre el tema, sentí un poco más de confianza al invertir. También me ofreció administrar las propiedades para que yo no tuviera que hacerlo, así que le delegué todas las responsabilidades y dejé de prestar atención al asunto.*

Sobra decir que ambas propiedades terminaron siendo rematadas porque él las manejó muy mal. Alcancé a vender una de ellas, pero perdí la otra. Después del gran golpe supe que tenía que educarme y dejar de confiar en lo que los demás consideraban que era un buen trato o un buen trabajo de administración.

En los últimos años, he asistido a varios seminarios y leído muchos libros de bienes raíces. Traté de adquirir diversas propiedades, de cuatro departamentos cada una, en el área de Atlanta, pero otros compradores me las ganaron o yo terminé descubriendo algún problema importante al inspeccionarlas.

Entonces, pensé que las dificultades eran una señal que Dios estaba tratando de hacerme llegar, y por eso decidí enfocarme en Pensilvania que, además, está más cerca del lugar en el que vivo en Nueva York.

A principios de este año cerré el trato de una casa individual y una dúplex en Harrisburg, Pensilvania. Pasó mucho tiempo antes de lograrlo, pero ahora ya estoy en camino ¡y me siento geniaaaal!

Shelby aprendió la lección. Utilizó la educación financiera para hacer que su miedo disminuyera; luego realizó pruebas y cometió errores y, por último, adquirió sus dos propiedades. Ahora no habrá nada que la detenga.

Espíritu

En momentos de mucha presión y emergencias, es común ver que el espíritu de una mujer se pone a la altura de la situación. Cuando surge una crisis en la familia, como la pérdida del empleo o el remate de un inmueble, normalmente es la mujer la que da un paso al frente y hace lo necesario para arreglar el problema. Su instinto natural la obliga a protegerse a sí misma y a sus hijos. Lo que actúa en ese instante es su espíritu, no su mente.

El espíritu también nos muestra que somos capaces de lograr más de lo que creemos. Nos brinda fuerza, energía y enfoque. En este viaje financiero habrá ocasiones en las que invocarás a tu espíritu para que te dé la voluntad y el valor necesarios para dar el siguiente paso.

A este respecto compartiré contigo un poema sobre el poder del espíritu.

Voluntad

Serás lo que quieras ser.
Deja que el fracaso encuentre su falsa sustancia
en la precaria palabra "entorno".
Mas el espíritu lo desdeña, dejándolo libre.

El espíritu somete al tiempo, y conquista al espacio;
domeña al fanfarrón embaucador llamado Suerte;
despoja de la corona a la tirana Circunstancia y
hace las veces de un sirviente.

La voluntad humana, esa fuerza invisible,
la descendencia de un Alma inmortal,
puede labrar el camino hacia cualquier objetivo
aunque los muros de granito se interpongan.

No seas impaciente en la demora,
espera como quien entiende, porque,
cuando el espíritu se eleva y prevalece,
los dioses están preparados para obedecer.

El río que busca al mar
confronta a la presa y al precipicio,
mas sabe que no puede fallar ni malograrse;
¡serás lo que quieras ser!

Ella Wheeler Wilcox

"La voluntad humana, esa fuerza invisible" es el poder en tu interior que surge cuando los momentos difíciles te ponen a prueba.

"Puede labrar el camino hacia cualquier objetivo, aunque los muros de granito se interpongan". Este verso nos dice que tu espíritu puede hacer lo necesario, aun cuando parezca imposible. Ésa es la magia que surge cuando hay algo muy relevante y significativo para ti. Cuando tu "espíritu se eleva y prevalece", lo invisible se hace visible, y se torna en algo maravilloso.

Se requiere todo de ti

Perseguir y alcanzar tu objetivo requiere todo de ti: cuerpo, mente, emociones y espíritu. Lograr tus sueños financieros es un proceso increíblemente iluminador, frustrante, revelador y honesto, que sirve para el desarrollo personal y para descubrirse a uno mismo. Hay mucho que aprender, y en ese aprendizaje están incluidos el crecimiento, la confianza, la diversión y un tipo especial de libertad.

CAPÍTULO 3

VALOR Y CONSECUENCIAS

Para emprender el vuelo y hacer uso de tu fuerza interior, se requiere...

Valor es un término muy amplio. El valor se puede reflejar en actos de heroísmo, en situaciones en las que se vencen obstáculos enormes, en momentos de ímpetu físico o cuando uno se opone al *statu quo*. Sin importar la forma en que se revele, siempre hay algo presente en todo acto de valentía: el miedo. Sencillamente porque si no estás asustado, entonces no estamos hablando de valor.

El miedo es la principal emoción en lo que se refiere a dinero e inversiones. Esto significa que el valor va a desempeñar un papel muy importante en el proceso de cumplir tus sueños financieros.

¿Qué tipo de valor necesitaremos? La mayoría sabe lo que necesita hacer, por lo que la verdadera pregunta es: ¿tenemos el valor para aceptar las consecuencias?

Para que haya miedo también debe existir lo desconocido; en este caso, lo desconocido es el posible resultado o consecuencias que podamos enfrentar. El miedo existe porque no sabemos qué es lo que va a suceder.

Las consecuencias

En el caso de actos de valor físico como echarse un clavado desde un acantilado de más de veinte metros, saltar a un río embravecido para salvar a un niño o frustrar un robo, existen tres consecuencias posibles:

1. Sobrevives y sales ileso.
2. Te lastimas y resultas herido.
3. Mueres.

Las hazañas del valor mental y emocional tienen consecuencias similares. Por ejemplo, el mayor temor de mucha gente es hablar en público. Subes al escenario por primera vez con tus notas en la mano, te enfrentas a un grupo de desconocidos y comienzas a hablar. Para mucha gente ésta sería una proeza impensable porque, sencillamente, uno nunca sabe qué sucederá. ¿Cuáles son las consecuencias posibles?:

1. Al público le agrada tu presentación. (Sobrevives y sales ileso.)
2. Al público no le encanta. Algunos hasta se quedan dormidos. (Te lastimas y resultas herido.)
3. El público te abuchea. (Te sientes completamente humillado. Mueres.)

Los miedos más comunes entre las mujeres hoy en día

Hace poco se realizó un estudio entre cuatro mil mujeres de Estados Unidos a las que se les preguntó cuál era su mayor temor. Sorprendentemente, 50 por ciento de las mujeres entrevistadas (casi dos mil) afirmó tener miedo a convertirse en indigentes. El "síndrome de la mujer indigente" es el temor a terminar sola, en la miseria y sin un techo. Algo todavía más increíble es que este temor sea recurrente entre mujeres que tienen ingresos altos y que han llegado a establecer un valor neto importante. Estoy segura de que esto ocurre en todo el mundo. Para muchas mujeres, convertirse en indigentes sería lo peor que les podría suceder; tal vez sea este miedo el que provoca que sean renuentes a involucrarse de lleno en el ámbito de las inversiones. Por eso, en lugar de imbuirse bien, sólo van invirtiendo a la segura, lo cual, a largo plazo, podría ser lo más riesgoso que hayan hecho.

Confrontar los miedos

A pesar de que a veces no contamos con el valor suficiente para enfrentar las consecuencias, en realidad todas sabemos qué es lo que tenemos que hacer. ¿Qué puede ser?:

- Decir la verdad o defender aquello en lo que crees, aun cuando no les agrade a los demás o no estén de acuerdo contigo.
- Perseguir tu sueño incluso si le temes a la renuncia y al rechazo que te puedas encontrar, particularmente por parte de la gente allegada a ti.
- Salirte de esa relación tóxica en la que estás, a pesar de que temas estar sola o no seas capaz de sobrevivir en el aspecto económico.
- Abandonar ese trabajo en el que te sientes insatisfecha y poco valorada, aun cuando temes dejar de recibir un cheque de nómina constante.
- Tomar una decisión financiera, aunque sientes temor de cometer errores.

¿Y qué hay acerca de la confrontación? Muchas mujeres en realidad le temen a la confrontación porque no les gustan los conflictos. Yo soy el tipo de persona que se esfuerza por encontrar los puntos en común cuando la gente o las ideas divergen; me gusta mantener la paz siempre que es posible. Sin embargo, si es necesaria una confrontación, nunca trato de evitarla. Por supuesto que he tenido problemas por eso, pero es importante hacerlo. Conozco a muchas mujeres a las que les incomoda tanto enfrentarse, particularmente a su esposo o pareja, que son capaces de sacrificarse con tal de eludir la responsabilidad de arreglar una situación.

Va a haber pelea

Cathi es una empresaria inteligente y exitosa, y desde hace diecisiete años dirige su propia empresa de relaciones públicas. Un día estaba hablando con ella sobre inversiones, y me dijo, "Mi esposo y yo somos muy conservadores en lo que se refiere a invertir. Tenemos fondos mutualistas, algunas acciones y planes de retiro individuales". Prosiguió,

"Me gusta hacer la tarea, por eso comencé a investigar sobre inversiones que ofrecen mayores retornos que los que estamos recibiendo ahora. Después de revisar varias opciones decidí que quería invertir en un proyecto específico de bienes raíces que me ofrecieron. Conozco a la gente que está involucrada y los inversionistas están felices con ella. Ponderé todas las ventajas y desventajas y decidí que era una inversión perfecta para mí".

El plan de Cathi era sacar el dinero de su plan de retiro (el cual se había devaluado en 30 por ciento el año anterior), y usarlo para el proyecto de bienes raíces que le ofrecía un retorno de entre 10 y 20 por ciento. Cathi me confesó, "Sólo hay un problema".

—¿De qué se trata? –le pregunté.

Con un suspiro me contestó:

—Mi esposo. Jack va a echarle un ojo a la inversión y, de inmediato, va a decir que es "demasiado riesgosa". Va a haber una pelea, y eso no me agrada. No me he involucrado todavía en el proyecto porque la idea de tener una discusión me da náuseas. Además, también quiero estar segura de que mi esposo no me va a convencer de que no debo participar en el negocio. Sé bien que esto es lo que tengo que hacer, que sería mi primera inversión real, mi comienzo.

Entonces le pregunté:

—¿Estás dispuesta a que esta inversión sea la causa de un problema fuerte en tu matrimonio?

Cathi titubeó.

—Sí –dijo–. No me agrada la idea, pero estoy dispuesta a aceptarlo.

Poco después se le ocurrió una idea. "Voy a hacer esto pase lo que pase, así que decidí primero invertir mi dinero, y luego decirle a mi esposo". Y eso fue exactamente lo que hizo. Después me contó cómo le fue en su discusión con Jack. "Practiqué todo el día lo que le iba a decir, y elegí mis palabras con todo cuidado para suavizar el golpe y amortiguar el disgusto. Cuando entré a la habitación para hablar con él, respiré hondo y, de la forma más rápida que pude, le confesé: 'Saqué-todo-el-dinero-de-mi-plan-de-retiro-y-lo-invertí-en-un-proyecto-de-bienes-raíces. Estoy segura de que voy a conseguir mayores rendimientos. No creo que sea riesgoso en lo absoluto porque a las personas que han estado administrando el proyecto les ha ido bien por varios años y me hablaron sobre las ventajas y las desventajas de la propiedad. Además, ¡es mi dinero y puedo hacer con él lo que quiera!'. Finalmente exhalé y me quedé ahí parada", prosiguió Cathi. "Estaba esperando que Jack explotara, pero sólo me miró desde su escritorio, y dijo, 'Si eso es lo que quieres hacer, está bien.' A pesar de que se escuchaba algo de escepticismo en su voz, de todas formas me sorprendió mucho su actitud".

Cathi se rió. Todo ese miedo y angustia, toda la preparación para una gran riña… y no sucedió nada de eso. "Y pensar que estuve a punto de no participar en la inversión porque temía confrontar a mi marido. Ciertamente lo que me ayudó fue que estaba dispuesta a discutir si era necesario".

La verdad o las consecuencias

A menudo imaginamos las peores consecuencias posibles, nos convencemos de que las cosas van a salir muy mal, y por eso terminamos echándonos para atrás. La realidad es que, rara vez, se presenta el peor escenario.

Para que estés dispuesta a aceptar las consecuencias de tus decisiones, tiene que existir algo que te importe más que los terribles posibles resultados de tus acciones. Debe haber algo que te parezca más relevante que el miedo. En mi caso, como en el de muchas otras mujeres, lo más importante es la autoestima, la posibilidad de defender aquello en lo que creo y ser fiel a mí misma.

He aquí la historia de una mujer famosa que supo qué debía hacer por ella misma y que estuvo dispuesta a asumir las consecuencias.

Cansada de ceder

Su nombre es Rosa Parks. El 1 de diciembre de 1955, como lo hacía casi todos los días, Rosa Parks, mujer de raza negra, abordó un autobús en Montgomery, Alabama. No obstante, aquel día fue diferente. El movimiento de los derechos civiles que realizaban los ciudadanos negros para obtener derechos igualitarios en Estados Unidos comenzaba a exacerbarse. En aquel tiempo, los autobuses en Montgomery estaban diseñados para separar a los "blancos" y a los "de color" en dos secciones diferentes. Además, si el autobús se llenaba de gente, el pasajero afroamericano tenía que cederle su asiento a los pasajeros blancos. Después de un largo día de trabajo como costurera en la tienda departamental Montgomery Fair, Rosa Parks eligió un lugar en el autobús. Cuando más gente lo abordó, el conductor se acercó a Rosa y le ordenó ceder su lugar a un pasajero blanco que estaba de pie. Rosa se negó. El conductor le preguntó con brusquedad, "¿Por qué no te levantas?", a lo que Rosa respondió, "Creo que no tengo por qué hacerlo". El conductor llamó a la policía e hizo que Rosa fuera arrestada. Más tarde, Rosa explicó que no se había negado porque estuviera cansada físicamente, sino porque estaba "cansada de ceder".

Para Rosa Parks habría sido más sencillo, por supuesto, ponerse de pie e irse a la parte trasera del autobús; sin embargo, ella estuvo dispuesta a aceptar las consecuencias de defender sus derechos como ser humano. El resultado inmediato fue que la arrestaron y la multaron, luego la despidieron de su empleo. Pero lo más importante para Rosa fue que defendió aquello en lo que creía. Defendió su dignidad y su persona. Fue fiel a sí misma. En la actualidad, a Rosa Parks se le recuerda como "la madre del movimiento de los derechos civiles".

Cuando la vida va bien y nos sentimos cómodos y felices, es muy fácil soslayar lo que, en el fondo, sabemos que debemos hacer por nuestro bienestar.

¿Tenemos el valor de aceptar las consecuencias?

Rosa Parks continuó cediendo hasta que se cansó de que la doblegaran. Algunas mujeres saben perfectamente lo que tienen que hacer en cuanto ven con claridad lo que sucede. Otras tienen que llegar al punto límite en el que ya están demasiado cansadas de ceder.

Momentos de valor

Si no tuvieras miedo, no necesitarías el valor. La valentía implica triunfar sobre el temor. Cada vez que te enfrentas a un miedo considéralo un "momento de valor". A medida que vas acumulando momentos de valor, también te vas convirtiendo más en quien verdaderamente eres: una mujer con más confianza en sí misma, más creativa, "arriesgada" y completa. En esos momentos de valor es cuando surge tu verdadero yo.

Un ejercicio de valentía

Como ya sabemos lo que tenemos que hacer, la pregunta en realidad es si tenemos el valor para aceptar las consecuencias. Tal vez estás pensando, "¿Qué tal si no sé lo que tengo que hacer? ¿Cómo puedo averiguarlo?".

Antes que nada, cuando tengas un momento de solaz para ti (lo cual podría ser toda una hazaña de por sí), pregúntale a tu yo intuitivo, al que se basa en el corazón, "¿qué tengo que hacer para mejorar mi vida?". Es probable que la primera respuesta que te venga a la mente sea la correcta. Confía en tu voz interior.

Otra forma de descubrir lo que tienes que hacer es tomar pluma y papel y escribir sin pensar. Deja que tus pensamientos y la tinta fluyan para darte las respuestas a las siguientes preguntas. (Trata de responder sólo una pregunta a la vez.)

¿Si el dinero no fuera un problema y tuvieras todo lo que necesitas (asumiendo que ya tomaste esas vacaciones largas tan bien merecidas), ¿qué harías de forma distinta respecto a...

- *tu profesión o carrera?*
- *tu salud y condición física?*
- *tu situación financiera?*
- *tu bienestar personal y espiritual?*
- *tu matrimonio/principal relación?*
- *tus hijos?*
- *los otros miembros de tu familia?*
- *todo lo demás que es importante para ti?*

Para hacer bien este ejercicio es fundamental que te digas la verdad. No suavices las respuestas sólo para ser diplomática. No escribas lo que los otros quieren que pienses, sino *cualquier* pensamiento que surja de ti. No analices las respuestas ni se las muestres a alguien más.

Con este proceso podrás descubrir un par de cosas que, si las atiendes de inmediato, mejorarán tu vida para siempre.

CAPÍTULO 4.

TODO COMIENZA AQUÍ

Para emprender el vuelo y reconocer
el lugar en donde realmente *estás, se requiere...*

Los momentos de valor sirven para mostrarte quién eres en realidad, pero también tienes que saber *en dónde* te encuentras. No importa si eres una aguda experta financiera o si apenas abriste tu primera cuenta de cheques. Siempre, siempre, siempre tienes que saber en dónde te encuentras en el aspecto financiero.

Creo que suena tan sencillo como es. ¿Qué podría haber de difícil en determinar tu situación económica?

La (brutalmente honesta) verdad, ¡te liberará!

Para la mayoría de las mujeres no debe ser difícil imaginar el siguiente escenario. Quieres comprar un vestido nuevo para un evento especial de caridad al que debes asistir. Te pruebas varios de tu talla, pero casi todos te quedan un poco ajustados. "Yo creo que ahora hacen las tallas más chicas", te dices. Luego te pones un vestido que en realidad no te encanta, pero ¿quién lo iba a decir?, te queda a la perfección. ¿Realmente te gusta? No del todo, pero de todas maneras lo compras. ¿Por qué? Porque logra hacerte creer que tal vez, sólo tal vez, en realidad no has subido de peso y continúas siendo de la misma talla. Entonces, con todo orgullo, puedes asegurar que sí: continúas siendo "talla X". ¿Subiste de peso? Según la talla de este vestido, no. ¿Cambió la forma de tu cuerpo? Al parecer no, porque todavía eres talla X.

¿Qué tiene que ver esta descripción con tu situación financiera? La gente hace lo mismo cuando se enfrenta a la verdad sobre cuánto dinero ingresa y cuánto sale mensualmente. Las personas fingen que sólo se levantaron un día por la mañana y, así, de la nada, la mitad de su salario anual está acumulado en la deuda que tienen en la tarjeta de crédito por adquirir ropa, enseres del hogar, e ir de vacaciones. "¿Cómo sucedió?", nos preguntamos con inocencia. Sucedió porque tú lo hiciste. Yo no tengo problemas con las tarjetas de crédito; de hecho, me encantan mi American Express, Visa y MasterCard. El problema es gastar un montón de dinero en cosas que no sirven para mejorar tu situación financiera.

La primera clave del éxito financiero es echar un vistazo estricto y honesto al sitio en el que te encuentras. En cuanto ubicas el punto de inicio (el "aquí está usted"), ya puedes comenzar a planear una estrategia para avanzar.

Miénteme por favor

El desastre *subprime* que comenzó en 2007 es un buen ejemplo de lo que sucede cuando la gente se miente a sí misma respecto a su situación económica. Este problema se manifestó en varios países, pero en Estados Unidos fue devastador. *Subprime* significa "por debajo de lo óptimo". A los prestadores les interesan los prestatarios *prime*, es decir, las personas cuyos antecedentes demuestran que son capaces de pagar sus préstamos. Y cuando los prestatarios tienen antecedentes malos respecto a su capacidad de pago, se les denomina *subprime*. Lo que sucedió en este caso fue que las políticas gubernamentales les permitieron a los prestadores bajar sus estándares y prestarle dinero para comprar una casa a gente con malos historiales crediticios. Esto provocó que en el ámbito de los bienes raíces se formara una burbuja que benefició a los prestadores de manera inmediata. ¿De qué manera los benefició? Ellos pudieron cobrar más por gastos y comisiones. Los prestadores ofrecieron préstamos hipotecarios que no requerían enganche (o si lo exigían, era muy bajo), así como tasas de interés muy bajas... al principio. Las instituciones financieras ganaron mucho dinero de esta manera.

¿Qué fue lo que dijeron nuestros prestatarios *subprime*? "¡Yupi! ¡Por fin me voy a poder comprar una casa!". Aunque este ofrecimiento era demasiado bueno para ser real, miles de personas lo aceptaron sin cuestionar el hecho de que, a pesar de que su situación financiera era la misma que cuando fueron rechazados por no calificar para un préstamo hipotecario anteriormente, ahora los aceptaban como por arte de magia. Los prestatarios no analizaron este hecho porque la mentira los hacía más felices que la verdad. Tan sólo cerraron sus ojos ante el hecho de que, en algún momento, tendrían que pagar. Eso fue lo que sucedió. Si hubiesen preguntado lo necesario, habrían descubierto que en las letras pequeñas de sus documentos de la hipoteca decía que las bajas tasas de interés serían remplazadas con otras más altas. Como muchos de estos prestatarios no hicieron nada para mejorar su situación financiera, más adelante tuvieron que enfrentarse a pagos hipotecarios más altos que no pudieron enfrentar. Muchos pagaron los platos rotos y, además de perder sus casas en remates hipotecarios, terminaron en bancarrota y en la ruina financiera. Tengo un amigo, corredor de bienes raíces, que siempre nos dice a sus clientes y a mí, "Si se ve demasiado bueno para ser real, entonces no lo es. Aléjate cuanto antes".

Actualmente, todavía hay personas que en medio del fiasco financiero global sólo quieren seguir creyendo que todo va a estar bien, que el gobierno solucionará el problema o que alguien llegará para rescatarlas. Esta gente vive esperanzada y, por lo tanto, no modifica los hábitos que tiene en cuanto a su situación financiera.

Mucha gente sólo es floja en lo que se refiere a asuntos de dinero. No es que no trabaje lo suficiente, porque, de hecho, hoy en día hay muchas personas que tienen dos o tres empleos. Es sólo que les da pereza aprender algo nuevo. (Obviamente tú no perteneces a este grupo porque ya estás actuando y averiguando qué necesitas hacer por ti misma.)

Continúa en movimiento para mantener el equilibrio

Robert, cuatro amigos nuestros y yo navegamos en un velero Bene-
teau nuevo de casi 18 metros de largo en octubre de 2010. Partimos
de Los Ángeles, California hacia Honolulu, Hawai. La oportunidad
surgió y, a pesar de que yo casi no tenía experiencia en la navega-
ción, creí que sería una oportunidad única en la vida, por eso pedí
que me incluyeran.

El velero fue entregado en Los Ángeles pero venía desde Francia;
todo el trabajo que se necesitó para que estuviera listo para viajar se
realizó en Marina del Rey, California. Robert y yo llegamos a Los Ángeles cinco días antes de zarpar. Compramos provisiones, trabajamos
con el equipo y brindamos nuestro apoyo para los últimos preparati-
vos. Me sentía ansiosa por salir hacia Honolulu.

Tienes que entender que yo jamás había navegado en el mar lo suficientemente lejos para perder de vista la tierra. No estaba segura de
cómo reaccionaría ni qué esperar, pero en cuanto salimos del puerto
y comenzamos a navegar de lleno, algo se hizo demasiado evidente: el
velero no se quedaría quieto ¡ni un instante! Dependiendo del viento y
las olas, el velero se ladeaba a la izquierda (babor) o a la derecha (estri-
bor), y a veces hacía un movimiento hacia el frente y hacia atrás. Yo no
dejaba de sujetarme de algo para mantener el equilibrio. Por supuesto,
preparar café en la mañana era una hazaña monumental y, de hecho,
el primer día se rompió la cafetera francesa debido al oleaje. Gracias a
Dios yo llevaba mi cafetera de acero inoxidable y varios filtros: nadie
soportaría estar encerrado conmigo 14 días sin café.

Al navegar, tuve que reaprender todo lo que daba por hecho en tierra
porque la nueva situación exigía concentración y equilibrio extremos: la-
varme la cara, retirar los platos de la mesa, subir cinco escalones con una
copa de vino. Una noche el clima empeoró y comenzó a llover con
mucha fuerza, por lo que decidimos cenar en el camarote principal.
Éramos cuatro sentados alrededor de la mesa. JM estaba en las escale-
ras con su plato sobre el regazo y Chad iba caminando hacia la mesa
con su comida cuando, de repente, un fuerte oleaje golpeó el velero.
Entonces, Chad comenzó a caminar como si hubiera coreografiado sus
pasos, dando ligeros saltos y tratando de no perder el equilibrio para,

finalmente, caer sobre el sofá que estaba del otro lado del camarote. Todo el tiempo balanceó su plato lleno de comida sobre la cabeza sin derramar ni una gota. Aplaudimos su destreza y, en medio del vitoreo, el oleaje volvió a acometer de nuevo contra el velero. Como yo estaba de pie, el embate nos hizo volar a JM y a mí por todo el camarote. Los aplausos se acabaron y lo único que quedó fue la comida tirada por todos lados y varias heridas.

Tuve que mantenerme alerta porque el piso del velero, es decir, el único soporte físico que yo tenía, podía moverse en cualquier momento. A partir de entonces, ya nunca pude bajar la guardia o asumir que la calma prevalecería. Para mantener el equilibrio tuve que mantenerme en movimiento en lugar de quedarme inmóvil.

Nada sucede hasta que algo se mueve

Tal pareciera que las mujeres siempre están tratando de encontrar el equilibrio en sus vidas. Pero, mientras muchas creen que equilibrio es igual a calma e inmovilidad, yo pienso que, en realidad, implica movimiento constante. Si te quedas paralizada, entonces no hay movimiento, y cuando se presenta algún suceso inesperado, pierdes el equilibrio. Es por eso que mantenerse en movimiento es una de las claves para lidiar con cualquier inconveniente. Albert Einstein solía decir: "Nada sucede hasta que algo se mueve".

Tus estados financieros nunca están fijos; se mantienen en movimiento constante. Saber en dónde te encuentras en ese aspecto es como tomar una de esas fotografías instantáneas; pero ciertamente, necesitas una imagen inicial, ya que ésa será la base de tu viaje y te servirá para llegar a donde deseas. Para tener cimientos sólidos necesitas:
- Saber cómo está conformada tu base.
- Deshacerte de todo aquello que la debilita.
- Construir y añadir todo aquello que le otorgará más fuerza.

Si construyes una casa con ramas y paja, como la del cuento de los cerditos, entonces tu base será débil y, tarde o temprano, se vendrá abajo. Por esa razón debes hacer una evaluación financiera completa del lugar en el que te encuentras, sin importar en qué etapa estás. Yo evalúo mis ingresos, gastos y flujo de efectivo dos veces al mes. No obstante, me ha llegado a suceder que pierdo la noción de dónde me encuentro con relación a mis inversiones, activos y fuentes accesibles de dinero. Si no estoy preparada para una gran oportunidad, cuando ésta llegue, la voy a perder.

¿Qué necesitas saber?

Te tienes que preguntar lo siguiente:

Si hoy se me presentara una oportunidad de inversión en la que quiero participar, ¿sé bien lo que tengo y lo que no tengo disponible en el aspecto financiero? ¿Sé qué fondos necesito para invertir?

La pregunta está dividida en dos partes:

1. Saber lo que tienes

¿Qué cantidad tienes disponible para invertir?

2. Saber lo que no tienes, pero necesitas obtener

El hecho de que no tengas el dinero no significa que no puedas cerrar el trato. Tal vez el asunto sólo requiere que sepas con certeza cuánto dinero tienes que reunir para participar en el negocio.

¿Cuál es tu verdad financiera?

Es muy sencillo engañarnos respecto a lo que verdaderamente gastamos al comer fuera de casa, adquirir ropa o salir de vacaciones. También es muy sencillo fingir que nuestras inversiones nos generan dinero o que, por lo menos, estamos saliendo tablas. Y es que resulta muy incómodo enfrentar los hechos y descubrir que gastas más de lo que ganas mensualmente, o que, por invertir dinero en ese fondo mutualista en el que los "expertos" te dijeron que *ganarías* diez por ciento, en realidad *perdiste* veinte por ciento el año anterior. Jamie se llevó una sorpresa cuando revisó sus finanzas.

Un día mi esposo y yo estábamos platicando sobre nuestro futuro y nuestros planes para el retiro. No tenemos ahorros ni inversiones. Tampoco poseemos bienes raíces y vivimos al día. Ambos somos bastante ingenuos en lo que se refiere a la situación económica y no sabemos nada sobre inversiones ni sobre cómo generar seguridad financiera.

En ese entonces esperábamos recibir nuestra devolución fiscal, por lo que hablamos de abrir una cuenta individual para el retiro (IRA). No sabíamos absolutamente nada al respecto, excepto que la gente las abría para ahorrar dinero para cuando se jubilara. Fuimos al banco y abrimos la cuenta. Ahí nos ayudaron gustosos. Nos sentamos con el típico empleado bancario y cubrimos las etapas necesarias sin que nos explicaran lo que implicaba este proceso ni lo que en realidad le sucedería a nuestro dinero. Me preocupaba un poco que nadie del área de finanzas se acercara a hablar con nosotros para asegurarse de que entendiéramos bien lo que estábamos haciendo. Con toda premura tomaron nuestros 500 dólares y nos hicieron firmar los papeles. A pesar de eso, cuando salimos del banco íbamos pensando que habíamos tomado la decisión adecuada y que nuestro futuro financiero iba a ser maravilloso.

Un año después, estaba revisando mi estado financiero con una mentora y discutimos el IRA. Saqué todos nuestros estados de cuenta y le mostré que habíamos ganado 41 centavos el año anterior. Ella me dijo "Sí sabes que eso equivale a un retorno de cero, ¿verdad? La plata subió 31 centavos en las últimas 24 horas, y 75 por ciento en todo el año pasado".

¡Qué gran revelación! Pensé que los 41 centavos estaban bien, ¡que nos estaba yendo de maravilla! Pero ahora, mi esposo y yo nos estamos educando con libros, seminarios y mentores. A menudo jugamos CASH-FLOW 101 con toda nuestra familia. Estamos decididos a ser libres en el aspecto financiero, juntos.

Y no sólo tienes que saber en dónde te encuentras, también tienes que entender lo que tu posición significa en el mundo financiero. Jamie pensó que ganar 41 centavos al año por 500 dólares era una buena inversión. En este libro aprenderás que hay inversiones en las que cualquier mujer puede participar, y que tienen retornos muy superiores… siempre y cuando sepas lo que estás haciendo.

Algunos pasos que tienes que dar
• Tienes que decirte la verdad sobre todos los ingresos que llegan a tu hogar.

- Sé completamente honesta respecto a tus gastos. ¿Cuánto gastas mensualmente? No se trata de hacer que los números luzcan bien (aunque a algunas mujeres *sí* les gusta lucir bien). Se trata de saber en dónde te encuentras. Punto.

  Importante: si te gusta comer fuera todos los días, entonces la libertad financiera que deseas tendrá que incluir ese gasto. La independencia financiera significa tener el dinero para vivir la vida que te gusta, y no sólo tener lo suficiente para sobrevivir. Implica no vivir por debajo de tus posibilidades. Yo preferiría expandir mis medios y hacer que mi dinero trabaje para crear la vida financiera que quiero para mí y para mi familia. Es fundamental que seas honesta respecto a tus gastos porque es lo que te va a permitir tener el futuro financiero que deseas.

- ¿Qué inversiones tienes? ¿Tienes acciones, bonos, fondos mutualistas, planes de retiro, bienes raíces (que no incluyan el inmueble donde vives), inversiones en negocios, oro o plata? ¿Qué tienes que esté generando dinero sin que tú tengas que trabajar? ¿Cuánto invertiste para adquirir eso? ¿En qué estado se encuentran tus inversiones hoy en día? No es raro que te dé miedo abrir ese estado de cuenta porque tienes idea de que podrías descubrir que tienes menos de lo que le aportas a tu cuenta. Revisa todos los estados financieros porque tan sólo eso podría resultar muy revelador.

Si por alguna razón no sabes lo que tienes ni lo que está pasando con ello, AVERÍGUALO.

Advertencia: si tú no has estado manejando tus finanzas personalmente, si las entregaste a tu esposo, a un miembro de la familia o a un asesor, tal vez haya algo de fricción, en especial si es la primera vez que intentas indagar al respecto. ¿Por qué? Por dos razones:

1. La persona que maneja tu dinero tal vez no quiera que te enteres de cuál es tu situación financiera.
2. La persona que maneja tu dinero podría sentirse amenazada si cuestionas su habilidad para hacerlo.

Te sugiero ser directa y hablar con la verdad. Es tu vida financiera y tienes derecho a estar informada. Si la persona es demasiado reticente, entonces lo más probable es que te esté ocultando algo. Con mayor razón debes averiguar lo que sucede.

¿A cuánto ascienden tus deudas? ¿A quiénes le debes dinero? ¿Se trata de tu casa, auto, tarjetas de crédito, préstamos estudiantiles o individuales (sin importar cuándo hayas adquirido esos compromisos)? Todo el dinero que hayas pedido prestado y que no hayas devuelto debe ser incluido en este rubro.

Si nunca has hecho esto antes, aférrate hasta que llegues al final. Si anteriormente hiciste un análisis de tu situación financiera, entonces actualízala, y si estás al día, felicidades. Por favor enséñale a otra mujer que requiera de ayuda, y bríndale tu apoyo.

Nota: en la sección de Referencias y Fuentes que aparece al final de este libro, hay un estado financiero de muestra. Puedes usarlo como un machote o modelo para analizar tu situación financiera.

Vigila bien tus números

Definir con precisión en dónde te encuentras en el aspecto financiero es como recibir una bocanada de aire fresco. Es un gran alivio. No te castigues si tus finanzas no están en las condiciones que te gustarían porque, ¿qué importa? Ése es el lugar en donde estás y no hay nada que hacer al respecto. Ahora que lo tienes ubicado podrás comenzar a lidiar con el asunto. Hasta antes de ese momento todo era desear y orar. Yo llevo 25 años haciendo cuentas y, en cada ocasión, descubro algo nuevo.

Recuerda que tus cifras son dinámicas y cambiantes, siempre están en movimiento. Asimismo, es necesario que tú también continúes moviéndote para que les puedas indicar hacia dónde quieres que vayan. Si dejas que un perrito corra solo, saldrá disparado en todas direcciones y nunca sabrás en dónde acabará; pero si lo guías con la correa, ambos llegarán a donde tú deseas.

CAPÍTULO 5.

LA PREGUNTA QUE NADIE HACE SOBRE EL DINERO

Para emprender el vuelo y cumplir tus "deseos" financieros,
se requiere...

Warren Buffett es considerado uno de los inversionistas más importantes de todos los tiempos. Él afirmó que "Hay muchas maneras de llegar al paraíso financiero". Lo primero que te tienes que preguntar es: "¿Cuál es mi paraíso financiero? ¿Cómo luce para mí?". El paraíso financiero es diferente para cada mujer; todo depende del lugar en el que se encuentra en este momento y de lo que quiere en la vida. El tuyo podría significar que nunca tuvieras que volver a preocuparte por dinero. El paraíso financiero podría ser levantarse cada mañana sin que la alarma del despertador te avise que llegó la hora de ir a trabajar. Podría ser viajar en primera clase, hospedarse en hoteles de cinco estrellas y comer en restaurantes de primera categoría adonde quiera que vayas. Ése puede ser tu paraíso financiero. Cada quien puede elegir el suyo.

Hace varios años, a finales de los ochenta, cuando Robert y yo estábamos en quiebra, nos resultaba muy difícil imaginar un paraíso financiero. De hecho, vivíamos en el infierno. Estábamos en las primeras etapas de la construcción de nuestro nuevo negocio. Debíamos cientos de miles de dólares debido a las deudas remanentes del anterior negocio de Robert que había salido mal, y estábamos comprometidos a pagar cada centavo. Nuestros ingresos eran ínfimos, y, en el horizonte, no se divisaba ningún príncipe valiente que se acercara a salvarnos. Sabíamos que tendríamos que depender de nuestro trabajo, por lo que tomamos las cosas paso por paso, y yo continué respirando hondo.

¿Cuál consideraba que era mi paraíso financiero en aquel entonces? Llegar a *cero*. Mi paraíso financiero llegaría en cuanto saliéramos de ese enorme hoyo financiero y lográramos pagar hasta el último centavo para, entonces, avanzar hacia el futuro.

Todavía recuerdo el día que me senté con nuestro contador e hice el último cheque. Era para un antiguo amigo de Robert que le había prestado dinero para su negocio fallido. Aquella tarde saqué una botella de champaña del refrigerador, serví en dos copas, y Robert y yo brindamos por el cero. Hoy en día me da mucho gusto poder decir que mi paraíso financiero es mucho más opulento y deslumbrante.

Entonces, ¿cuál dirías tú que es el tuyo?

La pregunta más importante

Para llegar a tu paraíso financiero tienes que empezar a avanzar a partir del lugar en el que te encuentras actualmente. ¿En dónde estás? Ya hablamos acerca de la importancia de conocer tu ubicación en términos de ingresos, gastos, activos (es decir, inversiones, por ejemplo), y pasivos. Te recomiendo que, si no lo has hecho aún, reúnas esta información lo antes posible. Será un paso más para acercarte a tu paraíso financiero.

Ahora, vamos un poco más adelante para darte una imagen vívida y reveladora de tu situación actual. Dicho de otra manera, hagamos que esto se vuelva real para ti. Ésta es la pregunta:

Si tú o tu pareja dejaran de trabajar hoy, ¿por cuánto tiempo podrían sobrevivir financieramente?

A pesar de que esta pregunta es fundamental, la mayoría de la gente jamás se la hace. Por eso, cuando sucede algo inesperado (como la pérdida del empleo, una enfermedad o el divorcio), muchos no están preparados. Debido a lo anterior, mucha gente batalla en esta economía. Cuando sucede algo inesperado, la mayoría de la gente se enfrenta, por primera vez, con la verdad acerca de su situación financiera y del tiempo que podrá sobrevivir.

Es muy importante hacer este cálculo porque casi todo mundo determina lo que quiere y necesita en términos de dinero, como: "Necesito un millón de dólares para vivir el resto de mi vida".

Los asesores financieros siempre terminan hablándote sobre tus ahorros y sobre la cantidad de dinero que tienes que guardar para jubilarte. Sin embargo, en lugar de medir tu riqueza en términos de *dinero*, nosotros la vamos a medir en términos de *tiempo*. Esta pregunta se divide en dos partes:

1. Si dejaras de trabajar hoy…

Eso significa que ya no recibirás un salario, que no tendrás cheque de nómina. Por alguna razón ya no puedes trabajar y mantener tu empleo o atender tu negocio, lo cual significa que estas fuentes ya no te producirán un ingreso.

2. ¿Cuánto tiempo podrías sobrevivir?

Al hablar de sobrevivir me refiero a mantener tu estilo de vida actual, y no a mudarte a una casa más chica, vender tu carro y viajar en transporte público, a dejar de comer en restaurantes, etcétera. Así pues, dado tu nivel *actual* de gastos, ¿cuánto tiempo te duraría el dinero? Recuerda que estamos hablando de llegar a tu paraíso financiero, no a vivir con trabas económicas.

Para realizar nuestro cálculo, diremos que tu dinero consiste en ahorros, certificados de depósito, cuentas de retiro, acciones líquidas (es decir, acciones que podrías vender en este momento), todo el oro y plata que poseas en estado físico, y cualquier cosa que tengas que se pueda cambiar por dinero en efectivo de inmediato. Asimismo, piensa en el flujo de dinero que tienes por dividendos, propiedades en renta y otro tipo de inversiones que te produzcan ingreso, sin que tú tengas que esforzarte mucho. Por otra parte, no podemos incluir la venta de joyería, mobiliario o de tu segundo auto, porque eso implicaría que tu estilo actual de vida desmereciera.

Si ya hiciste estas cuentas con anterioridad, te sugiero que las vuelvas a hacer ahora. ¿Por qué? Porque tus finanzas son dinámicas y cambian todo el tiempo. Podrías recibir respuestas similares o tal vez el resultado actual te sorprenda.

Haz cuentas
Ésta es la operación:

$$\text{La cifra de tu riqueza} = \frac{\text{Tu dinero disponible}}{\text{Tus gastos mensuales}}$$

Nota: recuerda que es muy sencillo mentirte respecto a cuánto gastas al mes, sin embargo, debes incluir absolutamente todos los gastos, porque lo que queremos es que expandas tus medios económicos para cubrir el estilo de vida que deseas.

En cuanto hagas cuentas y dividas la cantidad de dinero que tienes disponible entre tus gastos mensuales, obtendrás la cifra de tu riqueza. ¿Qué significa esto?

La cifra de tu riqueza se mide en tiempo, y, en este caso, en meses. Así que si la cifra de tu riqueza es igual a 24, eso significa que tienes 24 meses. Si la cifra es 6, entonces tienes 6 meses. Te lo explicaré mejor.

La cifra de tu riqueza es el número de meses que podrías sobrevivir si tú, o tú y tu pareja dejaran de trabajar el día de hoy. ¿Cuál es tu cifra?

Hacer este cálculo es un acto revelador para la mayoría de la gente porque le permite enfrentarse a su dinero cara a cara. Es la prueba más realista y elocuente del lugar en el que te encuentras hoy en el aspecto económico.

Una gran cantidad de personas obtiene la cifra 3, o una menor. Eso significa que sólo podrían sobrevivir tres meses o menos sin recibir su cheque de nómina. Digamos que, prácticamente, viven al día. Algunas personas incluso obtienen un número negativo, lo cual significa que gastan más de lo que ganan al mes.

Si te sientes incómodo, molesto o perturbado por tu resultado, está bien. Este ejercicio tiene como objetivo darte una buena sacudida si acaso eso es lo que necesitas. Porque, verás, la gente no actúa mientras no se siente incómoda. Piénsalo. Permaneces sentado veinte minutos en una silla y de repente te das cuenta de que estás incómodo porque llevas demasiado tiempo en la misma posición. Sólo entonces te mueves.

En ese instante comienzas a hacer algo distinto. Ése es el propósito de determinar la cifra de tu riqueza; recuerda que descubrir de repente la situación en la que has estado inmerso por tanto tiempo puede ser desagradable. Lo importante es que sea suficientemente desagradable para obligarte a hacer algo al respecto.

En realidad, la cifra no tiene importancia, es sólo un número. Tampoco tienes que pensar que es algo positivo o negativo, ni tienes que mortificarte por los resultados. Es una cifra, punto. Ahora ya estás al tanto y sabes algo que la mayoría de la gente nunca se preocupa por averiguar. Y lo más importante es que ahora que tienes esa información, puedes actuar y modificar la situación si así lo deseas.

¿Cuál es la cifra ideal de la riqueza?

¿Cuál cifra de la riqueza crees que es la ideal? Recuerda que estamos hablando de *tiempo*, no de dinero.

El mayor temor en Estados Unidos es el de quedarse sin dinero durante la jubilación.

Supongamos que tienes treinta años y dejas de trabajar hoy. ¿Te gustaría sobrevivir financieramente durante diez años?, ¿veinte?, ¿treinta? No lo creo. Si tuvieras sesenta años y te quisieras jubilar y dejar de trabajar, ¿para cuánto tiempo te gustaría que te alcanzara el dinero? No importa si tienes veinte o setenta años, la respuesta siempre debería ser la misma. Necesitas sobrevivir para siempre. Es necesario que tu dinero te alcance mientras estás vivo y dure aún más. La cifra óptima de la riqueza es *infinita*. La palabra *infinito* significa "sin límite o fin". Riqueza infinita significa que si dejaras de trabajar hoy, podrías continuar teniendo tu estilo de vida actual durante el tiempo que te queda, *trabajes o no*.

Cómo definir tu objetivo de riqueza infinita

La diferencia entre la filosofía de *Mujer millonaria y otras estrategias y filosofías financieras*, radica en que la mayoría de los asesores, expertos, voceros y periodistas asumen que, durante tu retiro, sucederán dos cosas:

1. Que tendrás una cantidad fija de dinero para vivir y que ésta te generará algo de intereses.
2. Que debido a la pérdida de tu salario y al hecho de que los gastos médicos se incrementan a medida que envejeces, tendrás un nivel de vida por debajo del que tenías cuando estabas trabajando.

En lugar de eso, la filosofía de *Mujer millonaria* asume:

1. Que tendrás un ingreso mensual igual o mayor a tus gastos... por siempre. En otras palabras, nunca tendrás que preocuparte por quedarte sin dinero cuando te retires o dejes de trabajar.
2. Que tu nivel de vida permanecerá igual y, en algunos casos, incluso puede llegar a mejorar.

Es por eso que medimos la riqueza en términos de *tiempo* y, específicamente, creemos que debe ser *infinita*. No me puedo imaginar una dificultad más espantosa que la de tener 70, 80, 90 o 100 años, y saber que estás a punto de quedarte sin dinero.

Un día me iba a reunir con algunos amigos en un restaurante junto a la playa en Honolulu. Me senté junto a la barra para esperarlos y comencé a conversar con el caballero que estaba junto a mí. Él y su esposa se acababan de retirar y estaban cumpliendo su sueño de vivir en las islas de Hawai. Compraron una casa en Kauai y, en unos cuantos días, comenzarían su nueva vida ahí.

No habíamos mencionado nada respecto al dinero, al retiro o la situación económica; sin embargo, de repente, el hombre me dijo, "Sólo estoy un poquito preocupado".

Le pregunté qué era lo que le angustiaba, y me dijo, "Mi esposa y yo hemos pasado años con el deseo de retirarnos y al fin lo logramos. Sin embargo, me preocupa que no hayamos ahorrado el dinero suficiente para que nos dure lo necesario. Supongo que ya el tiempo nos lo hará saber". En su voz se escuchaba un dejo de tristeza.

Ahí estaba él, después de toda una vida de arduo trabajo para cumplir su objetivo, para que él y su esposa pudieran vivir su soñada jubilación en Hawai, y ya estaba preocupado antes incluso de comenzar. Era la primera semana que estaba jubilado y ya le daba miedo quedarse sin dinero. Ésa no es manera de vivir los últimos años, en los que se supone que debes recibir la recompensa por una vida entera de trabajo.

Alcanzar tu paraíso financiero te exige definir tu objetivo respecto a la riqueza infinita, aspirar a alcanzar tu sueño, y luego *adquirir* y *aplicar* el conocimiento necesario para lograrlo. ¿Suena sencillo? Lo es. ¿Pero es fácil? No, necesariamente. ¿Vale la pena? Mucho más de lo que te puedes imaginar. Ahora averigüemos cómo puedes hacerlo.

Capítulo 6

UN TÉRMINO QUE TE CAMBIA LA VIDA

*Para despertar a la inversionista que vive en tu interior,
se requiere...*

Ahorrar dinero e invertir en planes 401(k) y en fondos mutualistas no te va a llevar a tu paraíso financiero. Es virtualmente imposible. Sin embargo, es lo que la mayoría de los asesores y expertos financieros te dice que debes hacer, aunque esos consejos no conduzcan al paraíso.

Los planes de inversión como el 401(k) en Estados Unidos, Japón e Inglaterra; la Superanualidad en Australia y Nueva Zelanda; o el RSS en Canadá, no fueron diseñados para funcionar como vehículos para el retiro. En realidad, son planes de ahorro y, para colmo, no muy buenos.

Hoy en día es casi imposible ahorrar para tu retiro. ¿Se puede hacer? Algunas personas pueden ahorrar lo suficiente, pero la mayoría, no. Es imposible para casi todos nosotros por las siguientes razones:

- Los incrementos en los impuestos. (¿Sabías que en Estados Unidos la persona promedio trabaja cuatro meses, de enero a abril, tan sólo para pagar impuestos? Esto varía de país a país, pero puedes buscar las estadísticas para el tuyo.)

- La inflación.
- La falta de pensiones.
- El aumento futuro en tasas de interés.
- La devaluación del dólar y otras divisas.
- La falta de solvencia económica de Seguridad Social, *Medicare*, *Medicaid* y otros programas de ayuda social.
- La insuficiencia de cuentas de retiro personales.

Hubo un tiempo en el que nuestros bisabuelos, abuelos y, en muchos casos, hasta nuestros padres podían ahorrar para tener un retiro bastante cómodo. Pero eso ya no funciona en nuestros tiempos. Es por esta razón que debemos considerar que la asesoría convencional vieja, pasada de moda e irrelevante, ya no es aplicable en nuestras vidas financieras.

¿De dónde proviene el ingreso?

Si el ingreso mensual de tu plan de riqueza infinita no proviene de un empleo o un salario, ni implica que tú tengas que continuar trabajando, entonces ¿de dónde proviene? De tu habilidad para que quien trabaje sea tu dinero, no tú. Proviene de invertir el dinero en algo que te generará retornos consistentes. Los distintos tipos de inversiones producen resultados diferentes. La pregunta es: ¿qué resultados quieres tú?

El inversionista invierte para recibir, básicamente, dos resultados:

1. Ganancias de capital

Las ganancias de capital son el juego de comprar y vender para obtener una ganancia. En este caso, para que el juego y los ingresos no se detengan, tienes que continuar comprando y vendiendo, comprando y vendiendo, comprando y vendiendo.

Las ganancias de capital se producen, por ejemplo, cuando compras una acción por veinte dólares. El precio aumenta hasta llegar a treinta dólares, y entonces, vendes la acción. A esa ganancia se le llama "ganancia de capital".

Sucede lo mismo con los bienes raíces. Compras una casa unifamiliar por cien mil dólares. Le haces algunas reparaciones y mejoras la propiedad. Luego la vendes por ciento cuarenta mil. A tu ganancia se le denomina "ganancia de capital".

Digamos que compraste diez monedas de una onza de plata, a quince dólares cada una. Luego las vendes individualmente a cuarenta dólares. Tu ganancia es, de nuevo, "ganancia de capital".

Siempre que vendes un bien o que inviertes para hacer dinero, estás obteniendo "ganancias de capital". Por supuesto, también existen las pérdidas de capital. Éstas se producen cuando pierdes dinero en la transacción de venta.

Por desgracia, muchos "especuladores" (gente que compra bienes raíces y los vende casi de inmediato para obtener ganancias de capital) quedaron atrapados cuando el mercado inmobiliario sufrió un revés. La mayoría de la gente creía que este mercado continuaría creciendo, pero cuando sufrió el descalabro y colapsó, las propiedades dejaron de valer lo que valían cuando los especuladores las adquirieron y, por supuesto, ya no había más especuladores a quienes venderles. Es por esta razón que estamos viendo tantos remates inmobiliarios y gente que tiene que abandonar su casa.

La mayoría de los inversionistas en la actualidad busca obtener ganancias de capital en el mercado de valores a través de la compra de acciones, fondos mutualistas y planes 401(k). Estos inversionistas se la pasan rezando y deseando que su dinero aún siga ahí cuando salgan del mercado. A mí me parece algo muy riesgoso.

Quienes invierten para obtener ganancias de capital sólo ganan en la medida que los precios del mercado continúan en aumento. Cuando los mercados sufren descalabros y los precios caen, entonces los inversionistas pierden.

2. Flujo de efectivo

El flujo de efectivo se produce cuando compras una inversión, la conservas y, a su vez, ésta te produce dinero mensual, trimestral o anualmente. Por lo general, los inversionistas que buscan obtener flujo de efectivo prefieren conservar sus inversiones en lugar de venderlas, porque lo que desean es continuar recibiendo el ingreso de flujo de efectivo que les llega de manera regular.

Si compras una acción que te da dividendos, entonces ésta te generará dinero mientras continúe siendo de tu propiedad. A eso se le llama "flujo de efectivo".

Para recibir "flujo de efectivo" en el caso de los bienes raíces, podrías comprar una casa unifamiliar y, en lugar de arreglarla y venderla, podrías rentarla. De esa manera, cobras una renta y pagas los gastos, incluyendo el de hipoteca. Si compras a buen precio y manejas bien la propiedad, tendrás una ganancia o flujo de efectivo positivo.

A diferencia del inversionista que quiere ganancias de capital, al inversionista que busca obtener flujo de efectivo no le preocupa si los mercados suben un día o si bajan al siguiente. Este tipo de inversionista está en busca de tendencias a largo plazo y no le afectan las subidas y caídas a corto plazo que pueda tener el mercado.

La tercera manera en que se puede invertir

Existe una tercera manera de invertir, a ella se le llama inversión en *fondos de protección* o *fondos de cobertura*. El fondo de cobertura es una especie de seguro y se utiliza para protegerse de posibles pérdidas. Por ejemplo, yo creo una cuenta de reserva para cada una de las propiedades que rento. Dicha cuenta de reserva me sirve para cubrir reparaciones imprevistas o caídas en los ingresos. Para cada cuenta aparto dinero con el que puedo enfrentar gastos de emergencia o alguna pérdida de ingreso por rentas en caso de que los inquilinos se muden. En pocas palabras, es una protección contra ese tipo de pérdidas.

Otro ejemplo sería si tenemos una propiedad comercial grande en la que sólo hay un inquilino. Si este inquilino se fuera antes de que su contrato expirara, nosotros nos quedaríamos con un hueco en los ingresos que usamos para pagar la hipoteca. En ese caso, correríamos el riesgo de perder la propiedad. La cuenta de reserva que tenemos para este inmueble es una protección o seguro con el que podríamos continuar pagando la hipoteca en caso de que sucediera algo inesperado.

El oro y la plata son dos ejemplos más de coberturas. Robert y yo no compramos oro y plata porque creamos que los precios continuarán en aumento (aunque, en el fondo, pensamos que así será). Compramos estos metales porque nos sirven como una cobertura en caso de que el dólar se devalúe. Desde siempre, cada vez que el dólar se devalúa, la gente vuelve al dinero real, es decir, al oro y la plata. Por lo general, cuando baja el precio del dólar, los precios del oro y la plata suben. Nosotros consideramos que los metales son una protección contra la devaluación del papel moneda. Los adquirimos para contrarrestar las posibles pérdidas del dólar.

Las opciones en acciones son otro tipo de cobertura. Una opción de acción te da el derecho (mas no la obligación) de *comprar* (opción *call)* o vender (opción *put)* una acción a un precio acordado en un periodo o día específico.

Las opciones son coberturas porque sin importar si compras o vendes, el precio siempre irá a la alza. El precio de la opción es tan sólo una fracción de lo que te costaría la acción real si la adquirieras de forma integral. Por ejemplo, tal vez la acción venda a treinta dólares por pieza, pero la opción sólo te cuesta un dólar. Si el precio de las acciones baja diez dólares, entonces tú sólo pagas una penalización por el costo de la opción a un dólar por pieza en lugar de perder diez dólares por acción. La opción es una cobertura contra posibles pérdidas. Por supuesto, si las acciones suben, entonces puedes usar o ejercer tu opción y comprar la acción al precio más bajo acordado. Las opciones en el mercado son un asunto bastante complicado en sí mismas.

Un término que tienes que aprender a amar

En el ámbito de las inversiones todos tienen su lugar: las ganancias de capital, el flujo de efectivo y los fondos de cobertura. Yo hago uso de los tres, sin embargo, para alcanzar mis objetivos de independencia financiera y riqueza infinita, mi término preferido es:

FLUJO DE EFECTIVO

El efectivo que fluye hacia ti cada mes sin que tengas que trabajar para obtenerlo, se produce gracias a inversiones o activos que lo generan.

A ese flujo de efectivo también se le llama ingreso pasivo. Lo anterior no quiere decir que no puedas usar tus inversiones para producir ganancias de capital o fondos de cobertura también. Todos son importantes. No obstante, para construir riqueza infinita te tienes que enfocar, principalmente, en el flujo de efectivo. ¿Por qué? Por tres razones:

1. *Hoy en día casi nadie puede ahorrar lo suficiente para jubilarse.* No es sencillo, de hecho, yo diría que es prácticamente imposible ahorrar la cantidad que necesitas para retirarte. Por desgracia, demasiada gente trabajadora que planeaba retirarse en los próximos años se está dando cuenta de que ya no puede darse ese lujo. Muchas personas se verán forzadas a trabajar hasta el día que mueran, literalmente. Sería mejor enfocarse en adquirir la cantidad de flujo de efectivo o ingreso pasivo mensual que deseas recibir mientras poseas el activo.

   Por ejemplo, cuando Robert y yo nos retiramos en 1994, en realidad no teníamos una gran cantidad de dinero en ahorros. De hecho, teníamos muy poco. Nuestro portafolio de acciones era prácticamente inexistente, porque no habíamos adquirido fondos mutualistas ni un plan 401(k). Lo que teníamos eran diez mil dólares mensuales en flujo de efectivo, producto de nuestras inversiones, que, en aquel tiempo, eran particularmente bienes raíces. Nuestros gastos diarios, por otra parte, ascendían a tan sólo tres mil dólares al mes. En ese momento, ya éramos libres en el aspecto financiero. Nuestro ingreso pasivo era mayor a nuestros gastos. Lo que quiero decir es que no se trataba de millones sino de tan sólo diez mil dólares al mes. Hoy en día es muy factible obtener esa cantidad e incluso una mayor.

2. *Me gusta el control.* A mí no me gusta invertir en cosas sobre las que no tengo control, en especial cuando se trata de dinero. No soy corredora de bolsa ni especuladora (gente que compra y vende propiedades de manera constante). Tampoco soy buena para calcular las altas y bajas del mercado de valores o del de bienes raíces. Sencillamente no soy tan lista. Al flujo de efectivo que re-

cibo de mis inversiones no lo definen las fluctuaciones diarias del mercado porque eso es algo que no puedo controlar. Lo que sí puedo controlar son mis bienes raíces y mis negocios. La mayoría de las acciones que Robert y yo tenemos pertenece a compañías que también son nuestras. A pesar de que tal vez no pueda ejercer control sobre la producción de petróleo de nuestros pozos petroleros, sí puedo llamar por teléfono a los propietarios de la compañía en cualquier momento.

3. *Quiero definir cuándo retirarme o, incluso mejor, tener la opción de dejar de trabajar o no.* Yo puedo alcanzar mi objetivo de generar un flujo de efectivo igual o mayor a mis gastos cotidianos, en mucho menos tiempo del que necesitaría para reunir la cantidad suficiente para vivir por el resto de mi vida. El flujo de efectivo también me libera y me permite hacer lo que realmente quiero hacer en la vida, en lugar de regirme por las restricciones que impone el dinero.

El flujo de efectivo genera más flujo de efectivo

Mi primera inversión para obtener flujo de efectivo fue en una pequeña casa de dos habitaciones y un baño en Portland, Oregon. Era 1989, mi flujo de efectivo mensual era de un promedio de cincuenta maravillosos dólares al mes. Ciertamente no era mucho pero fue lo que me permitió comenzar, y dar ese primer paso fue, por mucho, lo más difícil que había hecho hasta entonces. No estaba segura de si en realidad podría llevar esa empresa a cabo. Tenía mucho miedo.

Por todo lo anterior, esos cincuenta dólares representaban mucho más que tener algo de dinero en la bolsa. En realidad, eran los cimientos para construir el flujo de efectivo del que ahora gozo. Llega un punto en tu vida de inversionista en el que el flujo de efectivo que procede de tus inversiones no sólo cubre tus gastos diarios, sino también tus siguientes inversiones. El flujo de efectivo produce nuevos activos que, a su vez, generan más flujo de efectivo.

Ahora te diré la clave. Para ir construyendo el camino hacia tu paraíso financiero tienes que definir dos cosas:

1. **Tienes que averiguar si una inversión te dará flujo de efectivo, ganancias de capital, cobertura, o una combinación de los tres anteriores.**

Una acción puede producir flujo de efectivo en forma de dividendo. Si el precio de la acción sube y la vendes para obtener una ganancia, entonces tendrás ganancias de capital.

Puedes guardar cien onzas de plata como cobertura en contra de la devaluación del dólar. Si en algún momento vendes la plata, entonces cualquier ganancia que obtengas será de capital.

Robert y yo compramos diez departamentos en un edificio de trescientas unidades que estaba siendo modificado para usarse como condominio. Aquellas diez unidades nos dieron flujo de efectivo, porque el desarrollador nos las rentó para usarlas como condominios muestra y enseñárselos a los compradores en potencia. Cuando se terminó de modificar el edificio, vendimos las diez unidades y recibimos ganancias de capital. Inmediatamente, reinvertimos esas ganancias en un edificio de departamentos que nos produjo flujo de efectivo y que conservamos hasta la fecha. En este negocio pasamos de tener flujo de efectivo a ganancias de capital, y luego, de vuelta a flujo de efectivo. La clave fue que, incluso antes de vender las diez unidades muestra, ya sabíamos en qué invertiríamos el dinero.

Recuerda, si no sabes en qué vas a usar tu dinero antes de obtenerlo, terminarás perdiéndolo.

2. **Debes decidir qué resultado deseas obtener de tus inversiones: flujo de capital, ganancias de capital o cobertura.**

¿Cuál es tu plan? ¿Cuál es tu objetivo? ¿Qué es lo que quieres? Cuando comencé a hacer que mi dinero trabajara para mí, tenía el siguiente objetivo: adquirir dos departamentos para rentar en los siguientes diez años. Al pasar esos diez años tendría veinte departamentos que me producirían flujo de efectivo. Lo maravilloso de tener un objetivo es que, cuando te queda perfectamente claro lo que quieres y trabajas para lograrlo, muy a menudo se produce magia. O como mi amiga Paula White, una ministra religiosa muy conocida, dice: "Cuando tienes claro lo que deseas, Dios te envía oportunidades". Yo pude detectar las oportunidades y, gracias a eso, no me tomó diez años alcanzar mi objetivo: lo hice en sólo dieciocho meses. Cuando fijé la meta no estaba segura de poder lograrlo, sin embargo, fue mucho más rápido porque, a medida que me acercaba al objetivo, iba aprendiendo nuevas estrategias que aceleraron el proceso de una forma extraordinaria.

Después de aquel logro, fijé el siguiente objetivo de inmediato: invertir más para incrementar mi flujo de efectivo hasta lograr que éste fuera mayor a nuestros gastos. Me di cinco años para lograrlo, pero, de hecho, alcanzamos nuestro objetivo de riqueza infinita en tan sólo tres años y por fin fuimos libres.

Distinguir entre objetivos

Mi entrenador físico me enseñó algo muy valioso respecto a cómo fijar metas. JR trabaja con muchos triatletas y maratonistas, y notó un patrón que se presentaba en los atletas después de que alcanzaban una meta importante, como correr una maratón o competir en un triatlón. A menudo, veía que los atletas perdían energía e interés en entrenar después del suceso. De hecho, la motivación de algunos de ellos incluso disminuía los días posteriores al evento deportivo. A veces los atletas presentaban un estado de ánimo deteriorado y, en algunos casos, depresión.

Al hablar con los hombres y mujeres a los que entrenaba, descubrió que aquellos atletas entrenaban durante varios meses a un nivel muy elevado para lograr ganar el evento deportivo, romper un récord o, sencillamente, para llegar al final de una competencia. El entrenamiento era muy exigente.

Mi entrenador también se dio cuenta de que habían pasado meses enfocados en una meta, pero que, de pronto, ya no tenían un objetivo claro. Llevar a cabo sus planes los dejaba exhaustos y con la necesidad de tomar cierto tiempo para recuperarse. Debido a lo anterior, les resultaba muy difícil emocionarse respecto al siguiente objetivo. Por otra parte, entre más tiempo pasaba, el interés y la condición física de los atletas menguaban más y más. JR me contó que le había impactado ver a un atleta alcanzar la cima de su condición física justo *antes* del evento deportivo, para luego subir trece kilos y perder su salud en cuestión de meses después de la competencia.

¿Qué solución aplicó JR? Aproximadamente una o dos semanas antes del evento, mientras el atleta todavía estaba emocionado por el desafío que se avecinaba, JR se reunía con él y se aseguraba de que fijara su siguiente meta. Es decir, el próximo objetivo se definía antes de lograr la meta más cercana. ¿Tú crees que esta estrategia podría funcionar para cualquier cosa en la vida? En mi caso, sí funciona.

Tu nuevo mejor amigo para siempre

Asumo que quieres obtener tu libertad lo antes posible y que quieres continuar viviendo con tu actual, o incluso mejor, nivel de vida. También asumo que quieres ser tú quien tenga el control sobre tu destino financiero. Si estoy en lo cierto, entonces el resto de este libro está dedicado a ti y a tu objetivo de riqueza infinita.

Seguramente ya has escuchado que los diamantes son los mejores amigos de una chica, pero yo diría que tu verdadero mejor amigo para siempre es el FLUJO DE DINERO o FLUJO DE EFECTIVO. Esto se debe a que el flujo de efectivo puede ser el vehículo para que cumplas tus sueños financieros. Después de lograrlo, claro, podrás comprar todos los diamantes que quieras.

CAPÍTULO 7

MODIFICA TU ENFOQUE

Para emprender el vuelo y dejar de necesitar un cheque de nómina,
se requiere...

Si estás familiarizada con la filosofía de *Mujer millonaria* y *Padre rico*, entonces notarás que en este capítulo haremos un repaso de algunos conceptos que ya conoces, sólo que con algunas ligeras variantes. La repetición es una manera muy efectiva de aprender.

La información acerca del dinero que no coincide con tus pensamientos y creencias esenciales será filtrada. A medida que se vaya abriendo tu mente, comenzarás a ver estos conceptos ya conocidos bajo una nueva perspectiva.

Una visión sencilla de los estados financieros

En el mundo de *Mujer millonaria* hay principios fundamentales que es imposible omitir cuando se habla de mujeres, dinero e inversiones. Todo comienza con el estado financiero: el estado de ingresos, la hoja de balance y el estado de flujo de efectivo.

El estado financiero que se muestra aquí no es el típico documento de contabilidad; nosotros queremos ofrecerte la versión simplificada.

ESTADO DE INGRESOS

INGRESOS

Descripción	Flujo de efectivo
Salario:	
Intereses/Dividendos	
Bienes raíces/Negocios:	

AUDITOR

(La persona que está a tu derecha)

Ingreso pasivo: $ _____

(Flujo de efectivo de Intereses/Dividendos + Bienes raíces/Negocios

Ingreso total $ _____

GASTOS

Impuestos:	
Pago hipotecario:	
Pago de préstamo escolar:	
Crédito del auto:	
Pago de préstamo para automóvil:	
Pago de tarjeta de crédito:	
Compras menores:	
Otros gastos:	
Gastos de los niños:	
Pago préstamo:	

Número de hijos _____

(Comienza el juego sin niños)

Gasto por hijo $ _____

Gasto total $ _____

HOJA DE BALANCE

Flujo de efectivo mensual (NÓMINA) $ _____
(Ingreso total – Gasto total)

ACTIVOS

Ahorros:		
Acciones/Fondos/	# de Acciones	Costo/Acción:
Certificados de depósito:		
Bienes raíces/Negocios	Enganche:	Costo

PASIVOS

Hipoteca:	
Préstamos escolares:	
Préstamo automóvil:	
Tarjetas de crédito:	
Deuda compras menores:	
Bienes raíces/Negocios:	Hipoteca/Pasivo
Préstamo	

El Estado de ingresos

El Estado de ingresos está formado por:
• Ingreso (dinero que entra) y
• Gasto (dinero que sale).

Ingreso

Todo el ingreso que entra a tu casa fluye a través de la columna de ingresos del estado. Esto incluye los tres tipos de ingreso:

1. Ingreso ganado ordinario

Éste es el ingreso por el que trabajas. Incluye salario, propinas y comisiones de tu empleo o negocio.

2. Portafolio

El ingreso de portafolio incluye las ganancias de cualquier venta de inversiones. Estas ganancias de capital pueden provenir de la venta de acciones, negocios y bienes raíces.

3. Pasivo

Éste es el ingreso que recibes de las propiedades que rentas, las sociedades limitadas en las que inviertes dinero pero no estás involucrado activamente, y otro tipo de empresas similares. El ingreso pasivo también puede salir de los intereses generados por cuentas de ahorros, bonos, certificados de depósito (CD), dividendos de acciones, regalías de patentes de inventos y regalías de libros, canciones y otras obras originales.

Tu trabajo como inversionista consiste en transformar tu ingreso ordinario en ingreso de portafolio e ingreso pasivo.

Es importante observar que por cada uno de estos tipos de ingresos se pagan distintas tasas fiscales. El ingreso ordinario es por el que más se pagan impuestos. El gobierno se lleva la mayor parte del dinero que tanto te cuesta ganar en tu empleo o negocio. Por el ingreso de portafolio se pagan menos impuestos, y por el ingreso pasivo casi no se pagan. Cuando inviertes para obtener ingreso pasivo, tu dinero trabaja para ti y, además, te es posible conservar una cantidad mayor de ese dinero porque los impuestos por éste son muy bajos.

Gasto o egreso

Con este término nos referimos a los gastos mensuales que tienes, como el pago de tu hipoteca (o pago de renta), el préstamo para tu automóvil, los préstamos escolares, alimentos, automóvil y gasolina, utilidades, seguros, ropa, comidas fuera, gastos médicos, etcétera.

La hoja de balance

La hoja de balance está formada por:

• Activos (cosas que ponen dinero en tu bolsillo), y
• Pasivos (cosas que hacen que salga dinero de tu bolsillo).

Activos

La definición que en *Mujer millonaria* se da sobre un activo difiere mucho de la de un contador tradicional. El contador te dirá que un activo es "algo de valor monetario que le pertenece a un individuo o una compañía". Si nos basamos en esa definición, ¡entonces tu reloj despertador y tu vajilla podrían considerarse como activos!

Casi todos los contadores se vuelven locos con esta definición porque quieren clasificar como activos acciones, joyería, residencia personal, automóviles y fondos mutualistas. Para nosotros, en cambio, todo lo anterior carece de valor hasta el día que lo vendes. Si vendes algo y obtienes dinero, entonces se trata de un activo. Pero si vendes algo y pierdes, entonces definitivamente es lo contrario.

La definición de *Mujer millonaria* dice:

> **Un activo es algo que
> pone dinero en tu bolsillo,
> trabajes o no.**

¿Por qué es mejor usar esta definición? Porque un reloj de alarma y algunos platos y tazas no te van a ayudar a cumplir tu sueño financiero. Lo que sí te ayudará será *algo que ponga dinero en tu bolsillo, trabajes o no.*

Pasivos

En este caso, también tendremos que lidiar con la definición tradicional. La mayoría de los contadores te dirán que un pasivo es "la obligación de pagar una cantidad que debes a tus acreedores, ya sea un individuo o una organización". La definición de *Mujer millonaria*, ciertamente discrepa:

*Un pasivo es algo que hace
que salga dinero de tu bolsillo.*

Ahora ya entiendes el dilema. La mayoría de la gente consideraría que su Mercedes es un activo, que tiene cierto valor. Nosotros, por el contrario, creemos que el Mercedes es un pasivo porque, mes a mes, provoca que salga dinero de tu bolsillo. "¡Pero ya lo pagué!", argumentarás. Tal vez ya pagaste el préstamo que pediste para comprarlo, pero ¿qué hay acerca de la gasolina, las afinaciones, las reparaciones y el seguro?

El mayor problema lo tenemos cuando le decimos a la gente que su casa, es decir, el lugar en donde vive, no es un activo. Gracias a esta afirmación recibimos bastante publicidad, en particular cuando hubo un auge inmobiliario y la gente solicitó hasta dos o tres préstamos usando su casa como garantía. No fue sino hasta que el mercado inmobiliario colapsó y la gente descubrió que debía por su casa más dinero de lo que ésta valía, que muchos comenzaron a entender este principio.

El problema de que las personas piensen que sus pasivos son activos radica en que creen que su situación financiera es mucho más próspera de lo que en realidad es. Cuando la economía sufrió un descalabro, muchos se vieron forzados a confrontar la realidad. Ahora entienden lo que tenían en realidad, y están más conscientes de cuánto tiempo podrán sobrevivir financieramente.

Por lo anterior, el concepto de "valor neto" significa ya muy poco en el mundo real. Cuando los contadores calculan tu valor neto, enumeran todo excepto el fregadero de la cocina. En la mayoría de los casos, para tener la cantidad de dólares que tu contador le otorga a tu valor neto, tendrías que vender prácticamente *todo* lo que posees, a cualquier precio que el mercado le asigne en ese momento.

Esto no significa que no debas comprar una casa, un BMW o un reloj Cartier nuevo. Sólo quiere decir que no debes engañarte pensando que tus pasivos (los artículos que hacen que salga dinero de tu bolsillo) son activos.

La ciencia de los bolsillos

No es difícil entender los activos y los pasivos. Mucha gente ha llegado a comentar que "no es física nuclear". Y tiene razón. Yo lo pienso como *la ciencia de los bolsillos*, y específicamente, la ciencia de "cómo poner dinero en mis bolsillos". Así que, a medida que vayas avanzando para alcanzar tus objetivos financieros, trata de ver, sentir y escuchar cómo va entrando el dinero a los tuyos.

Un enfoque diferente

Ésta es la revelación que tuve cuando analicé el estado de ingreso y la hoja de balance.

A mí me enseñaron a enfocarme en esta sección

La clave para el bienestar financiero es adquirir activos.

Actualmente me enfoco en esta sección

A mí siempre me dijeron que me enfocara en la columna de ingresos. Me dijeron que debía obtener un empleo, trabajar arduamente y lograr que me siguieran dando aumentos de salario. Que si trabajaba por hora, debía laborar más tiempo o incrementar mi pago por hora. El enfoque siempre estaba en el ingreso, específicamente en el ingreso ganado ordinario (en incrementar mi salario o comisiones). Pero mientras continuara enfocada en esa columna, tendría que seguir trabajando con ahínco durante toda mi vida.

Por suerte todo se iluminó en cuanto comprendí que la clave para el bienestar económico no radica en enfocarse en adquirir ingresos, *sino en adquirir activos*. Cuando entendí ese vínculo, mi vida se hizo mucho más sencilla, tanto en las finanzas personales como en nuestro negocio de la Compañía Padre Rico. Entonces me enfoqué en los activos que debía adquirir de manera personal, y los que serían para construir nuestra compañía. Sí, los libros y los juegos de mesa son activos porque, mes a mes, esos artículos le generan a la empresa un flujo de efectivo en ventas, y a Robert y a mí, uno en regalías.

Lo único que tuvimos que preguntarnos, por medio de la compañía, fue ¿qué nuevos activos estamos construyendo hoy en día? En pocas palabras, ésta es una manera distinta de ver el mundo.

Déjame contarte acerca de nuestro nuevo proyecto. Es un activo que se está forjando en el ámbito de los juegos digitales... Te presento a Nicole Lazzaro.

Nicole es extremadamente inteligente y talentosa, y es reconocida como una de las mujeres con mayor influencia en el mundo de los juegos digitales. Ella es dueña de una compañía de consultoría, y empresas reconocidas e importantes de todo el mundo solicitan sus servicios.

Nicole y yo estábamos desayunando una mañana, cuando, de pronto, ella sacó su iPhone para mostrarme un nuevo juego que estaba desarrollando y del que estaba muy orgullosa. "En XEODesign, mi negocio de consultoría, los clientes me contratan. Me encanta lo que hago y adoro a mis clientes. Ellos necesitan de mi conocimiento y experiencia para lograr que sus juegos sean más divertidos. No obstante, sólo tengo trabajo cuando ellos me contratan. Fue por eso que decidí ahorrar durante varios años para autofinanciar un juego de iPhone que se llama Tilt World. ¡Éste es el primer activo que hace que llegue dinero a mi bolsillo!", declaró triunfante. "Tener mis propios activos me brinda la libertad financiera que necesito para desarrollar mis propios diseños creativos y para cumplir mis sueños".

Verás. Tener un empleo no es lo mismo que poseer un activo, ni siquiera si tú eres el dueño de la compañía. Porque, en ese caso, tú eres quien tiene que realizar todo el trabajo. Una cuenta de ahorros tampoco es un activo, si siempre terminas pagando más en comisiones bancarias, que lo que ganas de intereses. Si ése es el caso, entonces tu cuenta es un pasivo.

Carrie, una mujer a la que he visto algunas veces, escuchó la conversación que sostenía con mi amiga acerca de los activos, y de repente nos interrumpió: "Yo soy muy afortunada porque acabo de recibir un gran activo. Se trata de una herencia considerable que me dejó mi tío".

Entonces mi amiga le preguntó, "¿Y qué piensas hacer con ella?".

La mujer contestó, "Bien, pues lo primero que haré será llevar dos semanas a Hawai a veinte personas: miembros de la familia y amigos. Nos hospedaremos en hoteles de primera clase, rentaremos yates y tendremos todo lo que ellos quieran. He calculado un presupuesto de trescientos mil dólares". Nicole y yo nos quedamos boquiabiertas.

—¿Y luego qué? –le preguntó mi amiga.

—Después de Hawai –continuó la mujer–, voy a comenzar a buscar una nueva casa con alberca.

Nosotras sonreímos, le deseamos lo mejor y continuamos conversando. Ni siquiera una herencia es un activo.

La estrategia para conseguir la riqueza infinita, riqueza en la que continúe entrando un flujo de efectivo igual o mayor a tus gastos mensuales, es muy sencilla:

Adquiere activos que te generen flujo de efectivo.

No es ningún secreto que cualquier aspecto de tu vida se desarrollará si le brindas tu tiempo, energía y enfoque. Así que si quieres alcanzar tus sueños financieros, tal vez quieras brindarle todo esto a la adquisición de activos.

Un consejo para la columna de activos

A continuación, te hablaré de una regla que Robert y yo hemos obedecido desde que adquirí aquella casa de dos habitaciones y un baño, y que tal vez quieras incorporar en tu vida. En cuanto un dólar (peso, euro, yen, o lo que sea) ingresa a la columna de activos, jamás debe salir de ahí. Tal vez vendas el activo, pero con ese dinero debes comprar otro. A menudo he escuchado a mujeres decir, "¡Acabo de comprar mi primer activo!", para enterarme, un año después, de que ya lo vendieron para comprar una casa o un auto nuevo para sí mismas. Por eso te repito que:

**Cuando un dólar ingresa a la columna de activos,
jamás debe salir de ahí.**

CAPÍTULO 8.

TODO ES ACERCA DE... TI

Para emprender el vuelo y alcanzar tu activo número 1, se requiere...

Para salir al mundo real y perseguir tus sueños financieros se requiere de AGALLAS. Es necesario tener un carácter fuerte, atrevido, algo cínico y, sobre todo, que te permita reír. Dime lo que quieras, pero este juego no es para lloronas, debiluchas o consentidas.

Seguramente ya has visto en la televisión anuncios e infomerciales que te prometen alcanzar "la libertad financiera" por cinco módicos pagos de 29.99 dólares. ¿En serio? A mí me parece que aquí hace falta algo. De hecho, esos anuncios me recuerdan la siguiente tira cómica.

"Creo que deberías ser más explícito aquí, en el paso dos".

Me temo que el milagro eres tú

Si estás esperando a que llegue tu salvador para rescatarte en el aspecto económico, ¿adivina qué? El milagro eres tú. Eso no quiere decir que tú sola podrás resolver la milagrosa ecuación que aparece en la caricatura, al contrario. Definitivamente, vas a necesitar una infraestructura de amigos, expertos, corredores de bolsa, mentores y maestros que te acompañen en esta travesía. Cada vez que digo "tú eres el milagro", me refiero a que es tu viaje y tú lo irás construyendo.

Sin importar la manera en que decidas embarcarte, tu éxito dependerá de un factor muy importante. Primero tendrás que crear lo que deseas, y luego salir al mundo real y buscar de qué manera debes ser, es decir, cuál es la manera que coincide con tus valores, tu espíritu, tus intereses y tu pasión. En pocas palabras, todo depende de ti.

Sé fiel a ti misma

Es hora de que emprendas el vuelo y seas tú misma, que dejes de ser quien los demás quieren que seas. Ha llegado el momento para ti: mujer o esposa o hija, o mujer de negocios o artista o ama de casa o la mejor amiga o... ¡Es hora de que tú emprendas el vuelo! Sin etiquetas.

Nosotras las mujeres desempeñamos tantos papeles para la gente que es parte de nuestra vida que, con frecuencia, terminamos perdiendo la noción de quiénes somos en realidad y qué es lo que queremos. Una amiga me contó que algunos días después de que su divorcio se hiciera oficial, estaba de compras en el supermercado local y, de pronto, los ojos se le llenaron de lágrimas. Al principio no sabía por qué estaba llorando, pero luego, mientras iba empujando el carrito por el pasillo, se dio cuenta de que estaba tan acostumbrada a comprar lo que sus hijos (ahora ya mayores) y su esposo querían, que, por primera vez, después de muchísimo tiempo, estaba comprando para sí misma en realidad. Lloraba porque, al mirar los alimentos en los anaqueles, notó que no sabía cuáles le gustaban. Estaba tan condicionada a anteponer las necesidades y los caprichos de todos los demás a los suyos, que había perdido por completo la noción de quién era. Ése fue el principio de su redescubrimiento.

¿Quién eres tú? Al decir *tú* me refiero a la persona en tu interior, a tu ser espiritual.

¿Cómo saber cuándo estás siendo fiel a ti misma? Es un momento fácil de detectar porque es mágico. De pronto todo parece adecuado. Piensas en algo y se manifiesta de forma instantánea. Estás en "el lugar indicado, en el momento indicado". Todo ocurre sin esfuerzo; estás feliz y disfrutas de la vida. Entonces eres la verdadera *tú*.

Sé fiel a tu vida financiera

¿Cómo es posible hacer que el concepto de "serte fiel a ti misma" tenga cabida en los ámbitos del dinero, las finanzas y las inversiones? Es muy sencillo: es necesario que tu plan sea apropiado para ti. El subtítulo de este libro es, "Un llamado a las mujeres que quieren la recompensa de su libertad financiera". Aquí estamos hablando de tus sueños, no de los de tus padres, tus hermanos, tu cónyuge o tus amigos. Para obtener esta recompensa tienes que ser fiel a tus valores, tus amores, tus sueños y talentos, a tu ingenio, tu carácter juguetón y a todo lo que te hace ser *tú*.

Éste es un gran sueño y exige todo de ti. Te pondrá a prueba en ocasiones, así que, si lo estás haciendo por alguien más que no seas tú, entonces no lo lograrás. Terminarás renunciando. *Es por ello que la razón que tienes para perseguir tu sueño, el propósito para emprender este viaje financiero, tiene que ser lo que en realidad quieres, desde el fondo de tu alma y tu corazón.* Tu energía y tu pasión serán lo que te ayude a superar los obstáculos, las dudas y las adversidades. Cada éxito que consigas te impulsará a seguir adelante.

No hay nadie más importante que tú

No hay ninguna cosa o persona que sea más importante que tú. Ni tus hijos, ni tu cónyuge o pareja, ni tu religión, ni tu misión en la vida.

"¡Herejía!", seguramente gritarán muchas de ustedes. "¡Eso es ser demasiado egoísta, demasiado arrogante!". Pero en realidad no es así. Cuando estableces que hay algo o alguien más importante que tú, le das a ese objeto o persona poder sobre ti y le permites que te controle. Pierdes una parte de ti y se la cedes a algo o alguien más. Tus hijos, tu esposo o pareja, e incluso tu propósito en la vida, pueden ser de gran relevancia para ti, pero no pueden ser más importantes que el ser humano que eres tú.

Trata de recordar algún momento en el que fuiste verdaderamente feliz. ¿Qué estabas haciendo? ¿Cómo te sentías? ¿Eras más productiva? ¿Más divertida y agradable? ¿Estabas más dispuesta a ayudar a otros? ¿Te daba la impresión de que las cosas ocurrían sin esfuerzo? Bien, pues en ese tiempo eras tú y te considerabas lo más importante.

Otro de los golpes más fuertes que le puedes dar a tu fidelidad para contigo misma consiste en adoptar el sueño de alguien más. Puede ser que lo adoptes y finjas que te pertenece. Hay una película que sirve como buen ejemplo de esta situación, se llama *Bobby Jones: Stroke of Genius*. Es la historia de un jovencito que está enamorado del golf, por lo que se mete a los campos de juego y se esconde detrás de los árboles para observar cómo juegan los grandes golfistas. Alguien le regala unos palos hechos a mano para que juegue. Él adora el juego pero... también quiere complacer a su familia. El joven termina convirtiéndose en abogado para hacer feliz a su madre, pues su padre también es abogado. Su abuelo considera que el golf es una pérdida de tiempo y que debería tener una "profesión respetable". E incluso después de ganar un torneo tras otro, abandona el juego para hacer feliz a su mujer porque a ella no le agrada que esté de gira todo el tiempo. Al joven le encanta el golf, sin embargo, a lo largo de toda la película se le ve batallando con un conflicto interno porque, en lugar de hacer lo que de verdad ama, y de ser quien realmente es, prefiere adoptar los sueños y los deseos de quienes lo rodean.

La escena clásica de la película es cuando él lleva la delantera en un importante torneo. En ese momento tiene que ganar un evento fundamental. El último día del torneo recibe un telegrama de su abuelo, quien jamás lo había apoyado en su gusto por el golf y, además, lo ha despreciado. El telegrama decía: "¡Gana este torneo Bobby!". Finalmente, Bobby consigue la tan buscada aprobación de su abuelo y, gracias a eso, ese día gana su primer torneo de importancia.

Sé fiel a ti misma porque si no lo haces... ¡morirás!

El doctor Radha Gopalan es un especialista en trasplante de corazón en la Clínica Mayo de Scottsdale, Arizona. Él es un amigo muy querido. Después de terminar la universidad y hacer una residencia en Estados Unidos, regresó a Sri Lanka, su lugar de nacimiento, para aprender acupuntura y técnicas médicas orientales. La pasión del doctor Radha es mezclar las teorías y filosofías médicas de Oriente y Occidente. Él dice que: "Cuando una persona llega a mí con problemas cardiacos serios, a menudo resulta que la única solución es la cirugía. La cirugía repara el problema inmediato pero no atiende la causa que, muy probablemente, tiene su origen en lo etéreo, la energía, los pensamientos, las emociones, lo invisible".

Ésta es una de las declaraciones más serias que he escuchado del doctor Radha. Él también dijo que *si haces algo que no quieres, estás atentando contra quien eres en el fondo. Esto ocasiona un conflicto en el cuerpo y el espíritu que, a su vez, conduce a la enfermedad*.

"Se requiere de valor para crecer y convertirte en quien verdaderamente eres". — e.e. cummings.

Un vegetariano de corazón que tiene que servir hamburguesas en McDonald's todos los días seguramente terminará teniendo conflictos. Una mujer que de manera constante soporta comentarios degradantes de su esposo, también. Siempre que experimentamos cualquier actitud que no coincide con nuestra ética y valores personales, se produce una batalla en nuestro interior.

Doctor Radha, ¡gracias por brindarnos el mejor argumento para ser fieles a quienes somos, porque, si no lo hacemos, moriremos! Además, a veces no sólo se trata de una muerte física, sino de una muerte emocional y espiritual interior.

Una joven inteligente

Creo que vas a disfrutar la historia de Alecia St. Germain.

Cuando estaba en la universidad creía que tenía todo resuelto. Me iba a graduar, obtendría un empleo, me casaría, tendría hijos y una vida maravillosa. El último año conocí a mi prometido y creí que iba por buen camino. Él estudiaba lo mismo que yo y, en muy poco tiempo, descubrimos que teníamos mucho en común. Después de graduarnos de la universidad buscamos un empleo que nos permitiera viajar juntos por el país. Nos divertimos mucho visitando nuevos lugares y saliendo de vacaciones. Simultáneamente, yo acumulé una deuda enorme por tratar de seguirle el paso a su estilo de vida. La verdad es que, hasta antes de conocerlo, jamás tuve problemas de dinero. Lo que me quedó muy claro es que ¡mi corazón es un administrador terrible! En aquel tiempo, no parecía un problema mayor porque yo seguía usando las tarjetas de crédito y haciendo los pagos regulares. Mi empleo era bien pagado y recibía más dinero del que jamás había ganado. No fue mayor problema, claro, hasta que me di cuenta de que había acumulado una deuda por 45 000 dólares en menos de tres años y, para colmo, ni siquiera tenía algo de valor que explicara en qué había gastado el dinero.

Por fortuna tengo una madre que me enseñó las reglas de la libertad financiera cuando era adolescente porque, aceptar la cruda realidad me habría podido tomar más tiempo. Me senté a revisar mis finanzas y me enfurruñé al descubrir el tremendo desastre que yo misma había ocasionado. Recuerdo que decía, "No puedo pagar eso", y él sólo respondía, "No hay problema, yo pagaré el avión y el hotel, y tú pagas los alimentos y el entretenimiento mientras estemos en ese lugar". Me parecía justo pero, a fin de cuentas, el resultado fue abrumador.

El otro problema fue que no me gusta que me den limosna, así que llevaba una cuenta mental de lo que él pagaba, y luego, para tratar de equilibrar la situación, yo pagaba por otras cosas de manera cotidiana. En el fondo comencé a darme cuenta de que ambos queríamos cosas muy distintas en la vida, y como siempre mantuvimos nuestras finanzas separadas, hasta la fecha, no tengo idea de cómo logró pagar por todo lo que consumió y adquirió.

Cuando debes tanto como yo llegué a deber, resulta muy fácil sentirse enojada y atrapada. Lo primero que te dan ganas de hacer es culpar a alguien más de tus tribulaciones porque eso es mucho más sencillo que asumir la responsabilidad y admitir que eres un fracaso. Un día, mientras conducía de vuelta a casa, contemplé aquello en lo que se había convertido mi vida. Me di cuenta de que si continuaba en aquella profesión y si seguía viviendo de la misma manera, ya no tendría a dónde más ir.

A mí me educaron para no quejarme, y para modificar cualquier cosa que no me gustara de mi vida. Por eso nos inscribimos, mi prometido y yo, en un seminario de temas financieros, durante un fin de semana. Al tomarlo descubrí que quería vivir mi vida con educación financiera y trabajar para alcanzar mi libertad. Hice un plan para pagar aquella deuda que sólo me estaba drenando.

La educación es una cosa, pero lo más difícil de superar son los temores. En el fondo, sólo se trata de reunir la fuerza para oponerte a quienes te están limitando y que, para colmo, no te satisfacen de la manera que mereces.

Como ya mencioné, mi prometido también tomó el seminario. Le dije, "Ya no habrá más viajes y tampoco podemos seguir gastando en frivolidades". Y ya te imaginarás el gran "apoyo" que recibí de su parte. Al decir "apoyo" me refiero a que fue suficientemente amable para dejarme trabajar para alcanzar la libertad financiera para ambos. En sus días libres continuó haciendo cualquier cosa que se le antojaba para divertirse. No pasó mucho tiempo antes de que me diera cuenta de que él no compartía los valores con los que a mí me habían educado, y que yo esperaba poder inculcarles a mis hijos en el futuro.

La gota que derramó el vaso llegó cuando, a un mes de mi cambio de enfoque, me dio mi regalo de cumpleaños. Me sorprendió con un viaje a Hawai. Dijo que lo único que tenía que hacer era pagar los alimentos y la diversión. ¿Te suena conocido, verdad? Cualquier otra persona que ponderara la situación pensaría que soy ingrata, pero preferí actuar con sabiduría esa ocasión. De pronto, me quedó muy claro que no apoyaba la visión que yo tenía. Por desgracia, que alguien te diga que está contigo no significa que realmente esté comprometido a hacer lo mismo que tú.

Tal vez había muchas otras maneras en las que se pudo haber manejado la situación, pero yo decidí romper con él. Recuerdo que pasé algún tiempo pensando en la razón que le daría para hacerlo. ¿Cuántas veces le ha dicho una mujer a un hombre, "No eres tú, soy yo"? Sé *que usamos esa frase porque es una manera amable de decepcionar a alguien, y, haya estado bien o mal, fue justamente lo que le dije, "No eres tú, soy yo".*

En mi opinión, la educación financiera no se limita al aprendizaje; en realidad, es un estilo de vida que afecta la forma en que te desenvuelves, amas y creces.

La herramienta para validarte

Actuar como alguien que no eres implica demasiado estrés y esfuerzo. Enfrentémoslo: la hija perfecta, la esposa perfecta, la empleada perfecta, no existen. Por eso es indispensable que te seas fiel, porque para alcanzar la libertad financiera también debes contar con la libertad de ser tú misma.

Kathy Kolbe es experta en los instintos humanos y ha dedicado su vida a ayudarle a la gente a encontrar la libertad de ser ella misma. Kathy creó lo que ella llama el Índice Kolbe. Este índice es una herramienta para identificar los talentos naturales, natos e inmutables de cualquier persona. Básicamente, el índice te da validez al ser tú misma.

Nosotros aplicamos el Índice Kolbe en toda nuestra compañía porque también es una excelente herramienta de negocio que te ayuda a asegurarte de que tienes a la gente en los puestos adecuados, en los sitios en donde tendrá un desempeño extraordinario. Cuando Kathy revisó mi evaluación Kolbe, me preguntó, "Kim, ¿has tratado de ser organizada en tu vida?".

—Sí –le respondí.

—¿Y cómo te ha ido con eso? –continuó.

—¡Muy mal! –exclamé–. He tomado seminarios sobre organización. También leí libros y compré muchísimos manuales y dispositivos de planeación para organizarme. Pero la verdad es que mi oficina continúa siendo una zona de guerra. Nada me funciona.

Kathy se rió y luego me brindó un obsequio que no esperaba. Me miró a los ojos, y dijo, "Kim, jamás serás organizada porque, sencillamente, tú no eres así".

Me quedé atónita. De pronto sentí que me habían quitado un tremendo peso de encima.

—¿No lo soy? –le pregunté.

—No. Así que deja de esforzarte y de perder el tiempo tratando de ser algo que no eres.

Luego mencionó a tres personas de nuestra compañía a las que les encanta planear. Una de ellas está a cargo de organizar mis asuntos, precisamente. Lo mejor de todo es que, a partir de ese momento, pude enfocarme en lo que hago mejor.

La persona que era presidente de nuestra compañía en aquel entonces había pasado toda su infancia y juventud creyendo que era un *nerd*. Mientras sus amigos practicaban deportes, él se la pasaba leyendo y estudiando. Después de recibir los resultados de su evaluación Kolbe, por fin descubrió que no era un *nerd*, sino que era muy bueno en la búsqueda y recopilación de datos, y eso era precisamente lo que le encantaba hacer.

Conoce mejor el Índice Kolbe en kolbe.com/itsrisingtime

También nos quedó claro, tanto a él como a nosotros, que el puesto de presidente, que tanto trabajo le había costado desempeñar, no era el indicado para su perfil. Por eso comenzó a trabajar con una empresa de desarrollo, en el área de investigación de nuevos mercados, con miras a expandir la operación. Ahí funcionó muy bien porque pudo ser él mismo y aprovechar sus verdaderos talentos.

Una herramienta para emprender el vuelo

¿Alguna vez has llevado un diario? Es una herramienta sencilla y extremadamente efectiva para descubrir la verdad sobre ti y el ambiente en el que te desarrollas. Lo único que se necesita es:

- Algo en qué escribir (puede ser un cuaderno de espiral, un bloc tamaño carta o una libreta de pasta gruesa con páginas en blanco. También puedes ir a alguna papelería grande y comprar un diario específicamente para este propósito.)
- Una pluma.
- Tú y tus pensamientos.

Siempre que necesito encontrar una respuesta, comienzo a escribir un diario. Para mí es como una forma de meditar. Si tengo una duda que me está causando problemas, una tribulación que no logro superar, o un hábito o comportamiento que descubro que no me sirve, entonces abro mi diario, defino cuál es el problema y comienzo a escribir. Éstas son mis reglas:

- No analizo, ni cuestiono ni filtro lo que escribo. Sólo dejo fluir cualquier pensamiento que me surge. En este espacio no hay nada políticamente correcto porque sólo yo lo voy a leer. Se trata de sacar lo que hay en mi cabeza para que emerja la verdad.
- Escribo hasta que encuentro la respuesta, no tengo límite de tiempo. Te recomiendo escribir hasta que el problema esté bien redondeado. En cuanto tengas la respuesta, lo sabrás porque será un momento de epifanía. Tal vez sientas alivio, emoción, calma o incluso ganas de reír. Todo depende de la situación.

Por ejemplo, el otro día volví a casa de la oficina y noté que me sentía inútil. Tenía muy poca energía, estaba de mal humor y a las 2:00 de la tarde ya no quería seguir adelante porque no encontraba motivación alguna. No sabía por qué, así que entré a mi despacho en casa y comencé a escribir en el diario. Prácticamente todo salió a través de la escritura: enojo, culpa, lástima por mí misma. Mi momento de epifanía llegó cuando escribí: "Me es más fácil prosperar en ambientes creativos en los que la gente ofrece lluvia de ideas, hay libertad para compartir sugerencias, todas las opiniones son valoradas, y todos trabajamos en equipo para encontrar la solución. Éste es el ambiente que elegiré para desenvolverme. Si mi contexto no es ése, entonces lo voy a modificar".

Al día siguiente, tuvimos una reunión creativa de Mujer millonaria. Éramos seis personas trabajando en un proyecto nuevo en el que ya habíamos invertido ocho meses. Estábamos a punto de hacer importantes descubrimientos respecto a éste. Decidimos hacer una revisión de todo el proyecto para asegurarnos de que ofreciera lo que nos propusimos en principio. La reunión fue vivaz, emocionante, divertida, reveladora y, en algunos momentos, incluso tensa. En conjunto logramos ofrecer muchísimas soluciones que, de manera individual, no habríamos podido presentar. Fue algo mágico.

Más tarde, ese mismo día, me pidieron asistir a una reunión porque teníamos que resolver un problema. Casi no conocía a la gente que estaba ahí, por lo que la atmósfera me pareció muy distinta. En lugar de trabajar en el problema para encontrar la solución, en la reunión se quisieron encontrar culpas, hubo descalificaciones, amenazas (al estilo de "a mi manera, o... a mi manera") y, para colmo, nadie colaboró. El ambiente era muy pesado y abrumador. Permanecí callada y dejé que los demás se pelearan. Aporté muy poco. Al escribir en mi diario, comprendí que yo soy quien elige en qué ambiente voy a participar y que quedarse sentada, callada y sin mover un dedo, era la mayor holgazanería que podía hacer. Lo que en realidad sucedía era que estaba enojada conmigo misma por no expresar lo que estaba sintiendo; al no actuar, estaba aprobando el comportamiento de los demás. Eso iba en contra de quien yo soy en realidad, y, por lo tanto, me provocaba demasiados conflictos. Supe que había llegado a la respuesta gracias al diario porque, de inmediato, me sentí animada, feliz y suficientemente poderosa para volver a entrar en acción.

Se trata de tu sueño

Ser fiel a ti misma es obligatorio, si quieres cumplir tus sueños financieros. Antes que nada, recuerda que debe ser tu sueño, y no la buena idea de alguien más. En segundo lugar, recuerda que a través de este proceso tendrás que tomar decisiones difíciles, pero que, cada vez que hagas lo correcto, esas decisiones coincidirán con tus valores, talentos, instintos y pasiones.

¿Qué tipo de activo deseas adquirir? ¿Qué tipo de plan educativo debes emprender? ¿Con qué herramientas cuentas para mantener tu enfoque? ¿Cómo destacarás y celebrarás tus logros a lo largo del camino? Estas preguntas, así como muchas otras, se responderán dependiendo de quién seas tú. Todas somos mujeres únicas y talentosas, pero éste es *tu* viaje, *tu* sueño, *tu* proceso. Haz que sea real para ti. ¡Es hora de emprender el vuelo!

SEGUNDA PARTE

ADQUIERE:
OBTÉN EL CONOCIMIENTO PARA QUE SUCEDA

CAPÍTULO 9.

CUESTIONA LOS CONSEJOS DE LOS "EXPERTOS"

Para emprender el vuelo y planear por encima de todo el ruido financiero, se requiere...

En junio de 2010, en la portada de la revista *Fortune* se anunció el siguiente artículo: "Todavía puedes... retirarte siendo rico". Qué bien, una mentalidad optimista justo en medio –o tal vez al principio– de una recesión, depresión, desastre financiero, o como quieras llamarle. Para mucha gente ser "rico" no era una opción en ese momento porque se encontraba luchando para no perderlo todo. Fue el año posterior a que se sentenciara a Bernie Madoff a ciento cincuenta años de prisión por un fraude de miles de millones de dólares que realizó por medio de un esquema piramidal de inversión. A mí me dio la impresión de que la revista *Fortune* estaba haciendo todo lo que estaba en sus manos para vigorizar una economía enferma.

El artículo comienza así: "Admítelo: sientes que te han estado mintiendo... te dijeron que las acciones son la mejor inversión a largo plazo, pero el índice Standard & Poor 500 no ha ido a ningún lugar en doce años. Te dijeron que... te llenaras de acciones cuando tocaron fondo el 9 de marzo de 2009... ¡Y te vendieron puras ilusiones! Y ahora... ¿en quién puedes confiar? A pesar de que te sientes traicionado, la respuesta es que los consejos tradicionales siguen teniendo validez".

¿En serio? ¿Y a qué se refieren con "consejos tradicionales"? El periodista que escribió el artículo mencionó tres sugerencias para que la gente "todavía pudiera retirarse siendo rica":

1. Diversifícate.
2. Ahorra con todavía mucho más ahínco.
3. Vive por debajo de tus posibilidades.

"Diversifícate"

Sí, se trata del mismo viejo y gastado consejo: "diversifícate (es decir, no pongas todos los huevos en la misma canasta) y divide tu dinero en varias inversiones". Sin embargo, casi siempre que los "expertos" financieros hablan sobre diversificación se refieren a variar tus inversiones entre distintos tipos de acciones. El autor del artículo da un enorme salto y recomienda a la gente diversificar en acciones *globales*, y no enfocarse sólo en acciones de *Estados Unidos* (a pesar de que se trata de una revista que opera desde este país). Así que, básicamente, el consejo tradicional sigue siendo: "invierte en acciones (¿¿¿pero qué su artículo no comenzó diciendo que el índice S&P 500 no había ido a ningún lado en doce años???).

Cuando los medios financieros de televisión, prensa y radio hablan sobre inversiones, casi siempre se refieren a activos de papel (acciones, bonos y fondos mutualistas). Cerca de noventa y cinco por ciento de los inversionistas privilegia este tipo de activos.

Hoy en día, sin embargo, los inversionistas están comenzando a prestarles más atención a las *commodities* como el oro y la plata. Es que no pueden ignorar el hecho de que el índice S&P 500 no se ha movido en doce años, en tanto que, al mismo tiempo, el valor del oro se ha incrementado en un setecientos por ciento y el de la plata se ha disparado hasta un ochocientos por ciento. Al parecer, hay algunas inversiones que son mucho mejores que las acciones, los bonos y los fondos mutualistas.

"Ahorra con todavía mucho más ahínco"

Aprendí a ahorrar desde que supe lo que era un dólar. Recuerdo que fui al banco local con mi madre para abrir mi primera cuenta de ahorros. En aquellos tiempos todo se hacía manualmente; me dieron una libreta de ahorros en la que se indicaba mi depósito inicial. Creo que fueron diez dólares.

Era oficial: acababa de entrar al mundo del dinero, y eso me hacía sentir muy adulta. El viejo consejo de ahorrar ha tenido eco en muchas generaciones en todo el mundo y a lo largo de la historia. Aún en la actualidad, pero ¿sigue siendo un buen consejo o sólo es una frase que continúa repitiendo la gente que es demasiado distraída para cuestionar su validez?

El articulista de la revista *Fortune* dice que no ahorramos lo suficiente. La asunción que él y la mayoría de los "expertos" financieros hacen, es que, la única manera en que se puede retirar una persona es juntando dinero. Sin embargo, para hacer eso se necesitaría ahorrar muchísimo.

Ahora te propongo analizar lo que indican las estadísticas respecto a las mujeres. La típica mujer estadounidense tiene una expectativa de vida de ochenta años. Digamos que es la *edad promedio*. Ahora pensemos que eres muy saludable y vives hasta los noventa y cinco pero te retiras a los sesenta y cinco. Eso nos da treinta años viviendo como jubilada. Dado el estilo de vida que deseas, ¿cuánto dinero tendrías que ahorrar para vivir como te gusta durante treinta años? Creo que demasiado.

La filosofía de *Mujer millonaria* asume algo muy distinto. Nosotros creemos que somos las mujeres, y no el gobierno, quienes decidimos cuándo queremos retirarnos (antes de cumplir sesenta y cinco años, de ser posible). Asimismo, pensamos que no será Wall Street sino nosotras mismas, quienes controlaremos las inversiones que nos permitirán vivir.

¿Cuál es el problema de ahorrar dinero en la actualidad?

El tradicional consejo de ahorrar dinero presenta varias desventajas:

- **El interés que obtienes por tus ahorros**

  Las tasas de interés son demasiado bajas en todo el mundo y, en algunos lugares, casi inexistentes. En realidad, tu cuenta de ahorro es como un préstamo que le haces al banco. Éste saca dinero de tu cuenta y se lo presta a sus clientes a un interés muchísimo más alto que el que te paga a ti. Digamos que, básicamente, estás financiando los negocios de tu banco y, a cambio, recibes una tasa de rendimientos ridícula.

Si invirtieras tu dinero en una compañía en ciernes que produce un nuevo automóvil eléctrico, ¿aceptarías que te dieran uno por ciento o menos por el dinero invertido? Seguramente no. Sin embargo, eso es lo que sucede cada vez que ahorras dinero en tu cuenta bancaria.

Susan, cirujana general, quería enseñarles a sus dos hijos algo sobre el dinero. Los llevó al banco para abrir sus primeras cuentas bancarias. Cuando llegaron los estados de cuenta, ella y sus hijos los revisaron juntos. Después de tres meses, Susan notó una tendencia preocupante. Las comisiones que les cobraba el banco por manejar las cuentas eran mayores a los intereses que recibían los niños. Conmocionada descubrió que, en realidad, ¡estaban perdiendo dinero! Entonces tomó a sus hijos y se dirigió de inmediato al banco para cerrar ambas cuentas.

¿En dónde pusieron sus ahorros Susan y sus hijos? Comenzaron a aprender acerca del oro y la plata, así que, en lugar de ir al banco, visitaron una tienda de metales preciosos y compraron monedas de una onza de plata. Eso fue en 2005, cuando el precio de la plata era de siete dólares la onza. En este momento, el precio es de cuarenta y un dólares, así que yo diría que ¡es un rendimiento mucho mayor que el uno por ciento por su dinero!

• Ajuste cuantitativo (también conocido como "el dinero que el gobierno imprime de la nada)

Los gobiernos que temen que sus países caigan en la depresión están imprimiendo dinero para inflar la economía de manera artificial, y crear la ilusión de que es mucho más fuerte de lo que es. ¿Pero qué pasa si el gobierno decide dejar de imprimir dinero? Es muy posible que el país entre en una depresión debido al alto nivel de desempleo y a las deficientes estrategias económicas. Por supuesto, éste es un panorama que no le agradaría mucho al gobierno, ya que ocasionaría un colapso económico que podría conducir a la insatisfacción y a una revuelta nacional y, posiblemente, mundial.

¿Qué podría suceder si el gobierno continúa imprimiendo más y más dinero? (En el caso de Estados Unidos, la Reserva Federal es la que lo hace.) Se especula que entre más dinero imprima la "Fed", se incrementan las probabilidades de que…

Se genere inflación

¿Qué significa inflación? Significa que, en el futuro, tu marca favorita de zapatos o *jeans* te va a costar muchos más dólares, euros, yenes o pesos, que lo que cuesta hoy. ¿Por qué la impresión de dinero conduce a la inflación? Aquí te presento la explicación simplificada:

Imaginemos que, en todo el mundo, sólo hay cien dólares. Asimismo, también existen solamente cinco productos. Eso significaría que cada producto costaría veinte dólares en promedio. El gobierno del mundo decide imprimir más dinero y, de esa manera, le inyecta más recursos a la economía global. Digamos que imprime novecientos dólares más. Sin embargo, ese dinero no sirve para crear más productos ni para hacer que la economía crezca. Más bien, se usa para saldar la deuda y para vigorizar a los bancos y negocios que están fallando. Entonces, no se crea nada nuevo. En lugar de que sólo haya cien dólares circulando en la economía, ahora hay mil. Sin embargo, siguen existiendo sólo cinco productos. Por supuesto, esos cinco productos ya no valen veinte dólares cada uno, sino doscientos. Así funciona la inflación, que, a su vez, es el resultado de que el dinero imprima más y más dinero.

Dinero que no vale nada

Si llega a producirse inflación, y si es particularmente alta, entonces te va a salir muchísimo más caro comprar los artículos que acostumbras. Por ejemplo, en lugar de pagar tres dólares por un paquete de pan, tal vez tengas que desembolsar doce. El dólar, euro, yen o peso que ahorraste valdría entonces sólo una cuarta parte de lo que antes.

Ahorrar para jubilarse se volvió mucho más difícil porque, no sólo es impensable ahorrar todo lo que necesitarás, para colmo, el dinero que *sí* logres guardar valdrá cada vez menos a medida que envejezcas. Es por eso que no resulta sorprendente que el mayor temor de los estadounidenses en la actualidad sea quedarse sin recursos económicos durante su retiro.

¿Significa que no debo ahorrar dinero jamás?

En mi opinión, ahorrar es una opción a corto plazo. Yo sólo ahorro mientras busco el siguiente proyecto en el que invertiré. Cuando éste aparece, invierto lo que ahorré hasta ese momento. Siempre elijo proyectos que me ofrecen retornos sólidos por mi dinero. ¿Qué tan difícil crees que sea encontrar una inversión que te dé una tasa de retornos mayor al uno por ciento que te hace ganar tu cuenta de ahorros bancaria? Creo que puede ser tan sencillo como comprar una moneda de plata.

El tercer consejo tradicional que el articulista ofreció fue...

"Vive por debajo de tus posibilidades"

Por supuesto que si sigues los consejos de este "experto", tendrás que vivir por debajo de tus posibilidades porque en muy poco tiempo descubrirás que el dinero que ahorraste y diversificaste con la intención de que cubriera todo el tiempo de tu jubilación no es suficiente. Así que, ¡llegó la hora de bajar de nivel de vida!

Vivir por debajo de tus posibilidades es un consejo que los "expertos" ofrecen de manera cotidiana. En lugar de seguir esta recomendación a pie juntillas, deberías preguntarte ¿por qué dicen eso? Jean Chatzky, reconocida oradora y autora de temas financieros, utiliza el término "Vivir con modestia". Cuando le preguntaron por qué lo había elegido, contestó, "porque 41 por ciento de la gente en Estados Unidos se quedará sin dinero durante su retiro". Todo nos lleva de vuelta a la idea de que se tiene que ahorrar para jubilarse.

Algo más que asumen los "expertos" es que nosotras no sabemos controlar nuestros gastos. Piensan que queremos recompensas instantáneas. Es decir, que gastamos más de lo que ganamos.

La frase "Vive por debajo de tus posibilidades" asume que la solución es disminuir tus gastos. Yo creo que la solución consiste en incrementar y expandir tus ingresos. Discúlpame, pero cualquier estúpido puede recortar sus gastos. Sin embargo, para hacer crecer tu ingreso, se requiere de creatividad, conocimiento y temeridad. En lugar de vivir por debajo de tus posibilidades, ¿por qué no mejor *expandir tus recursos*?

¿Que si yo vivo por encima de mis posibilidades?

Kevin, un hombre que conozco, ha vivido por encima de sus posibilidades desde siempre. Cuando fue joven tuvo ingresos altos. Paseó e invitó a cenar con buen vino a mujeres muy hermosas. Condujo autos deportivos de lo más costosos y vivió cerca del mar, en Malibú. Tuvo una vida suntuosa, aunque, a medida que fue envejeciendo, surgió un problema: mantuvo el mismo estilo de vida, pero sus ingresos dejaron de ser los de siempre. De hecho, todo lo que poseía estaba apalancado o había sido apalancado o hipotecado. Sus tarjetas de crédito estaban hasta el tope, así que les pedía dinero a sus amigos para mantener su extravagante estilo de vida. "Es sólo una dificultad pasajera", les decía.

No era verdad. Para hacer dinero, siempre se inclinaba por el golpe fuerte, el gran negocio, la apuesta. Vivía muy por encima de sus posibilidades y, sencillamente, no podía admitir que estaba en la ruina. Vivió en un sueño durante años y siempre se negó a conseguir empleo porque, en su visión, eso no estaba "a su altura".

Al final, su hermosa casa fue rematada, y ahora él, su esposa y sus tres niños, viven literalmente en la calle. Se quedan en moteles baratos o con familiares. Él tiene sesenta y cinco años. Aunque sé que no debería, todavía me sorprende el hecho de que continúe insistiendo en que "es un problema temporal". Kevin definitivamente vivió demasiado por encima de sus posibilidades.

Robert y yo vivíamos en una modesta casa por la que pagamos una hipoteca de cuatrocientos dólares a diez años. En aquel tiempo, casi todos nuestros amigos tenían empleos bien pagados y manejaban los modelos más recientes de Porsche, Mercedes y BMW. Hablaban de las costosas vacaciones que tomaban en los lugares de moda de todo el mundo y vivían en McMansiones.

Robert y yo no sufríamos en lo absoluto. Nuestra casa era pequeña y económica, y estaba en un adorable complejo en donde contábamos con parques acuáticos, tiendas y restaurantes. De hecho, uno de los restaurantes nos ofrecía servicio a domicilio, y los pedidos llegaban en carritos de golf. Viajamos por todo el mundo, pero la diferencia entre nosotros y nuestros amigos era que a nosotros nos pagaban los viáticos las compañías que querían tener reuniones con nosotros, en tanto que nuestros amigos tenían que costear sus vacaciones por sí mismos. La verdad es que nos dábamos la gran vida a pesar de que no gastábamos mucho, y funcionábamos de esa manera porque todo era parte de nuestro plan.

El dinero que pudimos haber gastado en una casa grande y en automóviles de lujo lo utilizamos para invertir. Al principio, invertimos particularmente en bienes raíces, pero luego nos expandimos hacia todos los demás tipos de activos. En definitiva, lo que nos interesaba era tener recompensas más adelante. Continuamos adquiriendo activos y viviendo en el mismo lugar hasta que comenzó a fluir el efectivo o ingreso mensual, y gracias a nuestras inversiones, pudimos pagar la gran casa y los autos de lujo. Hasta la fecha seguimos utilizando la misma estrategia para incrementar nuestro ingreso y expandir nuestros medios para crear el estilo de vida que en verdad deseamos. Vivimos por debajo de nuestras posibilidades por un tiempo limitado, pero todo era parte del plan a largo plazo para incrementar nuestros recursos. Por supuesto, no tenemos la menor intención de que nuestros ingresos sufran un decremento a medida que envejecemos, tal como la mayoría de planeadores y asesores financieros asume. Nosotros queremos que nuestro ingreso continúe creciendo por medio de la maravilla del flujo de efectivo.

Me opongo rotundamente a la visión de vivir por debajo de tus posibilidades porque me parece que implica una forma de pensar muy pobre.

"Vive por debajo de tus posibilidades" asume que la solución radica en recortar tus gastos. En realidad, la solución es incrementar y expandir tus ingresos".

Lo más dañino de esta forma de pensar es que va matando tu espíritu y te constriñe. Provoca que una mujer sienta que vale menos; sentencia a la gente a vivir en la mediocridad. Si alguna vez pensaste que tenías que pasar el resto de tu vida viviendo por debajo de tus posibilidades... ¡entonces es hora de emprender el vuelo! Es hora de crecer, ser más inteligente y expandir no solamente tus medios, sino tu vida como individuo también.

Más consejos de los "expertos"

Hace poco estaba viendo uno de los *talk-shows* matutinos de la televisión nacional. El anfitrión dijo: "¡Y permanezcan con nosotros para ver el siguiente segmento sobre lo que deben hacer hoy en día para establecer su seguridad financiera!". Así que no cambié de canal porque quería escuchar los nuevos consejos que ofrecerían los expertos. Preparé papel y pluma. Aquí están las frescas e innovadoras sugerencias:

- **"Vive de manera humilde. Mantén tu vida simple y mediocre".**
  Entonces busqué la palabra "humilde" en el diccionario. La definición que encontré decía: "alguien que siente que tiene menos importancia". Creo que es la definición perfecta porque si eliges una vida mediocre, entonces lo más probable será que te sientas menos importante.

- **"Haz un presupuesto".**
  ¿Esto te parece *novedoso*?

- **"Ponte al día. Si no has estado ahorrando, ¡entonces más te vale comenzar a ahorrar, ahorrar, ahorrar! Y si ya pasaste de los cuarenta años, entonces ahorra aun más".**
  ¡Vaya, qué original!

- **"Trabaja más tiempo. Entre más tiempo puedas seguir cobrando tu cheque de seguridad social o ayuda gubernamental, mejor".**
  Este consejo es genial. ¡Ah, qué inspirador!

Ésta es la información más "novedosa" que se ha difundido sobre cómo establecer tu seguridad financiera. ¿Te parece nueva? No. ¿Te pone a reflexionar? No. ¿Vale la pena? En mi opinión, no. Este consejo puede ser positivo para la gente que quiere "irla pasando" o tan sólo sobrevivir en el aspecto financiero, pero, definitivamente no te va brindar la independencia económica.

Ya lo leí, lo escuché y sentí cuán abrumador es. Es como si tuviera que cargar un enorme peso sobre mí durante años. No me emociona ni me motiva a actuar. ¿En dónde están el empuje, la pasión y la emoción por la vida? Me siento como una niña a la que su maestra regaña: "¡Siéntate! ¡Cállate! ¡Haz lo que te digo!". Francamente no quiero participar.

Cómo distinguir los buenos consejos de los malos

Lo primero que tienes que saber es qué tipo de información o asesoría estás buscando. Todo depende del sueño y del objetivo a los que *aspiras*. También tiene que ver cuál es tu plan para alcanzarlos.

Tu plan consiste, sencillamente, en hacer lo necesario para cumplir tu sueño. En principio, involucra los elementos de *adquisición* y *aplicación* del triángulo triple A. No tiene que ser una estrategia complicada; por ejemplo, si decides que quieres ser tenista, ya tienes definido tu sueño. El plan consiste en comprar una raqueta, pelotas, zapatos de tenis y un uniforme especial, así como tomar clases tres veces a la semana. Ése es el plan.

A ese plan también le puedes añadir algo que te permita llevar un registro de tus logros y derrotas. En el caso del tenis, el medidor puede ser el número de veces que golpeas la pelota de manera consistente y ésta pasa por encima de la red. En tu plan financiero, el indicador puede ser el número consecutivo de días que aprendes algo nuevo que te acerque más a tu sueño. En segundo lugar, tienes que elegir de qué personas deseas recibir asesoría. Sólo tú puedes decidir qué información quieres aceptar en tu cerebro, y de qué maestros quieres aprender.

En tercer lugar, tienes que definir qué consejos e información son relevantes para ti. Me refiero a qué te parece lógico y qué no. Por ejemplo, los consejos que ofrecieron en el programa matutino de televisión del que te hablé no son ni relevantes ni significativos para mí porque, para empezar, me dan flojera y, además, no coinciden con mis objetivos y valores. En la actualidad, hay una tonelada de información sobre inversión, economía y dinero que te llega a toda velocidad. Tu tarea consiste en descifrar qué es lo importante y qué no. Una buena manera de hacerlo es preguntarte a ti misma...

¿Qué significa esto para mí?

Tus finanzas tienen que ser parte de tu vida cotidiana. No es algo a lo que sólo te puedas dedicar el fin de semana porque las oportunidades también surgen de lunes a viernes. Yo me esfuerzo mucho por aprender algo nuevo acerca del dinero y las inversiones, todos los días.

De hecho, justo en este momento, acabo de enterarme de la fatalidad de los préstamos escolares en Estados Unidos. ¿Sabías que aunque te declares en bancarrota, tu préstamo universitario continúa ejerciéndose? Digamos que es lo único que, invariablemente, se tiene que pagar. Además, ¿estás enterado de que al solicitar préstamos escolares para estudiar Medicina, Derecho o Contabilidad, corres el riesgo de que te quiten tu licencia profesional si no devuelves el dinero que te prestaron en Estados Unidos? Si tienes hijos en la universidad o ellos están a punto de entrar, tal vez necesites investigar este asunto un poco más.

El mundo del dinero es fascinante, pero creo que si lo que leemos o vemos no tiene relevancia para nuestra vida personal, no es de sorprenderse que perdamos el interés o de plano nos durmamos. Si escucho un programa de radio y el siguiente invitado va a hablar sobre cómo entrenar hamsters, entonces creo que voy a cambiar de estación porque... yo no tengo hamsters. No obstante, todos tenemos dinero, así que, si veo que hay un programa sobre finanzas, o si leo en el periódico un artículo sobre economía, lo que tengo que preguntarme es ¿qué significa esto para mí?

Te daré un ejemplo más. Se habla mucho acerca de una posible inflación, pero ¿qué significa eso para mí? Significa que todo va a costar más, que el valor del dólar continuará bajando. ¿Y eso qué significa para mí? Que, muy probablemente, las tasas de interés suban. ¿Y qué significa para mí? Significa que tal vez necesite modificar la tasa de interés de mi hipoteca de inmediato, para evitar que suba demasiado y, en el futuro, tenga que pagar mucho más dinero.

La manera en que respondes a la pregunta "¿Y eso qué significa para mí?", también depende de tu forma de pensar. ¿Tienes la visión de una persona pobre, de clase media, o de una persona rica? Tal vez el corte informativo diga: "¡el precio del petróleo se va hasta el cielo!". Pero ¿qué significa eso para mí? Una persona pobre tal vez respondería: "Significa que me iré a trabajar en bicicleta o en autobús". Una persona de clase media podría decidir: "Voy a cambiar mi BMW por un auto híbrido de Prius". Y una persona rica probablemente diría: "Voy a invertir en petróleo". ¿Cuál de estas tres respuestas se parece más a la forma en que responderías?

Cuando preguntas, ¿qué significa esto para mí?, puedes responder, "no lo sé". Yo lo hago con frecuencia. Ahí es en donde comienza mi aprendizaje.

Cuestiona todo

Cuestiona, cuestiona, cuestiona… y pon en tela de juicio los viejos y repetitivos consejos que escuchas cada año. Cuestiona todas las sugerencias que escuches y leas. Cuestiona a los "expertos". Cuestióname a mí y a mi equipo. *Piensa por ti misma.* Haz estas preguntas:

- ¿Esto me parece lógico?
- ¿Cuáles son las ventajas y las desventajas?
- ¿Esto me ayudará a llegar a mi objetivo financiero?

A veces ni siquiera sabrás qué preguntar, pero continúa haciéndolo porque si la respuesta te hace más inteligente y te ayuda a tomar decisiones mejores y más informadas respecto a ti y a tu dinero, entonces preguntaste lo correcto.

Es hora de emprender el vuelo, de pensar por ti misma y de cuestionar los consejos tradicionales que aceptamos de forma tan rutinaria y que muchos siguen ciegamente. Es hora de emprender el vuelo y descubrir cuáles son las sugerencias, la información y las estrategias que funcionan mejor para ti.

CAPÍTULO 10

ENCUENTRA ASESORES *GENUINOS*

Para emprender el vuelo y tener una ventaja decisiva,
se requiere...

Los hechos vs. la opinión

Cada vez que escuches o leas consejos financieros en radio, Internet, televisión y medios impresos, es importante que te preguntes, "¿estos consejos se basan en hechos o en opiniones?". Esto se debe a que mucha gente ofrece sus opiniones y las disfraza como si fueran hechos:

- "Los hombres son mejores inversionistas que las mujeres", ¿hecho u opinión?
- "Las mujeres no se arriesgan en lo que se refiere a dinero", ¿hecho u opinión?
- "El chocolate te hace bien"; "El chocolate es malo para la salud", ¿hecho u opinión?

Al salir de mi garaje, Ben, mi vecino, me preguntó, "¿Crees que llueva hoy?". Ben tiene varios lavados de automóviles en la ciudad y, por supuesto, mientras observaba las nubes de lluvia en la distancia, quería que yo lo hiciera sentir mejor.

"No, Ben, no creo que vaya a llover", le di mi opinión. Pero si lo que él quería era obtener una respuesta basada en hechos sobre la probabilidad estadística de que lloviera aquel día, entonces habría tenido que consultar a un meteorólogo. Lo que pasa es que, con frecuencia, sólo buscamos opiniones que coincidan con lo que queremos escuchar.

Una "experta" financiera personal fue entrevistada en televisión. Le preguntaron sobre la adquisición de acciones como un vehículo de inversión. Su comentario inmediato fue: "Las acciones son muy riesgosas". ¿Hecho u opinión?

La "experta" reveló durante la entrevista que jamás había invertido en opciones bursátiles. Por lo tanto, su opinión se basaba en anécdotas y reportes noticiosos que sólo había escuchado.

Una persona bien versada y con experiencia en el intercambio de acciones diría: "Las acciones no son riesgosas". ¿Hecho u opinión? Aquí es donde tú tendrás que sacar tus propias conclusiones. Creo que, en este momento, para mí sería riesgoso invertir en acciones porque carezco del conocimiento y la experiencia necesarios para hacer intercambios bursátiles exitosos de manera consistente. Si yo eligiera aprender al respecto, entonces ya sabría qué camino seguir.

¿Has visto alguno de esos programas sobre finanzas que presentan en televisión? En casi todos ellos siempre llega un momento en el que el anfitrión se gira hacia su querido invitado y le hace preguntas como: "¿Crees que el mercado de valores está tocando fondo? ¿El mercado está remontando al fin?". Entonces, con mucha confianza, el invitado responde, o, mejor dicho, da su opinión. Se trata de una opinión porque él o ella no saben cómo actuará el mercado cambiario. Nadie puede afirmar con una seguridad del cien por ciento que "el mercado actuará de tal forma". Lo que ofrecen son solamente opiniones que se basan en una serie de factores y tendencias históricas. Es por eso que siempre que alguien te quiera vender acciones, o cualquier tipo de producto de inversión, y te diga, "¡Esta opción se va a disparar hasta la luna!" o, "¡Ésta es una inversión garantizada!", más te vale ponerte a hacer la tarea y sacar tus propias conclusiones.

Muchos asesores financieros te dirán cosas como, "Los fondos mutualistas suben, en promedio, entre ocho y doce por ciento al año". Pero, ¿eso es un hecho o una opinión? Cualquier persona puede sesgar los hechos para que coincidan con sus argumentos. ¿Y por qué diría algo así un asesor financiero? Pues porque vende fondos mutualistas y obtiene una comisión por cada venta que hace. Tal vez también sería bueno que le preguntaras a tu asesor qué cantidad de dinero es sustraída de tus rendimientos para cubrir honorarios y gastos, porque dichas deducciones no estarán incluidas en el informe de los rendimientos.

A medida que vayas reuniendo tu propia información, haz las preguntas necesarias y decide por ti misma. Antes que nada pregúntate, "La afirmación que acabo de escuchar ¿es un *hecho* o una *opinión*?

Las cuatro pruebas para encontrar buena asesoría

1. Elige con sabiduría a tus asesores

Cuatro amigas y yo realizamos un maravilloso viaje ciclista por el Valle de Loire, en Francia. Este valle es conocido por sus deliciosos vinos y sus imponentes panoramas. Las cinco somos mujeres empresarias. Kathy tiene una empresa de técnicas de marca y mercadeo. Lisa tiene varias instalaciones, muy exclusivas, de rehabilitación para adicción a drogas y alcohol. Ronda tiene una escuela para alumnos problemáticos que han sido rechazados por el sistema de educación pública. Lee Ann es consultora de negocios y trabaja para varias corporaciones importantes. Todas comenzamos nuestros negocios de cero. Asimismo, aunque todas cometimos montones de errores y hubo momentos en los que quisimos darnos por vencidas, siempre superamos hasta los mayores fiascos. No había red de protección ni nada que nos detuviera al caer, pero eso nos benefició porque nos forzó a seguir adelante.

El recorrido ciclista lo organizó una compañía que ofrece viajes de este tipo, además de recorridos a pie y de excursionismo. Todo era de primera clase. Había dos mujeres encargadas de nuestro grupo, conformado por veinticinco en total. Ambas mujeres eran responsables del hospedaje, transporte, comidas, itinerarios de ciclismos y, lo más importante, de asegurarse que todas llegáramos al siguiente destino de nuestro viaje. Nosotras cinco representamos para ellas una especie de desafío porque, como somos curiosas e independientes, siempre éramos las últimas en llegar. No obstante, las otras ciclistas nos bautizaron como "El grupo divertido".

Llegamos a conocer bastante bien a nuestras dos líderes de grupo. La última noche del viaje nos reunimos todas para cenar en el comedor del hermoso hotel histórico tipo *boutique*, en el que estábamos hospedadas. Al final de la cena, Emily, una de las líderes, se sentó junto a mí para conversar. "Me encanta lo que hago y soy muy buena en ello. Sin embargo, creo que estoy lista para la siguiente etapa de mi vida", dijo.

Entonces le pregunté, "¿Y tienes idea de qué se trata?". Ella asintió. "Quiero comenzar mi propio negocio. Tiene que ver con lo que hago ahora pero estaría dirigido a un mercado completamente nuevo y único. Llevo un año haciendo la investigación".

—¿Y cuál será tu siguiente paso? –le pregunté.

—Creo que voy a volver a la escuela –contestó–. Voy a estudiar una maestría en administración de negocios.

Al oírla me sentí un poco sorprendida, por lo que le pregunté:

—¿Y por qué quieres hacer una maestría?

Emily me contestó:

—Creo que estos estudios me brindarían las habilidades que necesito para ser empresaria.

Y eso fue todo lo que yo necesitaba escuchar. La mañana siguiente sería el último recorrido del viaje, por lo que le dije a la líder, "Emily, ¡mañana vas a hacer el recorrido con las chicas!".

A las 7:30 am del otro día, las seis nos montamos en las bicicletas y empezamos a pedalear. Entonces comenzó el debate. Le pregunté a Kathy, "Kathy, tú tienes una maestría en administración. ¿Crees que te proveyó las habilidades necesarias para ser empresaria?".

Kathy se rió.

—¡En absoluto! Una maestría de ese tipo está diseñada para la gente que quiere laborar en el ámbito corporativo. Te entrenan para ser empleada de una empresa, que es en donde yo comencé.

Lisa volteó a ver a Emily:

—¿Quieres ser empleada de una empresa?

Emily se quedó sorprendida:

—No, lo que quiero es iniciar mi propio negocio.

Luego Ronda le preguntó a Kathy:

—¿Y valió la pena estudiar la maestría?

—Es una pregunta interesante –respondió Kathy–. La educación es buena porque te da las herramientas y las estrategias que puedes usar en tu negocio, pero no conozco ningún programa de maestría que te enseñe a comenzar y a dirigir tu propio proyecto. No hay quien te diga cómo ser empresaria. Además, también tienes que considerar el tiempo y el dinero que vas a invertir en estudiar una maestría, y ponderarlo contra el tiempo y el dinero que puedes invertir para iniciar tu propio negocio.

El recorrido duró tres horas. La conversación fue vivaz, franca y fluida. Nos reímos de los desafíos y las tribulaciones de ser empresarias. Cada nueva anécdota parecía ser mejor que la anterior; mis cuatro amigas y yo nos divertimos tanto reviviendo nuestras pasadas aventuras de negocios, que notamos que Emily se había quedado callada hasta que nos detuvimos. Tenía los ojos bien abiertos.

—¡Nadie me había hablado de esto! –exclamó–. Y créanme que he conversado con bastantes personas al respecto.

—Emily, tengo curiosidad –le dije–. ¿Quién te sugirió volver a la escuela y estudiar una maestría en administración?

—Varios de mis clientes de los viajes ciclistas –contestó.

—¿Y en qué trabajan esos clientes? –continué preguntando.

—Son jubilados –contestó.

—¿Jubilados de qué? –seguí ejerciendo presión.

Emily comenzó a reírse.

—¡Todos tuvieron exitosos empleos como ejecutivos de corporaciones!

Lisa se sumó a la conversación:

—Entonces te estaban aconsejando sobre cómo hacer lo que ellos. Es decir, no saben lo que quieres.

—Tienes razón –comprendió Emily–, porque lo que ustedes cinco me acaban de decir, me parece muy lógico. Siempre me sentí muy confundida respecto a estudiar la maestría.

—Entonces –añadí–, eso es porque nosotras estamos haciendo lo que tú también quieres hacer. Si le pido consejos a alguien, siempre trato de que sea gente que, de verdad, haya hecho lo que yo deseo hacer. Me gusta aprender de gente que está haciendo lo que quiere en el mundo real.

Emily estaba comenzando a darse cuenta de que su empleo de guiar grupos de adultos, organizar presupuestos, trabajar con vendedores, y lidiar con emergencias de manera cotidiana, tal vez era la mejor educación que podía obtener para alcanzar su sueño de convertirse en empresaria.

Un éxito ≠ tener éxito en todo

Emily nos dijo que ella había asumido que si una persona tenía éxito en su profesión, entonces podía desempeñarse de la misma manera en todas las áreas. Ella había recibido asesoría de gente que era exitosa, pero que, sencillamente, sólo había trabajado como empleada de alguien más. Ese tipo de personas tiene una visión muy distinta a la de quienes poseen compañías.

Algo muy similar sucede con los inversionistas. Kyle era un restaurantero muy exitoso. Él y Diane, su esposa, tenían tres lugares muy conocidos en la ciudad en que vivían. De pronto decidieron vender los restaurantes y disfrutar de aquello por lo que tanto habían trabajado. Cuando se completó la transacción, Kyle y Diane recibieron aproximadamente diez millones de dólares. Supusieron que, con eso, podrían vivir el resto de sus vidas.

Como Kyle era un hombre de negocios, decidió que, para que ambos pudieran vivir retirados, invertiría una buena parte de su inesperada ganancia. Él es un empresario muy activo y le gusta hacer todo por sí mismo, así que utilizó el mismo enfoque para invertir. Lo hizo sin ayuda.

Por desgracia, el hecho de que Kyle fuera un gran empresario, no necesariamente lo convertía en un buen inversionista. Tenía muy poca información sobre el mundo del mercado de valores y, además, carecía de experiencia. De todas formas dio el salto asumiendo que su desempeño en los negocios le bastaría. Perdió la mitad de su fortuna y ¿la otra mitad? Como creyeron que las inversiones resultarían bien, Kyle y Diane se la gastaron.

Que una persona tenga éxito en un aspecto de su vida no significa que lo sabe todo acerca de todo lo demás.

2. Predica con el ejemplo

Hablando del mismo tema de buscar asesores, pero con una ligera variación, piensa que habrá gente que no esté divulgando lo que hace. ¿Por qué digo que hay una ligera variación?

A menudo, incluso la gente que se desempeña en el ramo en el que tú quieres trabajar no hace gran difusión de su trabajo. Tal vez sólo se enfoca en hacer lo que le sale bien, pero de manera muy discreta. Es por eso que, para encontrar a este tipo de personas, vas a tener que investigar un poco. Luego debes acercarte a ellas y solicitar su guía. Ésta es una excelente estrategia para encontrar mentores.

Asimismo, recuerda que debes estar al pendiente cuando se trata de personas que ofrecen consejos de manera abierta. Puede ser un "experto" financiero, un orador o maestro, o un comentarista de medios. Es importante detectar a estas personas porque muchas de ellas se ganan la vida vendiendo sus consejos. Yo te recomiendo que, antes de seguirlos, te preguntes:

¿Esta gente sigue sus propios consejos?

Es decir, ¿ellos invierten en lo que te recomiendan invertir? ¿Usan los hábitos y las estrategias que mencionan? ¿Viven día a día su mensaje?

En lo que se refiere a corredores inmobiliarios, ¿invierten en bienes raíces? ¿Compran las mismas acciones que te recomiendan adquirir?

Si una persona no sigue sus propios consejos, entonces algo anda mal.

3. Analiza cuál es la fuente

Mi amiga Amy me envió por correo electrónico una encuesta sobre el estado actual de las mujeres y el dinero. La leí y encontré que contenía algunos datos estadísticos interesantes. Al analizarla, me di cuenta de que las preguntas estaban diseñadas para obtener cierto tipo de respuestas, y para que el lector llegara a la conclusión preestablecida de que… ¡todas las mujeres necesitan un asesor financiero! Por supuesto, en las letras chiquitas decía que la encuesta había sido realizada por ABC Financial Planning Services.

¿Alguna vez has visto los comerciales que intercalan en los programas financieros de televisión? Es típico que anuncien compañías de fondos mutualistas, despachos de corretaje de acciones, así como bancos de inversión. No resulta sorprendente que la mayoría de la información que se presenta en estos programas favorezca los fondos mutualistas, las acciones, los bonos e instrumentos financieros similares. Si su patrocinador número uno es una compañía que vende fondos mutualistas y, gracias a ella y a su apoyo económico, el programa (o revista) se mantiene al aire, ¿tú crees que criticarán los fondos mutualistas? Lo más probable es que no. En lugar de eso, te aseguro que van a promover la noción de que estos instrumentos son una gran inversión y que tienes que seguir comprándolos.

¿Tu asesor está libre de patrocinios pagados, anunciantes o cualquier tipo de vínculo con el ámbito de la inversión? ¿La persona que está en el escenario vende productos de seguros porque es un vocero pagado o porque de verdad cree que son el vehículo de inversión que más te conviene? ¿El presentador televisivo puede hablar con franqueza sobre su recomendación o tiene las manos atadas por la cadena de televisión y sus anunciantes?

A veces las respuestas son demasiado obvias. "¡La venta de inmuebles para habitar, está a la alza!", decía una encuesta en la página central de un periódico nacional, a finales de 2010. El estudio mencionaba que el mercado de bienes raíces había tocado fondo y, ahora, sólo podía mejorar. En otras palabras, había llegado el momento indicado para adquirir una casa. Las letras pequeñas ni siquiera eran tan pequeñas. El estudio lo había realizado la Asociación Nacional de Profesionales Inmobiliarios (National Association of Realtors). Siempre tienes que analizar cuál es la fuente de la información que recibes.

4. ¿Asesor o vendedor?

Investiga de dónde viene el dinero de la persona que te quiere vender la inversión porque hay una gran diferencia entre un asesor financiero genuino y un vendedor. ¿La persona que te está asesorando tiene algún interés de por medio (es decir, recibirá un beneficio económico de manera directa o indirecta)? ¿O acaso tiene algún plan personal (es decir, recibirá una comisión u honorarios por lo que te quiere vender)? No me malinterpretes, en el mundo hay excelentes vendedores. De hecho, yo trato a muchos de ellos con frecuencia; ellos obtienen dinero, y yo también les genero beneficios económicos. Sin embargo, mi alarma se activa cuando se acerca a mí algún "asesor financiero" que sólo me recomienda aquello por lo que le pagarán una comisión. Lo único que tienes que preguntar para detectarlos es: "¿Y a ti cómo te pagan?".

Por ejemplo, Jane tiene su primera reunión con Sarah, una asesora financiera. Después de una hora de hacer preguntas, Sarah le recomienda invertir en una anualidad de una institución de seguros. Jane tendrá que hacer los pagos a la aseguradora y, cuando se retire, recibirá cheques mensuales. Este consejo le suena bien a Jane, por lo que decide firmar. Más adelante descubre que la empresa le paga a Sarah una nutrida comisión por cada persona que firma para participar en ese plan.

¿Fue una mala inversión para Jane? Tal vez sí, tal vez no. Jane tendría que compararla con otras inversiones posibles. No obstante, el problema radica en el hecho de que Sarah no ofreció la asesoría financiera más adecuada para Jane, sino la que más le convenía a ella en lo personal.

A algunos asesores les pagan una comisión base por sus consejos y, por lo tanto, lo que los mueve no es una comisión. En ese caso, entonces tienes que volver a la regla de "predicar con el ejemplo". ¿Ese asesor realmente invierte en lo que te está recomendando?

Debo decir que aquí no se trata de que el asesor sea bueno o malo. El punto es que tienes que separar los consejos del discurso de vendedor, sólo presta atención con quién y con qué estás lidiando.

Transacción contra relación

Cuando se trata de corredores (de bolsa, de bienes raíces y de negocios, por mencionar algunos), por lo general puedes diferenciar a los buenos de los mediocres, por la forma en que manejan la posibilidad de que compres. Si hablas con un corredor o agente a quien no conoces y las conversaciones giran alrededor de un solo negocio o compra, entonces es muy probable que al asesor sólo le interese la comisión a corto plazo que va a recibir por esa *transacción* única. Por eso, es posible que no vuelvas a saber nada de él o de ella.

Por otra parte, si el asesor o asesora te habla acerca de otras compras que podrías hacer a futuro y te hace muchas preguntas (en lugar de solamente hablar), entonces es más probable que esté interesado en construir una *relación* de negocios a largo plazo contigo.

Imagina que conduces hasta un centro vacacional a ocho horas de distancia de tu casa. Pasas por un pueblito y te das cuenta de que tu auto se va de lado, el volante se atora un poco y, además, sabes que tienes un neumático ponchado. Te sales del camino y, como por arte de magia, alcanzas a divisar que, a una cuadra de distancia, hay una estación de servicio. Te acercas al hombre que está en el mostrador y le dices, "Se me ponchó un neumático y estoy a una cuadra de distancia. ¿Me lo puede cambiar?".

—Por supuesto –te contesta el vendedor–. ¿De dónde es usted?

—De un lugar que está a unas ocho horas de distancia –le contestas.

—¿Y viene aquí con frecuencia? –pregunta.

—No, nunca –es tu respuesta.

El vendedor sonríe.

¿Qué va a suceder en este momento? Pues te van a cobrar un dineral y no hay nada que puedas hacer al respecto. Muchos vendedores sólo se enfocan en la comisión a corto plazo. "Voy a hacer esta única venta y a cobrar mi dinero". Ésa es una transacción de venta.

Sucede lo mismo con el sexo. La mayoría de las mujeres busca un compromiso a largo plazo, mientras que los hombres sólo desean aventuras de una sola noche. ¿Hecho u opinión? Todo depende de la mujer y del hombre, ¿no es así? Chelsea Handler dijo: "Los hombres no se dan cuenta de que si nos acostamos con ellos en una primera cita, lo más probable es que a nosotras tampoco nos interese volver a verlos".

Los mejores vendedores entienden bien la importancia de construir una relación duradera con sus clientes para poder continuar sirviéndoles por muchos años. Los corredores que privilegian las relaciones, también le pondrán mucha más atención a tus necesidades que a una comisión a corto plazo. Los corredores más talentosos no buscan clientes de un solo trato, quieren clientes que les vuelvan a comprar una y otra vez.

Debo señalar que no tienes que rechazar un negocio sólo porque se trata de una transacción única, ni aceptar otro sólo porque el vendedor muestra deseos de construir una relación corredor-cliente de largo plazo. El punto es poder distinguir entre ambas posibilidades y buscar a los mejores corredores y vendedores, los que quieren llegar a ser parte de tu equipo de inversión con el tiempo.

¿De quién recibo consejos financieros?

Un asesor puede ser alguien que te aconseje de manera personal y regular, alguien a quien ves en televisión, un corredor de bolsa o de bienes raíces, un conocido o incluso un autor. El asesor es cualquier persona de quien aceptas consejos.

A continuación, te daré cinco preguntas sencillas que te ayudarán a evaluar la asesoría financiera que recibes:

1. La persona que ofrece los consejos ¿está llevando a cabo con éxito lo mismo que yo quiero llegar a hacer

2. ¿El asesor predica con el ejemplo

3. ¿Sus sugerencias están libres de ataduras comerciales, ambigüedades y patrocinios pagados?

4. ¿De verdad se trata de asesoría financiera o es sólo un discurso de ventas?

5. Finalmente, ¿confías en esta persona? En el fondo, ¿sientes que es honesta, íntegra y recta? ¿Confías en que te dirá las cosas como son (lo bueno, lo malo, lo positivo y lo negativo)? Recuerda que, así como todas las monedas tienen dos caras, las inversiones tienen ventajas y desventajas.

Antes de encontrar a tu príncipe o princesa financiera, tendrás que besar demasiados sapos. No obstante, debes tomar en cuenta que a medida que tu conocimiento, experiencia y flujo de dinero vayan aumentando, vas a ir necesitando gente más inteligente y talentosa en tu equipo.

La palabra clave es *equipo*. Tu equipo de asesores no se limita a quienes te proveen información y asesoría sobre inversiones específicas. También incluye a contadores, estrategas fiscales, abogados y asesores patrimoniales, por mencionar sólo algunos. A lo largo de los años, Robert y yo hemos tenido muchos asesores. Algunos fueron buenos y otros, terribles. Sin embargo, los mejores que encontramos fueron aquellos que, además de poseer talento e inteligencia, eran generosos. Eran quienes compartían su tiempo y su conocimiento, y quienes sabían que, si te ayudaban a tener éxito, ellos también lo tendrían.

CAPÍTULO 11.
ENVÍA UN S.O.S.

---

*Para emprender el vuelo y continuar
sin que nada más importe,
se requiere...*

Sí, eres una supermujer. Y, sin lugar a duda, nosotras, las supermujeres, logramos muchas cosas. Sin embargo, después de todas las cruzadas y de hacer todo el trabajo posible del mundo... aceptémoslo, ¡estamos exhaustas! El asunto es que, para que puedas alcanzar tu sueño, partiendo del lugar financiero en el que te encuentras ahora, vas a necesitar de ayuda. Es necesario, porque no podrás hacerlo sola. Es imposible. Y permíteme decirte que yo, por lo general, soy muy optimista en lo que se refiere a lograr lo imposible. Debes, debes, debes (lo sé, suena a sermón) conseguir una especie de infraestructura de apoyo que te ofrezca apoyo moral, mental y emocional, así como motivación.

Tener una infraestructura de apoyo es muy distinto a contar con un equipo de asesores. Tu infraestructura de apoyo es la gente a la que siempre recurres porque confías en ella y la respetas. Es la que funciona como confidente, una especie de caja de resonancia, y proveedora de retroalimentación. Son quienes te apoyan en tiempos difíciles o durante las "turbulencias". También se alinean contigo para que logres tus metas; puedes contar con que serán honestos y francos contigo, incluso cuando no quieras escuchar la verdad. Mi infraestructura de apoyo tiene dos niveles:

Nivel 1. Tu equipo de apoyo básico

Si estás casada o tienes una relación a largo plazo, lo ideal es que tu esposo o pareja sea tu seguidor número uno. Digo que es "lo ideal" porque no siempre es así. Si tu pareja no te apoya en este viaje, te será más difícil realizarlo. No hay otra manera de decirlo. Aun así puedes tener éxito, pero debes saber que su falta de apoyo representa un gran obstáculo y, tal vez, sea un asunto que requiera atención ahora. De cualquier forma, no permitas que te detenga. He escuchado muchas anécdotas de hombres que discrepaban con sus esposas, pero que al final terminaban participando... Y me las contaron mujeres que se negaron a permitir que sus parejas se interpusieran entre ellas y sus sueños. A veces lo único que se requiere para hacer esto posible es algún beneficio o flujo de dinero.

Supongo que lo que te tienes que preguntar es: "¿Mi pareja es un activo o un pasivo?". Tu pareja puede ser, por una parte, tu mejor aliado y tu principal apoyo, pero, por otra, podría ser un pasivo, un grillete en tu tobillo.

Crea tu propio grupo de apoyo

Otra situación ideal es reunir a dos, tres o cuatro mujeres que se quieren embarcar en el mismo viaje. Cuando las mujeres se unen con el propósito de motivarse las unas a las otras para alcanzar sus sueños, suceden cosas maravillosas. Resulta particularmente efectivo cuando el grupo se enfoca en un objetivo financiero porque entonces no sólo se darán apoyo moral y emocional, también pueden estudiar juntas y compartir experiencias. Es una fuente educativa de mucho valor y un tipo de colaboración invaluable.

Hay muchas organizaciones y grupos de inversión que también podrían cumplir esta función. Lo mejor sería que asistieras a varias reuniones para determinar cuál es el que más te conviene. Por supuesto, estas organizaciones son muy distintas a un pequeño grupo de mujeres pero, a menudo, también sirven como un refugio para que puedas lidiar con los obstáculos o las dificultades que enfrentas.

Mi equipo de apoyo ha ido cambiando con el paso de los años. Cuando comencé, lo conformaban Robert y mis padres. Ése era mi equipo. Actualmente, mi infraestructura de apoyo base consiste en un pequeño grupo de mujeres y hombres. De hecho, es más pequeño de lo que era hace unos años. Me he dado cuenta de que me funciona más tener poca gente cercana, pero que sé que estará ahí cuando la necesite y que le puedo corresponder de la misma forma. No obstante, mi equipo de inversión y negocios sí es bastante grande.

El punto es que, si no cuentas con una infraestructura de apoyo, lo más probable es que termines renunciando a tu sueño. Imagina cómo sería la conversación si estuvieras sola: "Esto es demasiado difícil, no tengo tiempo. Mi hermano tiene razón, voy a terminar perdiendo mi dinero. Se acabó, ya, no puedo más". Estando sola te va a ser muy fácil justificar todo lo anterior. Pero, ahora imagina que les haces esos mismos comentarios a tres buenas amigas que quieren que lo logres, que saben que puedes, y que son suficientemente cercanas para impedirte renunciar. Ése es el tipo de grupo de apoyo al que me refiero.

Las tres claves de la longevidad

Robert y yo nos dimos el lujo de pasar siete días en Canyon Ranch, en Tucson, Arizona. Como lo indican sus folletos, en Canyon Ranch se dedican a "revitalizar tu espíritu y a ayudarte a llevar una vida más sana y plena". A todos nos viene bien algo así. Canyon Ranch ofrece servicios de *spa*, yoga, clases de ejercicio, conferencias y deliciosa comida sana. Estando ahí me enteré de una conferencia que me interesó mucho, "Cómo ser joven por más tiempo", y claro, eso también le viene bien a cualquier mujer. A las 7:30 de la mañana entré a la sala de conferencias con un café y mi saludable panquecito de salvado y avena. Ahí conocí a Michael Hewitt, el orador. Michael tiene un doctorado y es especialista en fisiología de la salud y el ejercicio. En la plática nos explicó que, en un estudio realizado entre personas de cien años o más, se encontraron varios rasgos a los que ellas atribuían su larga vida. Los rasgos eran:

Propósito

Esas personas tienen la sensación de ser valiosas, para sí mismas y para los demás. Tener un propósito es lo que te hace querer cumplir tu sueño financiero. Es algo más grande que tú y que el dinero. Tu propósito te mantiene andando sin importar las adversidades.

Optimismo

Las personas tienen una visión positiva y alegre de la vida. Por lo general, la gente optimista tiene una fuerte noción de bienestar y confianza en sí misma. Se ha llegado a decir que "la gente pesimista es más precisa, pero la optimista vive más tiempo". En el estudio con los ancianos de cien años, podría decirse que lo anterior era cierto.

Es por eso que, probablemente, mi hermana Wendy llegue a vivir ciento cincuenta años. Un día llegó a casa después de un viaje de una semana y, al entrar, se encontró con que por una de las paredes de su casa caía agua desde arriba. La mayoría de la gente se habría puesto frenética, habría gritado y corrido por todos lados. Pero no Wendy. Con toda calma ponderó la situación y dijo: "Creo que vamos a tener que llamar al plomero". Luego añadió: "De todas formas, esa pared necesitaba que la volvieran a pintar".

En otra ocasión, Wendy fue a visitar a su hija, quien trabaja en Hanoi, Vietnam. El primer día que pasó ahí, tuvo una inesperada emergencia médica, y le dijeron que el hospital de Hanoi no estaba equipado para lo que necesitaba, por lo que tendría que volar a Bangkok. Ella y su hija volaron a Tailandia y recibieron allá el tratamiento. Fue toda una hazaña, pero, cuando me lo contó por teléfono, fue evidente que nunca entró en pánico ni se puso nerviosa. Sencillamente, hizo lo que le dijeron que tenía que hacer. Cuando salió del hospital le pregunté cómo lo había logrado, y ella me contestó: "Bueno, como nunca había ido a Bangkok, hice reservaciones en el hotel Four Seasons, me tomé un martini y, al día siguiente, hice un *tour* por la ciudad. ¡Fue maravilloso!". Sí, Wendy va a vivir muchos años.

Resistencia

Estas personas poseen la habilidad de recuperarse de los contratiempos de la vida. La resistencia se refiere a la rapidez con que puedes lidiar con los contratiempos y reponerte. Creo que, de los tres rasgos, éste es el que determina qué personas tendrán éxito.

Donald Trump me dijo que el factor determinante para que una persona triunfe en los negocios es la manera en que responde a los tiempos difíciles. ¿Se pone en posición fetal y se resigna a una vida de fracaso? ¿O se sacude el polvo, sonríe con sabiduría, y vuelve al trabajo, siendo más inteligente gracias a la experiencia?

Maya Angelou, escritora, bailarina y activista de derechos civiles, lo dijo de una forma muy concreta: "Me fascina ver a una chiquilla salir al mundo y tomarlo de las solapas. La vida es una maldita, así que tienes que salir y empezar a patear traseros".

Poseer los tres rasgos anteriores nos beneficiaría en todos los aspectos de nuestra vida... incluyendo nuestro viaje hacia nuestros sueños financieros.

Alma de surfista

Tal vez ya conoces la historia de la joven surfista Bethany Hamilton, de la isla de Kauai, en Hawai. Al igual que muchos otros días, una mañana de 2003, Bethany llegó a la playa con su tabla de surfear y comenzó a dar brazadas para acercarse a las olas. Apenas tenía trece años, pero ya era una surfista muy hábil y competitiva; además, tenía grandes sueños. Entre las olas, la acompañaba un tiburón tigre de cuatro metros de longitud. El tiburón la atacó estando en su tabla y, como resultado, a Bethany le amputaron el brazo derecho.

¿Cómo reaccionarías ante un suceso tan aterrador? De pronto, tu sueño de convertirte en una surfista de clase mundial desaparece. Entonces tienes que aprender a vivir en este mundo con un solo brazo, a comer, a escribir, e incluso, a cepillarte los dientes. Es muy difícil imaginar una adversidad tan avasalladora.

No obstante, Bethany respondió con determinación, optimismo y resistencia inimaginables. De inmediato quiso volver a la tabla de surfear y, un mes después, ya estaba otra vez en las olas. En 2007, logró su sueño y se convirtió en profesional. Su fuerza de espíritu inspiró el rodaje de una película intitulada, *Alma de surfista*, donde se describe la terrible prueba que vivió, y su regreso.

Un sistema para las adversidades

Para muchas personas, el ataque del tiburón habría sido un pretexto para renunciar. No sólo al surf, sino también a la vida. Sin embargo, Bethany fue optimista, se fijó un propósito y reunió una dosis enorme de resistencia (Así que, ¡no más quejas por tu equipaje perdido en el aeropuerto!).

La resistencia, es decir, la capacidad de recuperarse del infortunio, debe ser parte esencial de tu infraestructura de apoyo. Tú misma debes crear un sistema que te permita lidiar con las adversidades y con las caídas que tendrás a lo largo del viaje.

Yo he enfrentado bastantes adversidades en mi vida. En 1985, estuve en ruina y me quedé sin casa. Me han demandado, he tenido malos socios, algunas personas me han robado o me han engañado. Asimismo, he cometido errores que me costaron millones, y eso, sin mencionar la humillación pública. Por si fuera poco, también he cometido muchos errores menores y vivido otros infortunios. Pero aquí estoy, de pie.

Siempre que me enfrento al desastre, pienso en dos cosas. Para empezar, me recuerdo a mí misma que "todo eso, va a pasar". Luego, digo, "No hay mal que por bien no venga". No te puedo decir que estaba sonriendo al hacer estas afirmaciones, pero te aseguro que las repetí hasta que me convencí de que eran ciertas.

La primera afirmación es obvia porque, ahora, todos los infortunios han quedado atrás, y yo estoy aquí de pie. Pero también mi segundo mantra se ha vuelto verdad. Los resultados de mis infortunios siempre han terminado fortaleciéndome a mí, a mi matrimonio, o a nuestra compañía. Hay un antiguo proverbio inglés que dice:

El mar calmado no hace buenos marineros

El contratiempo lo puede causar un pequeño error, una desilusión, un problema o un fracaso. Sin embargo, un error siempre me enseña algo que no sabía. La clave es discernir ese "algo que no sabías" en medio del problema.

Al igual que todos los demás, yo detesto los errores y los contratiempos, pero, después de superar los gritos del principio, siempre doy un paso atrás y me pregunto, "¿Qué es lo que tengo que aprender de esto?". A veces la respuesta es clarísima, pero hay ocasiones en las que tarda un poco en aparecer. No obstante, de lo que sí estoy segura es que si no descubro la lección, entonces ese problema específico volverá a surgir una y otra vez, hasta que yo entienda cuál es el mensaje.

A la mayoría de la gente le da miedo cometer errores en lo que respecta a las inversiones. ¿Por qué? Porque el resultado puede ser una pérdida importante de dinero. ¿Y a quién le agrada perder dinero? A nadie que yo conozca. No obstante, aquí está el dilema. Si cometer un error o sufrir un contratiempo te causa tanto temor que no haces nada, entonces van a suceder dos cosas:

1. No vas a aprender nada.
2. No vas a hacer dinero.

Por favor, tienes que considerar que, de todas formas, cometerás errores y sufrirás contratiempos porque son parte del proceso. Así que, en lugar de verlos como sucesos devastadores que debes evitar a cualquier precio, da un paso hacia atrás y trata de verlos como oportunidades para aprender, crecer, ser una inversionista más exitosa, y hacer más dinero. Si aprendes la lección, entonces saldrás ganando en sabiduría.

Nivel 2. Entrenadores y mentores

Un entrenador o un mentor (es decir, alguien más experimentado que te puede guiar y enseñar, o con quien puedes contar cuando las situaciones se salen de tus manos) puede ser vital para tu equipo o infraestructura de apoyo.

Muy a menudo, los términos *mentor* y *entrenador* se utilizan como sinónimos; sin embargo, hay una ligera diferencia entre ellos. El mentor es alguien que tiene más experiencia y éxito que tú en el ámbito en el que te estás desarrollando. Piensa en el mentor como un hombre o mujer que posee sabiduría, y en quien confías. El mentor es alguien que te guía y que se identifica contigo porque, probablemente, ya pasó por lo que tú.

El entrenador, en cambio, es alguien que puede trabajar contigo para obtener un resultado específico. El entrenamiento, en este caso, está mejor definido y estructurado. Éste es mi objetivo y quiero lograrlo en determinado tiempo. Un entrenador considera que eres responsable de alcanzar tu meta, y de hacerlo en el tiempo que tú mismo propones.

Yo, por ejemplo, tengo entrenadores y mentores para varios aspectos de mi vida. Tengo un entrenador de educación física con quien trabajo tres veces a la semana cuando estoy en casa, en Phoenix. Con él realizo rutinas específicas dependiendo del día. Asimismo, tengo mentores de inversión que poseen una experiencia enorme, y a quienes recurro cuando tengo preguntas sobre alguna inversión inmobiliaria en potencia, o cuando necesito su opinión acerca de la economía, o bien, estrategias o financiamiento para ciertas inversiones. Tengo mentores de negocios con quienes me agrada tener sesiones de lluvia de ideas para tratar todo tipo de problemas e intentar encontrar posibles soluciones.

También tengo a "mis entrenadores espirituales", quienes me ayudan a procesar los pensamientos, las decisiones y las emociones que no me ayudan, y a enfocarme en lo que quiero en la vida. Estos entrenadores son sumamente valiosos porque puedo recurrir a ellos cuando noto que no estoy alcanzando mis objetivos, cuando postergo mis tareas, cuando pierdo motivación o cuando me siento aburrida, molesta o enojada. Y es que ninguno de los comportamientos anteriores es típico de mí. No me agradan. Lo que yo quiero es sentirme feliz, motivada, activa y lista para alcanzar mis metas. Por todo lo anterior, los entrenadores espirituales son parte fundamental de mi equipo de apoyo.

Los mentores y los entrenadores pueden marcar la diferencia entre la mediocridad y la excelencia. Los golfistas profesionales, bueno, los mejores entre los mejores, siempre tienen entrenadores que les ayudan a mantenerse en la cima. Sólo los *amateurs* y los mediocres creen que pueden lograrlo por sí mismos. Lo mismo sucede con las inversiones. Los mentores y los entrenadores te pueden mantener en el camino, lo mismo si estás teniendo un buen día en el mercado de valores, que si estás teniendo uno de esos días "de aprendizaje".

¡La pelota roja es muy pesada!

Yo tengo entrenadores y mentores porque me gusta triunfar, me agrada alcanzar mis metas. Para hacerlo, a veces tienes que hacer cosas que te hacen sentir incómodo, que son difíciles o incluso atemorizantes.

Mis entrenadores y mentores me mantienen en el camino, particularmente cuando la situación se torna difícil. Conozco mis debilidades, y sé que a veces holgazaneo. Los entrenadores y mentores están ahí porque sé que a veces necesito que alguien me presione más de lo que yo lo hago.

El otro día estaba en el gimnasio trabajando con JR, mi entrenador. JR me dijo: "Kim, trae la pelota roja para que la uses en la siguiente serie de ejercicios". Atravesé el gimnasio y me agaché para recogerla. Esperaba que fuera muy liviana, pero, al tratar de levantarla, me di cuenta de que era mucho más pesada que la azul o la amarilla a las que estaba acostumbrada. Entonces, titubeando, caminé con la pelota roja hasta donde estaba JR.

—Muy bien –dijo él–, quiero que hagas cuarenta desplantes sosteniendo la pelota sobre tu cabeza. Luego haz veinte abdominales sobre la barra, también sosteniendo la pelota roja. Y por último, veinte sentadillas, con la pelota.

Miré a mi entrenador con un gesto de duda, y luego me puse a hacer los desplantes. Después de los desplantes, las abdominales y las sentadillas, volví jadeando y resoplando hasta donde estaba JR. A pesar de todo, estaba muy orgullosa de mi logro y esperaba hacer el siguiente ejercicio, uno más sencillo.

Pero JR me dijo:

—Buen trabajo. Ahora haz dos series más.

—¿Dos series más? –protesté–. ¡Pero la pelota roja es muy pesada! ¿Y todavía quieres que lo haga dos veces más?

JR sólo sonrió y agregó:

—¿Quieres que sea amable contigo? ¿Me pagas para que te consienta o para obtener resultados? Depende de ti.

Entonces, me alejé en silencio con la pelota roja y comencé a hacer la siguiente serie de desplantes. En ese momento me di cuenta de que, para obtener resultados en cualquier disciplina, hay ocasiones en las que tienes que ir por la pelota roja. A menudo preferimos (y me incluyo) usar la pelota amarilla o la azul porque son más livianas y cómodas. La sensación nos es familiar y nos mantiene en el lugar que ya conocemos, donde nos agrada permanecer. Sin embargo, para obtener los resultados que queremos, tenemos que estar dispuestos a hacer lo necesario e ir por la pelota roja.

Así que, pregúntate a ti misma: ¿En qué aspectos de tu vida te estás tomando las cosas con tranquilidad, y en cuáles estás usando la pelota roja?

Tu infraestructura de apoyo hecha a la medida

Tú vas a crear la infraestructura de apoyo que te convenga más en cada momento de tu vida. El sistema con el que empieces tal vez no sea el mismo en el que te apoyarás dentro de un año. La gente y las estrategias pueden ir variando a medida que vayas adquiriendo experiencia y éxito. Es parte natural del proceso.

Quiero volver a enfatizar la importancia de construir un equipo de apoyo que esté ahí cuando lo necesites porque, no contar con un respaldo de este tipo es una de las principales razones por las que muchas mujeres renuncian en algún punto de su viaje a la independencia financiera. Cada vez que tengas contratiempos o infortunios en el camino, y creas que tienes todas las respuestas y, por lo tanto, puedes resolver el problema tú misma, vas a terminar muy desilusionada en cuanto descubras que no es así. Existe una manera más sencilla, elegante, divertida y estimulante de hacer las cosas. En el fondo, todo se trata de que triunfes, triunfes y triunfes una y otra vez.

CAPÍTULO 12

ESPERA QUE LLEGUE LA TURBULENCIA INESPERADA

Para emprender el vuelo
y lidiar con lo que sea necesario, se requiere...

El avión en el estás ha llegado a su altitud de crucero y tú te encuentras sentada leyendo una revista y tomando una bebida. De pronto, sientes que el avión se sacude una y otra vez. La voz del capitán se escucha a través de las bocinas anunciando, "Damas y caballeros, estamos teniendo un poco de turbulencia inesperada. Por favor, vuelvan a sus asientos y ajusten sus cinturones".

La turbulencia ocurre, te guste o no. No es correcta ni incorrecta, no es mala ni buena. Es sólo parte de la naturaleza. Sólo sucede. Como pasajero de una aeronave, realmente no hay nada que puedas hacer al respecto. El piloto, por otra parte, es la persona que está a cargo y tiene varias opciones: puede alterar el curso para encontrar una zona más amable, puede atravesar la turbulencia y asegurarse de que los pasajeros estén preparados para ello, o, si el contratiempo representa un asunto de seguridad, puede decidir dirigir el avión a otro destino.

En la vida, a todos se nos presenta mucha turbulencia personal con la que tenemos que lidiar. Sin embargo, la diferencia entre la que se puede encontrar entre las nubes y la turbulencia cotidiana es que nosotros somos los pilotos, no los pasajeros. Esto quiere decir que sí podemos hacer algo al respecto y ese "algo" es, sencillamente, lidiar con el asunto.

Turbulencia o problemas

Muy a menudo, la gente cree que la turbulencia significa problemas, pero no, no es lo mismo. En su libro, *The Power of Now* (*El poder del ahora*), Eckhart Tolle describe "problema" de la siguiente manera: "Tener un 'problema' significa que abordas la situación desde tu perspectiva mental, sin que haya una verdadera intención o posibilidad de actuar en ese momento; asimismo, implica que, de manera inconsciente, estás haciendo que la situación también sea parte de tu noción de ti mismo".

En pocas palabras, tú y yo somos quienes hacemos el problema. Tolle señala que "A un nivel inconsciente, a la mente le encantan los problemas porque nos brindan cierto tipo de identidad... [almacenamos] en nuestra mente la demencial carga de cien asuntos que tal vez llevaremos a cabo o no, en el futuro, y eso nos impide enfocar nuestra atención en lo que podemos hacer ahora, de manera inmediata".

"Mi mayor crecimiento lo he logrado al aceptar todo lo que me incomoda y lidiar con ello", Hilary Swank.

Tolle hace la siguiente pregunta para ilustrar lo que quiere decir: "¿Tienes algún problema ahora?". En este preciso momento. No mañana ni en diez minutos, sino *justamente ahora*, ¿tienes algún problema? A menos de que tu casa se esté incendiando, de que acabes de tropezar y te hayas roto un dedo del pie, o de que alguien te esté apuntando con un arma para robarte; todo aquello en lo que estás pensando y crees que es un problema, en realidad son contratiempos que podrían, o no, suceder.

¿Qué quiere decir todo lo anterior? Que los problemas sólo existen en nuestra mente. Según la definición de Tolle, un problema es algo que abordamos desde la perspectiva mental. Entonces, si los problemas no existen, ¿qué es lo que tenemos? Tolle dice que: "Los problemas no existen. Lo que existe son las situaciones que tenemos que enfrentar ahora o... aceptar... hasta que las condiciones se modifiquen o podamos lidiar con ellas".

Estas situaciones son lo que yo llamo *turbulencia*. La turbulencia es normal y se presenta, de manera constante, en la vida de todo mundo. La pregunta es: ¿vas a lidiar con ella o vas a quedarte sin actuar?

Cuando un piloto se enfrenta a la turbulencia, tiene que actuar en ese momento para lidiar con el asunto porque no puede decir, "Ay, creo que no quiero enfrentar esto ahora. Ya después veré qué hago al respecto". Sin embargo, muchos de nosotros hacemos justamente eso.

Por lo general, nos enfrentamos a un tipo de turbulencia con la que podríamos lidiar de inmediato para terminar con el asunto y ya. Pero en lugar de eso, postergamos lo que tenemos que hacer porque no queremos tener una confrontación en ese momento. Es entonces cuando nos creamos el problema. Podría ser algo tan sencillo como no querer hacer una llamada telefónica importante. En lugar de actuar de inmediato, posponemos la llamada, pensamos en ella, nos da insomnio, y nos causa angustia y dolores de cabeza. Y después de todo, finalmente tenemos que hacerla.

Poco después de que Donald Trump superó una debacle económica de novecientos millones de dólares, lo entrevistó una reportera que le preguntó "¿Durante el tiempo en que los bancos estuvieron exigiéndole el pago de millones de dólares, usted se sintió preocupado?".

Donald miró a la reportera como si ésta le estuviera hablando en chino, y luego le contestó, "¿Preocupado?, ¿qué es eso? O actúas o no".

Es evidente que Donald estaba en una situación que le estaba ocasionando turbulencia, pero, en lugar de preocuparse al respecto, de pensar en todo lo que podría salir mal, y de convertir todo el asunto en un problema para sí mismo, decidió actuar y lidiar con el infortunio.

Cuando estés volando y, de repente, percibas un poco de turbulencia inesperada, pregúntate, "¿Qué puedo hacer al respecto, *ahora*?".

Si hay algo que puedas hacer en ese momento, entonces hazlo; pero si no hay nada que puedas hacer, entonces acéptalo y actúa en cuanto te sea posible. A veces nos da la impresión de que hay alguien más causándonos problemas y preocupaciones cuando, en realidad, tal vez todo lo estamos creando nosotros.

Turbulencia en las inversiones

No hay manera de llegar a ser independiente y a tener seguridad financiera sin atravesar por algo de turbulencia en algún momento. El problema para muchos de nosotros es que, en lugar de lidiar con ella en cuanto aparece, nos creamos problemas debido a miedos, confusión o ignorancia. Para cumplir tus sueños financieros, tienes que confrontar la turbulencia de frente y en el momento, e impedir que se convierta en un problema recurrente que parece no tener solución.

Te voy a contar las historias de dos personas que enfrentaron turbulencia financiera.

Jerry y Debbie estaban empeñados en creer que ahorrar dinero era la mejor manera de construir un patrimonio para su retiro. Después de varios años de ver que su cuenta de ahorros casi no les producía nada de interés, y que los incrementos en precios continuaban inflando sus gastos mensuales, decidieron buscar nuevas respuestas. A esta pareja no le emocionaba convertirse en dueños de propiedades para rentar y tampoco había tenido éxito en la bolsa de valores. Lo más seguro es que ya te hayas imaginado que su educación y su conocimiento financieros eran mínimos.

Una conocida de ellos que estaba muy bien informada sobre metales preciosos les sugirió tomar un porcentaje de sus ahorros para comprar plata. Les explicó que este metal es un producto consumible que se usa en computadoras, teléfonos celulares, bombillas eléctricas, automóviles, purificación de agua, celdas solares y baterías. Debido a que los países emergentes requieren de mayor construcción e infraestructura, lo más seguro es que se incremente la demanda de plata. "La onza de plata cuesta diecisiete dólares, por lo que sería bueno invertir en este metal", añadió su conocida.

Esta conversación les causó turbulencia a Jerry y a Debbie. Lo que su conocida les decía parecía lógico, pero ellos no estaban seguros de que sus datos fueran precisos. "¿Y qué tal si perdemos nuestros ahorros?", se preguntaron. "Ni siquiera sabemos en dónde comprar plata". Pensaron... y pensaron... y pensaron.

Las preguntas que debieron haberse hecho en ese momento son: "¿En dónde puedo aprender más sobre la inversión en plata? ¿A quién le puedo preguntar en dónde comprar plata?". Con estas dos preguntas habrían podido actuar de inmediato.

¿Pero qué fue lo que hicieron? Se dijeron a sí mismos "No sé qué hacer. No sé si lo que esta persona me dice es verdad. Si compro plata en el lugar incorrecto, podrían verme la cara". Pasaron de una ligera turbulencia (las preguntas sin respuesta que merodeaban en sus cabezas), a un problema que se crearon a sí mismos y que se repitieron una y otra vez en sus mentes.

¿Cuál fue el resultado final? Que no hicieron nada. Y no sólo no hicieron nada, también se crearon tal confusión que, a un año de distancia, todavía siguen discutiendo si deben comprar plata o no. En este año, el precio de dicho metal se incrementó de diecisiete dólares a cuarenta y ocho dólares la onza.

Ashley era dueña de un edificio de diez departamentos. Una tarde recibió la llamada de un inquilino que se quejó de que su aparato de aire acondicionado no estaba enfriando adecuadamente. El edificio estaba en Las Vegas y faltaban sólo algunos meses para que llegara el verano. En muy poco tiempo, la temperatura estaría por encima de los treinta y ocho grados centígrados. Como Ashley no había abierto una cuenta de reserva para reparaciones de emergencia no tenía dinero para arreglar la unidad de aire acondicionado ni para comprar una nueva. Ashley se enfrentó entonces a la turbulencia.

En lugar de preguntarse, "¿Qué puedo hacer para resolver este asunto?", llamó al inquilino y, a pesar de que no tenía un plan inmediato para reparar la unidad, le dijo que estaba tratando de arreglar la situación. En ese momento convirtió la turbulencia, es decir, eso que pudo haber enfrentando de inmediato, en un gran problema. Asimismo, mantuvo ese nuevo problema en su cabeza, y por las noches despertaba pensando en el asunto.

Finalmente, el inquilino se mudó a otro lugar, le exigió a Ashley que le reembolsara la renta de dos meses, y la reportó en la oficina de Asuntos del Consumidor. Si la turbulencia no se enfrenta cuando surge, te garantizo que siempre se convierte en algo mucho peor.

Cómo lidiar con la turbulencia... ahora

De pronto, percibes que estás en medio de una turbulencia de cierta forma y alcance.

¿Qué es lo que haces?

Antes que nada, respira hondo.

En segundo lugar, pregúntate: ¿Qué fue lo que sucedió? ¿Cuál es la naturaleza precisa de la turbulencia a la que te enfrentas?

En tercer lugar pregúntate lo siguiente:

• ¿Qué puedo hacer *ahora*?

• ¿A quién puedo llamar *ahora*, que esté más informado que yo sobre este asunto?

• ¿Qué información necesito y en dónde la puedo encontrar *ahora*?

En cuarto lugar, de las varias opciones que tengas, decide de qué manera vas a proceder, y entonces, ¡ACTÚA!

Al hacerte estas preguntas y actuar de inmediato, puedes lograr dos cosas:

1. Ponerte en acción y, a la vez, asumir control de la situación.

2. Evitar crear un problema y una preocupación innecesaria en la que te estarás regodeando todo el tiempo.

Nota: si debido a las circunstancias no puedes actuar en este momento, decide qué acciones vas a ejercer en cuanto te sea posible.

Distintos niveles de turbulencia

Todos nos enfrentamos a distintos niveles de turbulencia en nuestras vidas. Éstos van desde:

• Topes en el camino que nos hacen ir más lento.

• Neumáticos desinflados que nos pueden detener por completo.

• Colisiones frontales que exigen tiempo y atención para sanar.

• Sucesos que amenazan nuestra vida o que, al menos, así lo aparentan y que exigen de un tremendo espíritu y valor para ser superados.

Es muy interesante ver que la colisión frontal de una mujer puede ser, para otra, sólo un tope en el camino. Una mujer que se ha enfrentado a muy poca turbulencia en su vida podría ver un dedo fracturado como un suceso negativo en la vida, un accidente de enormes proporciones; en tanto que, otra mujer que ha atravesado muchos infortunios tal vez lo considere sólo un gaje del oficio.

Debes tomar en cuenta que el tamaño de tu tarea, tu misión y tu meta, es proporcional a la magnitud de la turbulencia. Entre más difícil sea tu meta, mayor será la turbulencia que se te presente.

Asimismo, tu éxito también será proporcional a la cantidad de turbulencia que puedas manejar. ¿Por qué?

La turbulencia se presenta porque estás sacudiendo tu mundo

Cuando tomes la decisión de modificar tu mundo, particularmente en lo que se refiere al aspecto económico, siempre vas a enfrentarte a bastante resistencia. La resistencia es una especie de turbulencia, y nos puede impedir hacer lo necesario. Según Steven Pressfield, autor de *The War of Art* (*La guerra del arte*), la resistencia surge cuando nos comprometemos a "cualquier acto que rechaza la gratificación inmediata, y favorece los cambios positivos a largo plazo. Y eso es exactamente lo que estás haciendo en este viaje personal para alcanzar tus sueños financieros. Sólo debes estar consciente de que la turbulencia y la resistencia son parte del proceso, y que tendrás que lidiar con ellos.

Vive tu vida de tal forma que, en cuanto pongas los pies en el suelo cada mañana, el diablo diga, "¡Demonios, esta mujer ya se levantó!".

Es muy común que la gente a la que no le agrada el cambio se sienta incómoda e incluso amenazada, cuando ve que a su alrededor hay alguien que, de forma activa, hace lo necesario para mejorar su propia vida. Lo que sucede en realidad es que tus acciones les hacen ver lo que ellos no están haciendo. Tú estás avanzando y ellos no. Esta situación genera tensión y conflicto en su interior. Es por eso que la resistencia que te opongan quienes te rodean, en realidad no tiene nada que ver contigo, sino con ellos.

Lo único que te puedo decir es: ¡Sacude tu mundo! ¡Agítalo! Vamos, sal a la vida e incomoda a quienes te rodean. En el fondo, les estarás haciendo un favor. Encuéntrate con la turbulencia cara a cara, lidia con ella, y sigue tu camino. Sí, ¡es hora de *emprender el vuelo*!

CAPÍTULO 13.

HABLANDO DE NÚMEROS

Para emprender el vuelo y desarrollar
tu destreza financiera, se requiere...

Creo que a las mujeres les lavan el cerebro desde que entran a la primaria, y les hacen creer que no son buenas para los números. Ya sea de manera obvia o sutil, los maestros nos han metido la idea de que los varones son buenos para las matemáticas y la ciencia, y que a las chicas les va mejor en las materias que tienen que ver con el lenguaje y la escritura. No obstante, todos sabemos que este tipo de pensamiento está muy alejado de la realidad. Y no sólo eso, en el fondo es un crimen que cualquier maestro le diga a una alumna que no es buena en algo. Ideas como ésta sólo logran sembrar dudas y falta de confianza, además aniquilan la creatividad y el genio que posee todo niño al nacer.

El manejo del dinero es una habilidad para la vida; el hecho de que no la enseñen en las escuelas te puede dar una idea de la gran falla que esto representa para nuestros niños. El dinero y las finanzas tienen que ver con los números, pero éstos sólo representan una especie de registro. Nos dicen qué tan bien administramos nuestra casa, negocio o carrera, o qué tal nos va en las inversiones. A algunos nos fascina trabajar con números, y a otros, no tanto.

Finalmente, si tu propósito es ponerte en forma en el aspecto financiero y cumplir tus sueños, entonces tienes que sentirte cómodo trabajando con números. Si puedes sumar, restar, multiplicar y dividir, entonces los números pueden ser tus grandes aliados durante este viaje. Te aseguro que es tan sencillo como eso.

El primer paso

No vuelvas a decir:

- "Cada vez que veo números, me paralizo".
- "Mi esposo maneja todas nuestras finanzas".
- "Yo dejo que mi asesor financiero se encargue de todos esos asuntos".
- "Es que no soy buena para los números".

Si de verdad crees en cualquiera de las afirmaciones anteriores, o si piensas de manera similar, entonces jamás vas a tener lo que deseas en la vida. Para llegar adonde quieres estar, debes desarrollar una actitud positiva respecto a los números.

Yo no practico ninguna religión, sin embargo, recuerdo aquella frase de la Biblia, que dice: "*Y la palabra se hizo verbo*". Según mi interpretación, eso significa que todo lo que pienses se vuelve real. Si tienes la idea de que el dinero es malo, que los ricos son perversos o que la gente pobre es más espiritual que la adinerada, entonces estos pensamientos (de forma consciente o subconsciente) pueden anular tus esfuerzos por volverte independiente en el aspecto económico. ¿Por qué? Porque, muy a menudo, tus pensamientos subconscientes acerca del dinero están en oposición directa con tus objetivos. Recuerda que tus pensamientos pueden anular tus acciones.

Conocí a un hombre religioso muy pintoresco y poco tradicional. Era el reverendo Ike. Él predicaba algo que llamaba "psicología de la imagen propia positiva". El reverendo hablaba acerca del dinero y la riqueza de una manera muy saludable. Solía decir cosas como: "¡Lo mejor que puedes hacer por los pobres es no ser uno de ellos!", "La raíz del mal no es el dinero; la raíz es la *carencia* de éste". Por lo que se refiere a la actitud respecto al dinero, el reverendo solía citar el siguiente proverbio: "El dinero juró que no se acercaría adonde no lo invocaran".

El reverendo Ike creía que cada uno consigue lo que pide: "La gente abre su bocota y, con eso, repele al dinero. Uno puede hacer que el dinero venga o que se vaya, con tan sólo usar el discurso adecuado en la vida [...] Nunca digas que es difícil hacer dinero porque éste te escuchará y comenzará a hacerse el difícil".

Con los números sucede algo muy similar, así que, en lugar de pensar que los números son confusos, difíciles y aburridos, pregúntate: ¿y qué tal si los números son divertidos y fascinantes?

El misterio de los números

En cuanto te deshagas de cualquier pensamiento inútil o negativo acerca de los números, las matemáticas, las finanzas y el dinero, estarás en condiciones de aprovechar el poder que estas disciplinas te ofrecen.

¿Qué son los números? Son el radio de P/G (precio/ganancia) de una acción; el ingreso neto de operación (NOI, por sus siglas en inglés) de una propiedad o negocio inmobiliario; y el retorno sobre inversiones (ROI, por sus siglas en inglés) de cualquier operación bursátil. Si desconoces estos términos, busca su significado en el diccionario y apréndelo.

Si no puedes definir algo, entonces tampoco puedes llegar a tenerlo.

Uno de mis maestros afirma: "Si no puedes definir algo, entonces tampoco puedes llegar a tenerlo". Así que, si no puedes calcular o definir el flujo de efectivo de una inversión, tampoco recibirás dicho flujo. En los siguientes capítulos nos enfocaremos precisamente en que desarrolles tu habilidad para hacerlo.

Nota: una de las claves en este viaje es aprender la jerga. Se ha descubierto que si lees un libro o un artículo en una revista, y de repente notas que te estás quedando dormido o que tienes que leer el mismo párrafo una y otra vez es porque, posiblemente, encontraste una palabra que no entiendes. En ese momento tienes que volver al lugar en donde todavía estabas atento, empezar a leer a partir de ahí y localizar la palabra cuyo significado desconoces. Luego busca su definición en el diccionario.

Algo similar sucede cuando asistimos a una conferencia o plática. Hay mucha gente, incluyéndome, a la cual los números le parecen, en lo que se refiere a inversiones, un completo misterio. Déjame decirte que, aunque parezcan intimidantes y abrumadores, los números en realidad no son tan herméticos. De hecho, los números son la clave para resolver los misterios.

Una inversión es una especie de historia, pues cada vez que alguien se acerca a ti y te ofrece invertir dinero en su proyecto, esa persona terminará contándote su historia, sea cual sea. Veamos:

- "Nuestra compañía acaba de descubrir la cura para el cáncer y sacará su maravilloso producto al mercado en cinco meses. ¡Las acciones se van a disparar hasta el cielo!".

- "Este edificio de veinticuatro departamentos está asentado en el lugar al que se dirige ahora todo el movimiento en Texas. El próximo año, una compañía de aviones Boeing va a abrir una nueva planta ahí, por lo que la demanda de viviendas se incrementará enormemente".

- "Mi socio y yo hemos diseñado una nueva línea de ropa que está dirigida a las mujeres que trabajan en universidades. Nosotros hemos formado parte del mundo de la moda desde hace veinticinco años. Hasta ahora, treinta universidades importantes han elegido usar nuestra línea. Asimismo, tenemos acuerdos verbales con los que podremos doblar esa cifra en los próximos seis meses".

Toda inversión tiene su historia. El problema surge cuando la gente se involucra sólo porque le agrada el relato sin investigar los hechos que los números señalan. Las cifras pueden respaldar la historia o contar una muy distinta, por ello depende de ti descubrir la verdad para resolver el misterio.

Los números son pistas

Un número o una cifra no significan nada por sí mismos. Yo nunca asumo que lo que arroja el análisis de una inversión sea sólo un número; más bien, considero que los números son como indicios o pistas. Piensa que los números no están ahí para confundirte, al contrario, existen para ofrecerte indicios. Asimismo, imagina que las inversiones que te interesan son como un misterio que tienes que resolver. Los números son las pistas que te guiarán para descubrir la verdad, no sobre "quién fue el asesino", sino sobre "de qué se trata esta inversión". ¿Qué es la inversión en sí? ¿Cómo se comporta? ¿De qué manera se va a desarrollar en el futuro?

¿Recuerdas la caricatura que está en el capítulo 8 sobre el "Milagro"? Pues así es como mucha gente relata la historia de su inversión. Te enseña folletos lindísimos, te atiborra de datos sobre la industria, pero no te habla de una empresa, ciudad o inmueble específico. Ken McElroy, nuestro socio de inversiones, asesor de Padre rico, y autor del libro *El ABC de la administración de propiedades*, se reía conmigo en una ocasión mientras analizábamos una engorrosa propuesta de inversión. Al irla leyendo nos dimos cuenta de que no nos decía nada respecto al desempeño previo, pero, en cambio, ofrecía proyecciones demasiado optimistas de la propiedad a futuro. Entonces me acorde de un principio muy importante: *"entre más extenso es el folleto, más terrible es el negocio"*.

"Creo que deberías ser más explícito aquí, en el paso dos".

Si la oferta no es clara y concisa, lo más probable es que el negocio deje mucho que desear. No permitas que te confundan con discursos enajenantes. En cambio, si se trata de un buen negocio para invertir:

- Te mostrarán los números o cifras; los de operaciones previas, así como las proyecciones a futuro para el peor y el mejor de los escenarios posibles.
- Te explicarán por qué y cómo va a crecer el valor de tu inversión a futuro.
- Te ofrecerán la tasa de retorno que se espera que recibas por invertir en el negocio en cuestión.

Imagina que te cuentan una historia como la siguiente: "En mi negocio hemos vendido cinco mil dólares en productos en los dos últimos años. Mi proyección para el año que viene, incluyendo el dinero que inviertas, ¡es de cien mil dólares en ventas!".

En ese momento, lo único que tienes que hacer es preguntar ¿cómo? Porque cualquiera sabe que no se puede pasar de vender cinco mil dólares en productos a cien mil, sin haber implementado una estrategia muy sólida. Si la persona no te puede mostrar cómo piensa llegar a ese punto, entonces su predicción de cien mil dólares es inválida.

La cifra por sí misma no significa nada. Por ejemplo, el número diez no representa nada si está solo, pero si ese diez se refiriera al número de departamentos desocupados en un edificio de veinte unidades, entonces el diez adquiere significado y nos insta a preguntar: ¿por qué? ¿Qué es lo que ocasiona que cincuenta por ciento del edificio esté vacío? Así, el misterio comienza a revelarse.

El número mil tampoco significa nada, pero si se refiriera al número de dólares que pierde un pequeño negocio cada mes, entonces cualquier inversionista en potencia podría preguntar: ¿por qué? Y una vez más, el misterio comienza a revelarse.

El propósito de los números es que identifiques los banderines de alerta y las posibles inconsistencias de lo que te están diciendo. Los números te ayudan a descubrir cuáles son los hechos y te llevan a preguntar: ¿por qué? No veas las cifras de una inversión como si sólo fueran un montón de números. Piensa que son las piezas de una historia o las claves para esclarecer un misterio.

Esclarece los números

Digamos que estás pensando adquirir una casa dúplex. El vendedor te dice que los gastos de operación de la propiedad son muy bajos, y a ti te suena muy bien eso. Luego revisas los números del año anterior y descubres que, en efecto, el propietario gastó muy poco en mantenimiento y reparaciones del inmueble. Entonces surge una pregunta (o indicio) en tu mente, y decides averiguar más. El propietario te está diciendo la verdad, pero sólo en parte. Aunque los gastos fueron bajos, cuando averiguas un poco más, descubres que, como ha gastado muy poco en mantenimiento, ahora se requieren muchas reparaciones para que el edificio pueda seguir funcionando. Sus gastos fueron bajos, pero los tuyos van a ser muy altos, particularmente en cuanto realices la compra.

Nota: esto no quiere decir que no debas comprar el inmueble, pero, por lo menos, ahora tienes mayor información sobre si será una buena inversión o no.

Los números son igual de importantes respecto a la compra de acciones de una empresa que cotiza en la bolsa de manera pública. La mayoría de la gente compra y vende acciones basándose en rumores, consejos y noticias actuales, pero, cuando compras acciones, es como si fueras propietario de una parte de esa empresa. Si vas a invertir en ella, ¿no crees que lo mejor sería revisar las cifras previas y las proyecciones a futuro, de la misma manera que lo harías al invertir en una empresa privada?

Warren Buffett, quien sabe mucho sobre la bolsa de valores, elige sus acciones basándose exclusivamente en el potencial general de la compañía. Es decir, él pondera cada empresa como una entidad completa. Cuando Buffett invierte, no le preocupan los altibajos de los precios de las acciones en el mercado. Lo que le interesa es saber qué tanta capacidad tiene esa empresa para generar dinero como negocio.

A medida que te vayas sintiendo más cómodo con la práctica, la experiencia y la comprensión de lo que significan las cifras en cada inversión, irás teniendo más éxito. Como habrás notado, los números son mucho más que dígitos impresos en una hoja de papel. Ahora, continuemos esclareciéndolos.

CAPÍTULO 14

QUÍTALE LO ABURRIDO A LOS NÚMEROS

Para emprender el vuelo y dejar que surja
la mujer millonaria que hay en ti, se requiere...

En lo que se refiere a inversiones, los números son lo menos aburrido, siempre y cuando sepas qué buscar. De hecho, son la sangre que mantiene viva la inversión. Son una entidad viva y son capaces de darte el panorama de lo que fue y de lo que es en la actualidad. Si aprendes a jugar de manera creativa con los números o cifras, incluso puedes llegar a ver el panorama de lo que será.

¿A qué se refieren los números?
El tema de los números no es tan complicado como mucha gente te quiere hacer creer. Para empezar, te diré que hay tres tipos de estados financieros en el mundo del dinero:
- El estado de ingreso.
- La hoja de balance.
- El estado de flujo de dinero o efectivo.

Anteriormente, hablamos del estado de ingreso que es un registro de los ingresos y gastos de un periodo específico (mes, trimestre o año). También analizamos la hoja de balance, que se refiere a un registro de los activos y pasivos. El estado de flujo de dinero o efectivo te muestra lo que ingresa, lo que sale, y el dinero que sobra al final de un periodo específico. Asimismo, ya analizamos la diferencia entre ganancias de capital y flujo de efectivo. Los números que necesitas se encuentran en estos conceptos.

Para simplificar la información respecto a los tres tipos de estados financieros, puede decirse que basta con enfocarse en los siguientes cuatro aspectos de la inversión:

1. Ingreso
2. Gasto
3. Deuda (pasivos)
4. Retornos sobre inversión (ROI, por sus siglas en inglés)

1, 2, 3

No importa si estás analizando el negocio privado de un amigo, las acciones de una compañía que cotiza en la bolsa, o un inmueble para renta, en todos los casos resulta indispensable que entiendas los primeros tres conceptos.

1. Ingreso
2. Gasto
3. Deuda

Estos tres primeros rubros cubren el estado de ingreso y la columna de pasivos de la hoja de balance. (El ROI lo analizaremos en un capítulo posterior.)

Una nota aparte: los activos que le pertenecen a la entidad pueden, o no, ser un factor para considerar la inversión. En lo que se refiere a la columna de activos, los que más me interesan son *los que me pertenecen a mí.*

PROFESIÓN	JUGADOR

Objetivo: : salir de la carrera de la rata y entrar al carril de alta velocidad construyendo tu **ingreso pasivo** para que sea **mayor** que tus **egresos totales**.

ESTADO DE INGRESOS

INGRESO	AUDITOR

Descripción	Flujo de efectivo
Salario:	
Intereses/Dividendos	
Bienes raíces/Negocios:	

(La persona sentada a tu derecha)

Ingreso pasivo: $ _____

(Flujo de efectivo proveniente de Interés/ Dividendos + Bienes raíces/Negocios)

Ingreso
total $ _____

GASTO

Impuestos:	
Pago hipotecario:	
Pago de préstamo escolar:	
Pago de préstamo para automóvil:	
Pago de tarjetas de crédito:	
Compras menores:	
Otros gastos:	
Gastos de los niños:	
Pago de préstamo:	

Número
de hijos _____

(Comienza el juego sin niños)

Gasto por
niño $ _____

**Gasto
total** $ _____

HOJA DE BALANCE

Flujo de efectivo mensual (NÓMINA) $ _____
(Ingreso total – Gasto total)

ACTIVOS			PASIVOS	
Ahorros:			Hipoteca:	
Acciones/Fondos/	# de Acciones	Costo/Acción:	Préstamos escolares:	
Certificados de depósito:			Préstamo automóvil:	
			Tarjetas de crédito	
			Deuda compras menores:	
Bienes raíces/Negocios	Enganche:	Costo	Bienes raíces/Negocios:	Hipoteca/Pasivo
			Préstamo	

©1996-2010 CASHFLOW® Technologies, Inc. Todos los derechos reservados. Los juegos CASHFLOW® están protegidos por una o más de las siguientes patentes en estados Unidos: 5,826,878; 6,032,957 y 6,106,300. Rich Dad®, CASHFLOW® e Investing 101® son marcas registradas de CASHFLOW® Technologies, Inc. G101CTI6.v2

Ingreso

Lo que te tienes que preguntar es ¿en dónde existe el potencial para incrementar el ingreso? En el caso de un negocio, ¿la empresa se está expandiendo a mercados nuevos? ¿Se va a lanzar un producto nuevo? En el caso de un edificio de departamentos, ¿podemos incluir lavadoras/secadoras en cada una de las unidades para incrementar la renta? ¿Podemos subir las rentas? ¿Podemos cobrar más por los departamentos que tienen vista a la zona recreativa y la alberca?

En otras palabras, ¿cuál es el potencial para expandir el ingreso?

Gastos

Cualquier novato puede recortar gastos, aunque podría no ser la mejor estrategia. Antes de hacerlo, pregúntate: ¿hay una manera eficaz de usar el dinero para incrementar el valor de la propiedad o la empresa? Por ejemplo, una empresa podría decidir recortar los salarios a la mitad para ahorrar dinero, pero si todo el personal renuncia por esta medida, entonces no estamos hablando de la mejor solución en cuanto a gastos. Por otra parte, realizar un incremento en el dinero que está destinado para que el departamento de *marketing* pueda lanzar un nuevo producto revolucionario, estamos hablando de una forma positiva de usar el gasto para incrementar el valor total de la compañía. Gastar dinero en alfombra, pintura, jardinería e iluminación, con el propósito de modernizar un inmueble, y así poder subir las rentas, suena bastante lógico para comenzar.

Algo similar sucede con los gastos personales. El "experto" estúpido te dirá que recortes gastos cuando, en realidad, resultaría más benéfico invertir una cantidad mayor en activos que incrementen el valor en la columna de activos, y que generen un flujo de efectivo adicional.

Deuda

La mayoría de la gente que carece de educación financiera considera que la deuda es sólo una palabra de cinco letras. Nos han obligado a pensar que la deuda es mala, y también nos han hecho aprender a temerle. Pero no es cierto, no toda la deuda es mala; también existe deuda que te puede beneficiar. Lo más probable es que, en tu plan de independencia financiera, tengas que incluir deuda buena.

La deuda se convierte en buena o mala, dependiendo de la forma en que se utiliza el dinero. Si se pide dinero prestado y sólo se utiliza para consumir (como pagar vacaciones, joyería o zapatos con la tarjeta de crédito), estamos hablando de deuda mala. También el préstamo para comprar el automóvil que, mes a mes, tienes que pagar es deuda mala.

La deuda puede ser buena o mala, dependiendo de quién la pague. La deuda mala es deuda que tú pagas con tu propio dinero. La deuda buena es aquella que alguien más paga por ti.

Las comisiones sobre la deuda pueden llegar a ser, con frecuencia, tu mayor gasto. Asimismo, pueden significar la diferencia entre flujo de efectivo positivo y negativo.

Tom Wheelwright, nuestro estratega fiscal, pidió dinero prestado para agrandar su negocio cuando abrió un despacho, y la deuda se pagó con el flujo positivo de efectivo que procedía del negocio mismo. Si adquieres una propiedad para rentar, lo más probable es que tengas que hacerlo a través de una hipoteca o préstamo sobre la propiedad. Si administras bien el inmueble, entonces la renta que te paga el inquilino servirá para cubrir las mensualidades de la hipoteca. A eso se le llama deuda buena.

En 1973, Robert tomó un curso de inversión en bienes raíces, en Hawai, luego comenzó a buscar propiedades para rentar en las islas con la finalidad de obtener un flujo positivo de efectivo.

A Robert le sorprendió la oposición que encontró de los agentes de bienes raíces a los que pidió asesoría. "No va a encontrar ese tipo de ofertas en Hawai porque es un lugar demasiado caro", le dijeron. Por supuesto, se trataba de *agentes* inmobiliarios, no de *inversionistas* en bienes raíces. Robert perseveró y, al final, encontró a un corredor que sabía exactamente de lo que le estaba hablando, y que tenía propiedades que podrían generarle flujo de efectivo al rentarlas.

En 1973, Robert voló a Maui para ver las propiedades. Éstas se encontraban a unos pasos de varias hermosas playas. Eran condominios que estaban a la venta por dieciocho mil dólares, cada uno. Robert revisó uno de los condominios, examinó los números y se enteró de que para adquirir la propiedad sólo necesitaba dar un enganche de diez por ciento, o sea, 1 800 dólares. ¿Qué hizo entonces? Sacó su tarjeta de crédito Visa, y cargó los 1 800 dólares. Debes tomar en cuenta que la mayor parte de la deuda que la gente acumula en su tarjeta de crédito es deuda mala, como cenas en restaurantes de moda, neumáticos nuevos para el auto o una lámpara para la sala. En este caso, la deuda de Robert fue deuda buena porque, mes con mes, el ingreso que recibía por concepto de renta de la propiedad le permitía pagar la deuda, así como los gastos inherentes.

Si pides dinero prestado para adquirir un activo, como un negocio o un inmueble, tienes que preguntarte lo siguiente: ¿cómo puedo obtener las mejores condiciones posibles de financiamiento? Las condiciones financieras incluyen tasa de interés, duración o término del préstamo, monto de éste, así como penalidades que pudiera haber por pagarlo antes de tiempo. Las comisiones sobre la deuda pueden llegar a ser, con frecuencia, tu mayor gasto. Asimismo, pueden significar la diferencia entre flujo de efectivo positivo y negativo.

Los números te cuentan la historia

Aquí tenemos dos "historias" que se basan en las cifras de una propiedad para renta y para un negocio.

Los números de una propiedad en renta

Esta historia habla sobre dos propiedades de tamaño similar. Una de ellas es un edificio con diez departamentos, el otro edificio tiene doce. Ambos están ubicados en la misma área de la ciudad. Ahora revisarás sus números. Basándote exclusivamente en las cifras que aparecen en la columna de ingreso, ¿podrías señalar cuál es más atractiva desde el punto de vista de inversión?

Propiedad #1	Ingreso	Propiedad #2	Ingreso
Ingreso bruto	$ 6 000	Ingreso bruto	$ 7 800
Lavandería	$ 125	Lavandería	$ 80
Recargos moratorios	$ 0	Recargos moratorios	$ 100
Ingreso neto	$ 6 005	Ingreso neto	$ 5 640
Precio	$ 550 000	Precio	$ 744 000
Núm. de departamentos	10	Núm. de departamentos	12
Tasa de desocupación	2 %	Tasa de desocupación	30 %

Recuerda que los números te dan pistas. ¿Cuál es tu conclusión al comparar el ingreso de las propiedades 1 y 2? ¿Algunos de los datos te causan inquietud? En ese caso, ¿cuáles son y por qué?

Elige la propiedad que te parece un mejor negocio. Vuelve a revisar los números. ¿Ves alguna historia en ellos?

Ahora verás los números correspondientes a los gastos de ambas propiedades:

Propiedad #1	Gasto	Propiedad #2	Gasto
Electricidad	$ 1 700	Electricidad	$ 300
Agua	$ 800	Agua	$ 400
Administrador	$ 900	Administrador	$ 300
Pintura	$ 30	Pintura	$ 280
Lavado de alfombra	$ 20	Lavado de alfombra	$ 100

¿Aparecieron algunos banderines de alerta al comparar los gastos entre la propiedad 1 y la 2? ¿Qué preguntas te surgieron en cada caso? Al revisar los gastos, ¿te inclinaste por alguno de los edificios?

Ahora te diré las pistas que detecto en estos números.

Ingreso
Tasa de "desocupación"

La tasa de "desocupación", en el ámbito inmobiliario (también puedes encontrar este término vinculado a desempleo), se refiere al porcentaje de departamentos que no están rentados.

La propiedad 1 tiene una tasa de dos por ciento, lo que significa que noventa y ocho por ciento de los departamentos sí están rentados u ocupados. La propiedad 2 tiene una tasa de desocupación de treinta por ciento, que nos indica que sólo setenta por ciento de las unidades están rentadas. Al parecer, la tasa de desocupación de dos por ciento es mucho mejor que la de treinta por ciento, pero ¿será cierto?

Aquí es en donde surgen las preguntas y la historia comienza a revelarse. La tasa de desocupación de dos por ciento ¿podría significar que la mayoría de los departamentos está rentada porque las rentas son muy bajas o, incluso, están por debajo del promedio en el mercado?

Tal vez existe la oportunidad de incrementarlas, y así, aumentar los ingresos. Para eso, basta comparar las rentas actuales de la propiedad 1 con las rentas de departamentos similares en la misma área.

La propiedad 2 tiene una tasa de desocupación alta. ¿Cómo podría ser eso benéfico? ¿Qué tal si pudieras rentar los departamentos desocupados, y así disminuir la tasa de forma considerable? ¿Qué harías con esos ingresos? El valor de tu propiedad está directamente relacionado con el ingreso, por lo que, si puedes incrementar este último, también aumentará el valor global.

Recargos moratorios

El recargo moratorio es la cantidad adicional que el inquilino entrega al casero por no haber pagado la renta a tiempo. La propiedad 1 no tiene recargos moratorios, lo que significa que todos los inquilinos pagan a tiempo. La propiedad 2 tiene cien dólares por este rubro; eso es el equivalente a cuatro inquilinos (veinticinco dólares por cada uno) que pagan la renta después de los días fijados. ¿Qué te indica este dato?

A mí me dice que, en esta propiedad, además de que hay un treinta por ciento de departamentos desocupados, en el resto hay inquilinos cuya solvencia es dudosa. Un buen inquilino mantiene el departamento en condiciones óptimas, rara vez se queja y, además, paga la renta a tiempo. Hasta este punto, ¿crees que alguna de las propiedades comienza a lucir mejor que la otra?

Gastos

Electricidad

El gasto de electricidad de la propiedad 1 es demasiado alto en comparación con el de la propiedad 2. ¿Qué significa esto? Puede ser que el cálculo se haga con un medidor que registra el gasto total del edificio, y entonces, el propietario o casero es quien paga por toda la electricidad. Un gasto tan alto como éste podría mermar de manera muy severa tu flujo de dinero. Si tú, como casero, tienes que pagar por este servicio para todo el edificio, entonces es necesario que contrates una compañía con los sistemas y la experiencia necesarios para distribuir el costo y que cada inquilino pague su cuenta. Esta acción reducirá de manera significativa el gasto para ti.

Agua

El gasto de agua de la propiedad 1 es el doble del de la propiedad 2. Esto podría deberse a varias razones. Tal vez existe una fuga, o bien, podría indicar que en la propiedad se realizó una remodelación de grandes dimensiones y, por lo tanto, este gasto sólo se seguirá presentando por uno o dos meses más. Debes considerar que una remodelación de este tipo podría incrementar el valor de la propiedad en muy buena medida.

Pintura y lavado de alfombras

Un alto desembolso en pintura y lavado de alfombras puede significar tránsito de personas: mucha gente que se muda a otros lugares, y mucha gente que llega a vivir al edificio. El tránsito frecuente representa un gasto grande. Al parecer, la propiedad 2 tiene mucho movimiento de inquilinos, y esto es otro banderín de alerta. ¿Por qué tantas mudanzas?

Salario del administrador

En la propiedad 1 se pagan novecientos dólares mensuales al administrador. En la propiedad 2 se pagan sólo trescientos. Es obvio que la cantidad de la propiedad 2 es mucho mejor, pero ¿será verdad? Aquí tienes que pensar en lo que el administrador hace o deja de hacer. Para empezar, tienes una tasa alta de desocupación, los inquilinos no pagan la renta a tiempo y, además, la población de inquilinos es fluctuante. ¿Será cierto que uno obtiene aquello por lo que paga?

Resumen

En suma, ¿cuál de las dos propiedades te parece mejor negocio? La respuesta es… todo depende. Depende de las respuestas que vayas obteniendo para las preguntas que surgieron gracias a los números.

La propiedad 1 podría ser buena inversión, particularmente si las rentas están por debajo de lo que indica el mercado, y si se puede hacer la modificación necesaria para que cada inquilino pague su propia electricidad. Por otra parte, la propiedad 2 podría ser un diamante en bruto si logras resolver los problemas de alta desocupación, los inquilinos de solvencia dudosa, y las mudanzas constantes. La propiedad 2 está mal administrada, pero si consigues a una persona que pueda hacerlo de la manera correcta y realizas los cambios pertinentes, podrías terminar siendo el propietario de un edificio con finanzas saneadas que te ofrezcan flujo de efectivo.

Los números proponen preguntas que te llevarán a esclarecer el misterio de "qué es esto". En cuanto el misterio esté resuelto, entonces podrás decidir si es ventajoso, desde el punto de vista económico, y hacer las transformaciones necesarias.

Los números de un negocio

A continuación, te hablaré de dos compañías de bebidas que operan en la misma ciudad. Ambas venden sus productos a hoteles y centros vacacionales. Los dueños están en busca de inversionistas que les ayuden a hacer crecer sus negocios, por lo que se ponen en contacto contigo para mostrarte sus propuestas. Examina el resumen de las cifras que te presentan las dos empresas. Compara los ingresos y los gastos, y piensa ¿qué preguntas surgen? ¿Detectas alguna señal de advertencia? ¿Qué te parece atractivo en los números? ¿Cuál de las dos empresas crees que represente un mejor negocio?

Ganancias y pérdidas mensuales (GyP)	Negocio 1	Negocio 2
Ingresos	$ 100 000	$ 115 000
Núm. de clientes a los que se distribuye	6	2
Gastos de operación		
Sueldos y salarios	$ 40 000 (3 empleados)	$ 45 000 (5 empleados)
Vehículo	$ 3 000	$ 3 000
Renta de oficinas	$ 1 000	$ 2 500
Viáticos y entretenimiento	$ 5 000	$ 2 500
Misceláneos	$ 2 000	$ 3 000
Gastos totales	**$ 51 000**	**$ 56 000**
Ingreso neto de operación (NOI)	$ 49 000	$ 59 000
Mejoras/remodelación oficinas (Gasto único)	$ 4 000	$ 1 000

Éstos son los datos más importantes sobre la historia que nos cuentan estos números:

Ingreso neto de operación

Los números indican un alto potencial de ganancia en ambos casos. El ingreso neto de operación (NOI= ingreso menos gastos) es de cerca de cincuenta por ciento de las ganancias.

Ingresos por ventas

Las ganancias del negocio 2 son ligeramente más altas, sin embargo, sólo hay dos clientes. Aquí aparece un banderín de alerta. ¿Qué pasaría con las ganancias del negocio 2 si éste llegara a perder a uno (es decir, a cincuenta por ciento) de sus clientes? ¿El negocio 2 está enfocado en clientes más prominentes? En ese caso, bastaría con que atrajeran a sólo un cliente más para incrementar sus ganancias de una forma rápida y considerable. El negocio 1 tiene seis clientes, por lo que corre un menor riesgo en caso de perder a alguno.

Sueldos y salarios

El negocio 2 tiene una cifra ligeramente más baja en los salarios de sus empleados. El negocio 1 le paga más a cada uno de sus tres empleados, pero corre un mayor riesgo de que las operaciones se interrumpan si alguno de ellos renuncia. Por otra parte, debido a que el negocio 1 paga salarios más altos, también sería más costoso contratar un empleado adicional.

Renta de oficinas

El negocio 1 tiene un gasto menor de renta porque sus oficinas son más modestas. Se debe considerar que éstas podrían requerir una remodelación inicial y única con un costo de cuatro mil dólares, pero, tomando en cuenta que sus vendedores atienden a los clientes en hoteles, ¿realmente sería necesario hacer la remodelación? ¿Sería ése el mejor uso que se le podría dar al dinero de los inversionistas? Las oficinas del negocio 2, en cambio, son más exclusivas y requerirían de menos dinero para hacer mejoras, y sólo en caso de que éstas fueran necesarias.

Viáticos y entretenimiento

El negocio 1 paga lo doble de viáticos y entretenimiento que su competidor. ¿Será porque son más espléndidos en este aspecto, o porque los vendedores hacen más visitas a clientes y más promoción de las bebidas para conseguir nuevos contratos? Observa que el negocio 1 tiene seis clientes, en tanto que el 2 sólo tiene dos.

Misceláneos

La pregunta que siempre surge en relación con el rubro de misceláneos es: ¿qué incluye? ¿Los gastos misceláneos se incrementan en la misma medida que el número de empleados y de clientes?

Una pregunta adicional

¿Hay otros competidores en este mercado? Si así es, entonces, ¿de qué manera se destacan los negocios 1 y 2 entre los demás? Si sólo hay dos jugadores en este partido, ¿qué tan alta es la probabilidad de que ingresen nuevos competidores?

Haz que los números sean parte de tu vida

El misterio comienza a revelarse y la historia a comprenderse, gracias a las cifras que te mostré. Ahí radica la importancia de comprender los números y de hacer que sean parte de tu vida. Lo único que tienes que hacer es separar la ficción de la realidad.

CAPÍTULO 15.

"DEUDA" NO ES SOLAMENTE UNA PALABRA DE CINCO LETRAS

Para emprender el vuelo, dejar atrás la seguridad
y volverse rico, se requiere...

Se llama deuda *mala* por una buena razón: ¡lo es! No es raro que nos dé insomnio por pensar en las deudas que tenemos por la tarjeta de crédito, los autos y la casa. Lo sé por experiencia.

Hubo un tiempo en el que Robert y yo acumulamos una cantidad abrumadora de deuda mala. En gran parte se debía a que estábamos en quiebra y, tan sólo para sobrevivir, le cargábamos todo lo que podíamos a la tarjeta de crédito. Además de eso, estábamos arrastrando la deuda de un negocio previo de Robert que había salido mal. Es espantoso despertarse en la madrugada, preocupada porque no sabes cómo vas a cubrir la siguiente mensualidad de tu casa, o pensando cuál será el siguiente servicio del que vas a prescindir. Era una pesadilla que me causaba un conflicto interno porque yo no dejaba de pensar "¡Esto no me debería estar pasando a mí!". Asimismo, provocaba estrés entre Robert y yo, por eso, te puedo decir que nosotros somos la prueba viviente de que, sí, la principal razón por la que las parejas pelean es el dinero.

Sin embargo, tengo una solución para aquellas mujeres que se están enfrentando a la deuda mala. No quiero que parezca infomercial, sólo piensa que se trata de una herramienta que puedes aprovechar si así lo decides.

Cuando Robert y yo enfrentábamos una deuda de cientos de miles de dólares, traté de encontrar respuestas, pero adonde quiera que fui, me encontré siempre con los mismos consejos. Te los presento a continuación:

- Primero que nada, liquida la deuda o tarjeta de crédito que tenga la tasa de interés más alta.
- Cada mes ve cubriendo un poco de cada una de las deudas que tengas.
- Recorta tus gastos mensuales.

Apliqué los consejos en cierta medida, pero seguí tan endeudada como al principio. Luego encontré una fórmula que me funcionó bien. Entonces me lancé de lleno al plan para salir de la deuda mala, y comencé a trabajar. Es una estrategia de nueve pasos que Robert y yo grabamos en un programa de audio llamado, *Cómo salimos de la deuda mala (How We Got Out of Bad Debt)*. Éstos son algunos de los puntos más relevantes del plan:

- Dejé de pagar un poco más en cada deuda porque eso no me funcionó. Comencé a pagar el mínimo de todas las deudas malas, excepto aquella en la que me había enfocado para liquidar primero.
- La deuda con la tasa de interés más alta no fue la primera que liquidé. Primero me deshice de la deuda de menor monto. ¿Por qué? Porque quería tener por lo menos un logro a corto plazo, para demostrarme a mí misma que podría superar aquel obstáculo.
- En cuanto a mis gastos, no modifiqué nada. No reduje gastos ni me deshice de las tarjetas de crédito. Lo único que tuve que hacer de manera distinta fue tratar de ganar cien dólares adicionales al mes. Si tú no puedes hacer eso (algo que, en realidad, cualquier mujer puede hacer), entonces tus posibilidades de obtener la libertad financiera son escasas.

Como ya mencioné antes, se trata de un programa de nueve pasos que nos funcionó a mí y a Robert. La mayoría de la gente puede acabar con la deuda mala en un promedio de cinco a ocho años. Si tú te enfrentas al enorme obstáculo de este tipo de deuda, deberías considerar la aplicación de este programa.

Gente que piensa que la deuda buena es mala

No todo el dinero que pidas prestado te va a generar deuda mala. Todo depende de lo que hagas con él. La gente que tiene buena educación financiera tiene la ventaja de que, a diferencia de las personas desinformadas, adquiere deuda buena y entiende cómo funciona.

No obstante, hay muchas mujeres que se resisten a este concepto porque durante años les han hecho creer que todos los tipos de deuda son malos.

Cómo superar el miedo a la deuda

El Servicio Corporativo de Ejecutivos Retirados (SCORE, por sus siglas en inglés) es una maravillosa organización que brinda apoyo a propietarios de negocios. El siguiente artículo apareció en 2010 en el sitio www.score.org, fue escrito por mi amiga Rieva Lesonsky:

Si tú eres como muchas de las mujeres que conozco, tal vez debas poner atención en lo que se refiere a tus finanzas. Te voy a hablar de lo que se podría llamar, "síndrome de la indigente": el miedo irracional que muchas tenemos a quedarnos en la calle (a pesar de lo saludables que puedan estar nuestras cuentas bancarias en este momento). Esta actitud, de manera invariable, también la aplicamos en la forma en que hacemos negocios.

En la economía actual, por supuesto, parece haber una necesidad de acercarse a los negocios con una actitud frugal. Tal vez sea indispensable tenerla. Sin embargo, llega un punto en el que ser frugal en realidad se traduce en preocuparse por los centavos y dejar que los billetes grandes se nos escapen. A muchas mujeres, propietarias de negocios, les cuesta trabajo detectar cuándo cruzaron esa línea.

Piensa en el caso de Andrea Herrera. A ella la aquejaba una enfermedad muy común entre las mujeres empresarias: el miedo a la deuda.

Ella había logrado hacer que su empresa de catering *creciera hasta tener ventas por 650 000 dólares, sin embargo, su reticencia a solicitar un préstamo le estaba impidiendo expandirse.*

Finalmente, una firma de consultoría convenció a Herrera de que había llegado el momento de saltar al ruedo. Ahora, a tres años de que obtuviera el préstamo, su empresa tiene una proyección de ventas de 1.3 millones de dólares, e incluye a clientes como Harpo Productions, perteneciente a Oprah Winfrey. Herrera ha delegado tareas que, anteriormente, tenía que realizar haciendo malabares, y, de esa forma, ahora cuenta con tiempo suficiente para llevar a cabo planeación de largo alcance para que su negocio pueda crecer todavía más.

Andrea pensaba que los gastos eran pasivos, y no oportunidades para expandir su negocio. El préstamo que adquirió fue una deuda que le ayudó a generar dinero, no a perderlo. Eso es deuda buena.

Ahora te presentaré la historia de Donna Serpiello, una mujer que también aprendió a superar su miedo.

Mi esposo y yo llevamos veintisiete años juntos. Él tenía veinticinco y yo dieciocho cuando nos casamos. Como no teníamos dinero para comprar una casa propia, y como no queríamos tirar el dinero a la basura pagando una renta, aceptamos la oportunidad que mis padres nos ofrecieron de vivir con ellos para que pudiéramos ahorrar dinero. Pasaron tres años y todavía seguíamos viviendo ahí... Además, ya teníamos dos hijos y un tercero en camino. Por si fuera poco, no teníamos dinero en el banco para comprar la casa como habíamos planeado.

Mi hermano, quien es abogado e inversionista en bienes raíces, me habló de una casa dúplex que estaba a la venta. Me sugirió que tratáramos de comprarla y, entonces, analizamos las opciones que teníamos. Podíamos seguir con mis padres y cobrar la renta de las dos unidades de la casa dúplex, o vivir en una unidad y rentar la otra. De esa forma tendríamos un lugar propio.

Como no teníamos nada de dinero, realmente me pareció que era una tontería ir a visitar la propiedad, sin embargo, mi padre y mi hermano insistieron en que la viéramos primero y luego investigáramos los detalles.

Me acuerdo muy bien del día que fuimos. Nos acompañaron mi padre y mi hermano. Inspeccionamos bien el lugar y, al salir, teníamos varias opciones. La mía era: "Olvídalo, se necesita demasiado trabajo".

Mi padre contestó: "¡La tienes que comprar! Por ese precio no podrías conseguir cuatro paredes juntas". La propiedad costaba veinte mil dólares, y mi hermano estaba de acuerdo en que era una buena opción.

Mi esposo tampoco estaba seguro porque, al igual que yo, creía que representaba demasiado esfuerzo. No obstante, decidimos adquirir la propiedad. Ahora el problema era definir de dónde sacaríamos el dinero del enganche.

Después de analizar varias opciones, sentimos que la mejor solución era pedir prestada, a una compañía que financiaba hipotecas, una cantidad de dinero mayor a la que habíamos planeado. El dinero adicional lo utilizaríamos para el enganche. Antes de que siquiera nos diéramos cuenta, ya éramos los propietarios de una casa dúplex que casi se venía abajo.

Continuamos viviendo con mis padres mientras mi esposo remodelaba las dos unidades para que pudieran rentarse. Cada semana, después de recibir nuestros sueldos, reparábamos algo más. Poco a poco, logramos completar la remodelación.

Luego nos mudamos a una de las casas y rentamos la otra. El ingreso por las rentas que recibimos nos sirvió para pagar los gastos de las dos unidades, incluyendo el de la hipoteca. Vivimos aproximadamente tres años en ese lugar.

Después adquirimos otra propiedad para vivir. Me daba mucho temor comprar ese otro inmueble porque significaría que tendríamos el compromiso de pagar dos hipotecas. Una vez más, mi hermano me convenció de intentarlo. ¿Cuál fue su consejo? "La propiedad dúplex ya se está pagando sola con un inquilino. El segundo inquilino podría ayudarte a pagar la segunda hipoteca".

Pero, por supuesto, todos los posibles escenarios me tenían muerta de miedo. "¿Y si no se renta? ¿Y si los inquilinos no pagan? ¿Y si, y si, y si...?"

Finalmente, mi hermano me dijo, "Hazlo. Si te das cuenta de que es demasiado complicado, entonces vendes y ya". Creo que él sabía que si me lanzaba, aprendería a lidiar con mis temores.

A medida que pasaron los años, se incrementó el ingreso de la casa dúplex. Ya se pagaba por sí misma, y sobraba un poquito. Durante todos los años que tuvimos esa casa, mi esposo realizó las reparaciones y eso se convirtió en una molestia para él. Por eso decidimos venderla. Además, teníamos ganas de hacer algo diferente. Ya habían pasado veinte años.

Pensamos que sería una GRAN idea vender la casa dúplex y usar las ganancias para la nueva casa. Después de todo, ¿no era lo más lógico? Así reduciríamos nuestra hipoteca y pagaríamos menos en mensualidades. Volví a consultar a mi hermano. Él me sugirió que conserváramos ambas propiedades, que las rentáramos y las usáramos para adquirir la tercera propiedad. Una vez más, el miedo interfirió y, en esta ocasión, fue tan grande que me hizo desestimar sus consejos. Decidimos vender la casa dúplex; en ese momento, nos pareció que era lo mejor. Bueno, al menos hasta que leí Padre rico, Padre pobre *y* Mujer millonaria.

Obtuvimos solamente unos ochenta mil dólares de ganancias por la venta de la casa, y comenzamos a buscar un nuevo lugar. ¿Por qué no? Teníamos todo ese dinero para el enganche. Gran idea, ¿no es así? Pues nos equivocamos. Buscamos casa durante tres años y, en ese tiempo, el dinero que teníamos se fue haciendo menos y menos, hasta que se acabó.

Entonces, aprendí que dejar el dinero en el banco no sirve de nada, y que vender un activo sólo es benéfico si reinviertes las ganancias de manera inteligente. Con el dinero que teníamos pudimos haber comprado una casa para nosotros y una propiedad para rentar; también pudimos conservar la casa dúplex que se pagaba sola y que nos proveía un sustancial flujo de efectivo cada mes. Teníamos muchas opciones, pero yo no supe identificarlas en ese momento. El miedo fue el culpable. En realidad pudimos haber conservado ambas propiedades sin problemas, y seguir recibiendo un flujo de efectivo de 2300 dólares, aproximadamente, con el que habríamos podido pagar por la tercera propiedad.

Pero no puedo mirar atrás, lo único que me queda es aprender de mis errores. Por eso conservamos la segunda propiedad y la rentamos. Como no hay que pagar hipoteca, todo lo que recibimos de renta es flujo de efectivo.

¿Ya alcancé la libertad financiera? No, aún no. Todavía tengo mucho que aprender pero ¡estoy en ese proceso!

A Donna la paralizó el miedo a la deuda. Le aterraba tener que enfrentar dos hipotecas a pesar de que ambas le hacían ganar bastante dinero: 2 300 dólares mensuales, para ser más precisos. Ahora le aplaudo porque, cuando algo salió mal, ella aprendió la lección y, gracias a eso, ahora es mucho más inteligente. Ciertamente, fue el momento en que emprendió el vuelo. ¡Bien hecho, Donna!

CAPÍTULO 16.

EL PREMIO DEL INVERSIONISTA

Para emprender el vuelo y alcanzar la recompensa
que representa tu soberanía personal, se requiere...

El inversionista tiene que enfocarse en algo muy importante en un número o una cifra. Me refiero al retorno sobre inversión o ROI (por sus siglas en inglés). Si inviertes X número de dólares, pesos, euros o yenes, ¿cuánto dinero recibirás, o regresará a ti, a cambio? Sólo hay que hacer una operación sencilla:

$$\text{ROI} = \frac{\textbf{Ingreso anual por inversión (flujo de efectivo)}}{\textbf{Dinero invertido}}$$

A la cantidad de dinero que ganas se le llama *flujo de dinero o de efectivo*; también se le conoce como rendimiento porque te muestra lo que tu inversión te rinde o produce. Por ejemplo, si inviertes mil dólares en una acción que te da un dividendo *anual* de cuarenta dólares, entonces el retorno sobre inversión es de cuatro por ciento ($ 40 / $ 1 000 = 0.04 = 4 %).

Ahora piensa que inviertes diez mil dólares en efectivo como enganche para comprar una propiedad que cuesta cincuenta mil dólares. Al final del *año* tienes un flujo positivo de efectivo de 1 500 dólares. Tu ROI es de quince por ciento. ($ 1 500 / $ 10 000 = 0.15 = 15 %). A esto también se le llama *retorno de efectivo sobre efectivo*.

Considero que el retorno de efectivo sobre efectivo es el número más importante porque te dice con exactitud lo que está ganando el dinero que invertiste. Dicho de otra forma, te dice qué tan arduamente está trabajando tu dinero para ti.

Los dos ejemplos anteriores de dividendos de acciones y de propiedad para renta son ejemplos de inversiones que producen flujo de efectivo. No obstante, el ROI también es aplicable a las inversiones que producen ganancias de capital. Por ejemplo, puedes adquirir una acción por veinte dólares; luego, el precio sube a treinta. Después de pagar honorarios y gastos, tu ganancia o rendimiento es de cinco dólares. Eso significa que el ROI es $ 5 / $ 20 = 0.25 = 25 %.

Es posible que también escuches el término Tasa Interna de Retorno (IRR, por sus siglas en inglés), que se refiere a algo un poco más complicado. El IRR toma en cuenta el valor actual del dinero. Con esto me refiero a la idea de que un dólar de hoy vale más que un dólar de dentro de un año. El IRR también asume que el flujo de efectivo o los rendimientos que ganas se reinvierten de inmediato con la misma tasa (lo cual, rara vez sucede). La siguiente es una operación para calcular el IRR:

$$0 = -\textbf{\textit{desembolso}} + \textbf{\textit{DCF}}_1 / (1 + r)^1 + \textbf{\textit{DCF}}_2 / (1 + r)^2 + ... + \textbf{\textit{DCF}}_n / (1 + r)^n$$

Esta ecuación es precisamente la razón por la que *yo no* uso el IRR para medir mi dinero. Prefiero usar el retorno sobre inversión de efectivo sobre efectivo. Si deseas entender la tasa interna de retorno más a fondo, entonces tendrás que investigar en Internet. ¡Esfuérzate al máximo!

Advertencia: cuando alguien te trate de convencer de que inviertas en su negocio, asegúrate de definir si el retorno sobre inversión del que te habla es un retorno de efectivo sobre efectivo, o si se trata de una tasa interna de retorno. Recuerda que, en lo que se refiere a tus ganancias, son conceptos muy distintos.

¿Qué se considera un buen ROI?

Todo depende. Depende del tipo de inversión, de la economía y de tu inteligencia financiera. Recuerdo que entre 1979 y 1980, mis padres hablaban de la tasa de retorno que obtenían por sus certificados de depósitos bancarios (CD). Era de dieciocho por ciento, pero en aquel entonces parecía ser una tasa normal. ¿A quién no le gustaría obtener dieciocho por ciento por un certificado de depósito hoy en día?

Sin embargo, me parece más interesante lo que sucedió cuando llegó la crisis de préstamos y ahorros de la década de los ochenta. El banco retiró la tasa de interés de dieciocho por ciento y, básicamente, canceló los CD pendientes. (Si una *persona* hubiera hecho algo así, ¡la habrían demandado!)

Si tienes poca inteligencia financiera, puedes estar preparada para recibir un retorno bajo sobre tus inversiones. ¿Por qué? Porque no sabrás qué buscar para que te generen más ganancias, y lo más probable es que termines invirtiendo o participando en planes de ahorro que ofrecen rendimientos bajos. Es por lo anterior que, a las personas con poca información sobre el dinero, los asesores financieros les recomiendan fondos mutualistas, certificados de depósito y ahorrar. También es la razón por la que mucha gente se emociona cuando le prometen que recibirán rendimientos demasiado buenos por inversiones sobre las que no saben nada. Para obtener y mantener una tasa alta de retorno, se requiere educación financiera y experiencia. No existe una receta secreta ni una píldora mágica. Es necesario invertir tiempo y dinero para estudiar, investigar y actuar.

Los fraudes surgen minuto a minuto

Karen y yo hemos sido amigas por muchos años. Un día me llamó y me habló sobre un negocio en el que estaba considerando participar. Iba a invertir cincuenta mil dólares que eran, básicamente, todo el dinero que había ahorrado a través de los años.

Karen me explicó por teléfono: "Leí varios libros sobre finanzas y asistí a algunos seminarios, pero me siento muy nerviosa respecto a dar el paso de invertir el dinero. Para solucionarlo, he tratado de seguir estudiando porque siento que, mientras siga así, estaré dentro del mundo de las inversiones. Sin embargo, no puedo jalar el gatillo. Soy soltera y siento que no sé lo suficiente sobre el tema".

"Hace un par de días me llamaron dos amigas de California y me contaron que están muy emocionadas por una inversión que hicieron. Me garantizaron que recuperaría el cien por ciento de mi inversión en los primeros seis meses. También me dijeron que amigos de ellas han participado, al igual que algunas celebridades. Necesito decidir pronto porque sólo estará disponible esta semana".

La palabra "garantizaron" fue como un banderín de alerta; también el dato de "que recuperaría el cien por ciento de mi inversión en los primeros seis meses". Definitivamente sonaba como un negocio demasiado bueno para ser verdad. Pero claro, uno nunca sabe.

Entonces le pregunté a Karen: "¿Exactamente en qué está invirtiendo esta gente, y cómo te puede garantizar que recuperarás el cien por ciento de tu inversión en seis meses?".

Me dijo que no sabía pero que lo averiguaría. Le pedí que no siguiera adelante hasta no tener las respuestas a mis preguntas. Tampoco me agradó la forma en que la querían presionar para tomar la decisión en tan poco tiempo.

Karen me llamó a finales de la semana y dijo que no iba a participar en el negocio. Me sentí aliviada y le sugerí otras cosas en las que podía invertir, para que investigara al respecto.

Cinco meses después, recibí un correo electrónico de Karen, en el que me decía: "No te conté pero, después de que les dije a mis amigas que no invertiría, regresaron, a la semana siguiente, y me dijeron, 'Tienes mucha suerte. Hay otra oportunidad de participar porque se extendió la fecha límite una semana. Todavía puedes participar en el negocio, y realmente creemos que deberías hacerlo'. La presión de que fueran amigas mías pesó mucho sobre mí y terminé invirtiendo los cincuenta mil dólares. El dinero desapareció. Era un fraude y lo perdí todo".

En ese momento me encontraba de viaje, pero, si hubiera estado en casa, habría corrido a verla para desconectar el teléfono, encerrarla en su habitación, y dejarla ahí hasta que yo estuviera convencida de que había recobrado lo mínimo posible de sentido común. No sentía lástima ni compasión. Estaba atónita. Incluso me sentía muy enojada con ella porque no había razón para que fuera tan ingenua. Dejó que sus emociones y sus amistades se hicieran cargo del asunto. Además, tampoco investigó el negocio tal como le había sugerido. En el fondo, deseaba tanto que fuera verdad que hizo a un lado su sentido común y echó los dados. Porque, finalmente, fue como apostar.

La moraleja de la historia es: si no tienes conocimientos financieros, cuando te encuentres con negocios demasiado buenos para ser verdad, será porque son fraudes. Asimismo, entre menos educación tengas, más riesgo correrás.

Mito: retornos más altos implican mayor riesgo

¿Alguna vez un asesor financiero o corredor de bienes raíces te ha preguntado, "¿Qué nivel de riesgo le parece que la hará sentir cómoda? ¿Es usted una persona conservadora o agresiva en lo que se refiere a inversiones?". Pues éstas son preguntas inadecuadas.

En una ocasión estaba conversando con una amiga que es una mujer de negocios muy inteligente. Ella me dijo, "La razón por la que no invierto en lo mismo que tú es porque soy muy conservadora en lo que se refiere a elegir negocios". En realidad no es conservadora, sino poco educada en el aspecto financiero.

Un asesor debería preguntarte: "En lo que se refiere a inversiones, ¿tiene usted educación o carece de ella?". Porque decir que eres "conservadora" es sólo una forma de decir "carezco de educación y tengo miedo. No sé qué hacer y no quiero invertir tiempo en aprender".

Verás. La mayoría de los asesores financieros te dirá, de una forma muy convencional, que "Los retornos más altos implican mayor riesgo". Pero eso no es verdad. En realidad, el riesgo sólo será más alto en la medida que tu inteligencia financiera sea escasa, y viceversa.

Mucha gente comete el error de pensar que la inversión es riesgosa, pero el problema en realidad radica en el inversionista. Piénsalo. Sin importar si se trata de un negocio, bienes raíces, acciones o *commodities*, una inversión es sólo eso, una inversión. Lo que determina si dicha inversión es buena o mala, eres tú, la inversionista. Por supuesto, no todas las inversiones que elijas serán exitosas; ningún inversionista está invicto en lo que se refiere a seleccionar buenas opciones. Sin embargo, entre más conocimiento y experiencia poseas, mayores probabilidades tendrás de tener éxito.

Míralo de esta manera. ¿Será riesgoso que un conductor con experiencia maneje un auto a 40 km/h? Lo más probable es que no. Pero si el auto es manejado, a la misma velocidad, por un conductor bastante ebrio, entonces se convierte en un arma mortal. No es el auto, es el conductor. No es la inversión, es el inversionista.

A mí no me agrada arriesgar mi dinero, tampoco a Robert ni a nuestros amigos cercanos que son inversionistas. Nosotros estudiamos, investigamos y vamos construyendo la experiencia. ¿Nos hemos arriesgado a veces? Sí. Yo he invertido en acciones sobre las que no sabía nada; le he entregado mi dinero a administradores y he seguido sus recomendaciones a ciegas. Incluso, llegué a invertir en un negocio de fondos de cobertura que sospechaba que era demasiado bueno para ser verdad… y resultó un mal negocio.

¿Por qué los asesores financieros te dicen que los retornos más altos implican mayor riesgo? Porque asumen que sabes muy poco, o nada, acerca de inversiones. Sin embargo, con un poco de educación, es probable que llegues a saber más que el asesor en muy poco tiempo. De hecho, tal vez ya estés más informado que él o ella.

Redefine el riesgo

Respecto al riesgo, Warren Buffett dice: "Riesgo es no saber lo que haces". Te repito que la clave eres *tú*, no la inversión.

A continuación, te presento un sencillo diagrama de mi amigo Tom Wheelwright, estratega fiscal e inversionista:

Yo defino riesgo como: **R**esultado de
Invertir
Estúpidamente, y
Sin
Guía
Oportuna

Tom Weissenborn, corredor de bolsa y amigo mío, tiene estas dos reglas en lo que se refiere a invertir en acciones:

1. Si no entiendes el mecanismo con el que la compañía hace dinero, entonces no inviertas en ella.
2. Si parece demasiado bueno para ser verdad, entonces piensa que es muy probable que se trate de un fraude.

Lo que parece seguro, podría resultar riesgoso... muy riesgoso

Lo que aparenta ser seguro en el mundo de las inversiones de Mujer millonaria podría parecer riesgoso para otras personas. ¿Por qué? Porque me parece que lo que los asesores financieros y los "expertos" definen como seguro, en realidad es riesgoso porque es producto de la ignorancia. En cambio, lo que a ellos les parece riesgoso en su mundo, para mí resulta ser seguro... siempre y cuando sepas lo que estás haciendo.

¿Seguro o riesgoso? Ambos términos necesitan ser redefinidos en lo que respecta a la inversión. Los siguientes son tres rubros en los que puedes "invertir" tu dinero, y que los típicos asesores financieros consideran seguros.

1. Ahorro
2. Fondos mutualistas
3. Planes 401(k)

¿Son rubros seguros o riesgosos? El típico asesor te dirá que están garantizados. Yo te digo que representan un riesgo. ¿Por qué?

Ahorro

Debido a que el valor del dólar y de otras divisas del mundo está decreciendo, tu dinero también vale menos y, en el futuro, te alcanzará para adquirir menos cosas. Para colmo, los intereses que te paga el banco por ahorrar representan una cantidad menor que la que tienes que pagar por gastos y comisiones que te cobran por guardar tu dinero. En muchos casos, ahorrar te hace perder dinero. Entonces, ¿te parece que es una inversión segura o riesgosa? Las inversiones que te hacen perder dinero de manera constante, en realidad son pasivos.

Fondos mutualistas y planes 401(k)

Los fondos mutualistas y los planes 401(k) son básicamente la misma cosa. Verás, el fondo mutualista es sólo un conjunto de acciones, bonos y otros tipos similares de pagarés. También podría tratarse de una compañía que concentra el dinero que recibe de todos sus inversionistas y lo utiliza para adquirir acciones, bonos y otros activos de papel.

El 401(k) es un plan de retiro al que a menudo se le define como un plan de *ahorro* para la jubilación, el cual los patrones abren para permitir a sus empleados y trabajadores que aparten una porción de su salario para acrecentar esta cuenta. Sin embargo, el plan 401(k) invierte la contribución del empleado en fondos mutualistas. En otros países existen planes similares con distintos nombres. Por ejemplo, en Australia y Nueva Zelanda existen las superanualidades; en Canadá, el RRSP, el 401(k) en Japón, y en el Reino Unido hay un esquema de pensiones.

¿Pero cuál es el riesgo de los fondos mutualistas y de los planes 401(k)?

Muchos "expertos" financieros nos dicen que ambos son la solución a todos nuestros problemas porque, "Si hoy tienes veinte años e inviertes mil dólares en fondos mutualistas o en tu 401(k), vas a ganar ocho por ciento anual, por lo que, en cuarenta y cinco años, cuando tengas sesenta y cinco y te jubiles, esos mil dólares se habrán convertido en ciento cuarenta mil". Bueno, eso es lo que ellos dicen en su discurso de ventas.

Pero ahora te diré la realidad acerca de los fondos mutualistas. Debo aclarar que los hechos que voy a presentar no salen de mi imaginación, provienen de Bogle. ¿Quién es él? El señor Bogle es el fundador de Vanguard, una de las organizaciones más grandes de fondos mutualistas, y autor del libro intitulado, *La batalla por el alma del capitalismo* (*The Battle for the Soul of Capitalism*). Actualmente, Bogle se dedica a hablar en contra de las compañías de fondos mutualistas porque, tal como señala, pasaron de ser los guardianes de tu dinero a desempeñarse como vendedores. Se dedican a hacer dinero para ellas mismas, no para el inversionista, que eres tú.

El señor Bogle ofrece los siguientes datos referentes a la "tiranía de los costos compuestos" de los fondos mutualistas:

Pues bien, es genial. Permítanme darles el ejemplo de un término más amplio que uso en mi libro. Es el caso de una persona que tiene veinte años hoy y comienza a ahorrar para su retiro. A esa persona todavía le quedan cuarenta y cinco años antes de jubilarse (digamos que trabajará de los veinte a los sesenta y cinco), y luego, si decides creerles a los datos actuariales, le podrían quedar otros veinte años antes de que la muerte le permita, con toda benevolencia, llegar al fin de su vida. Eso nos da un total de sesenta y cinco años de invertir. Si inviertes mil dólares al principio y ganas ocho por ciento, entonces esa cantidad crecerá, durante los sesenta y cinco años, para convertirse en ciento cuarenta mil dólares.

Ahora, el sistema financiero, o, en este caso, el sistema de los fondos mutualistas, va a tomar 2.5 puntos porcentuales (en comisiones) de los retornos, por lo que quedarán un retorno bruto de ocho por ciento, un retorno neto de 5.5 por ciento y (en ese mismo periodo de sesenta y cinco años), los mil dólares crecerán para convertirse en aproximadamente treinta mil (en lugar de los ciento cuarenta mil).

De ese dinero, ciento diez mil van a parar al sistema financiero y treinta mil son para ti, el inversionista. Ahora piénsalo. Eso significa que el sistema financiero pone cero por ciento del capital, corre cero por ciento del riesgo, y se queda con casi ochenta por ciento del retorno. Mientras que tú, el inversionista, pasas ese enorme lapso haciendo la inversión de toda una vida, pones cien por ciento del capital, corres cien por ciento de riesgo y sólo recibes veinte por ciento de retornos. El sistema financiero le está fallando a los inversionistas debido a los costos (honorarios) que les cobran por asesoría financiera y corretaje, así como por algunos cargos ocultos y otros más evidentes que el inversionista tiene que cubrir. Es un sistema que necesita ser modificado.

Las compañías de fondos mutualistas, los administradores y los vendedores, siguen ganando dinero independientemente de que tú ganes o no. Lo que le preocupa a la mayoría no es el desempeño real del fondo, sino los honorarios que recibirán. Por lo tanto, la primera pregunta que te tienes que hacer es: ¿los fondos mutualistas son una buena inversión? Si no tienes educación financiera y no sabes dónde colocar tu dinero, entonces tal vez estos instrumentos te parezcan una opción lógica. Sin embargo, si tienes algo de sagacidad, entonces lo más probable es que puedas encontrar una inversión que te ofrezca mejores retornos sobre tu dinero.

La segunda pregunta es: ¿los fondos mutualistas son seguros? Habla con cualquier persona que haya ahorrado toda su vida en fondos mutualistas y que haya perdido treinta, cuarenta o cincuenta por ciento debido a la crisis económica.

El "control" es un factor fundamental para la seguridad. La educación financiera reduce el riesgo que corres porque te ofrece a ti, el inversionista, mayor control sobre tus proyectos. Poner tu dinero en un fondo de inversión es lo mismo que entregárselo, con los ojos cerrados, a algún asesor financiero, y permitirle que, sin injerencia de tu parte, haga con él lo que quiera. ¿Eso te parece seguro? Yo creo que es bastante riesgoso.

Riesgo contra seguridad

En el mundo bursátil no hay ninguna inversión que esté garantizada al cien por ciento. Ninguna es completamente segura, es decir, "libre del riesgo de pérdida". Significa que cuando inviertas tu dinero, vas a ganar y vas a perder. Ésa es la única garantía. Por supuesto, hay algunas acciones que puedes realizar para reducir el riesgo e incrementar la seguridad.

En resumen, ¿qué es riesgoso y qué es seguro?

Riesgoso	Un poco más... seguro
Carecer de educación financiera.	Obtener educación financiera.
Entregarle tu dinero a ciegas a un asesor financiero.	Invertir tu dinero de manera activa y acumular experiencia por ti misma.
No entender la inversión ni cómo se generan los retornos.	Entender la inversión, la forma en que se generan los rendimientos.
Poner todo el dinero y correr la mayor parte del riesgo, mientras permites que otros se queden con casi todos los retornos.	Poner la mayor parte del dinero, correr más riesgo y quedarte con la mayor parte de los retornos.
No tener control sobre tus inversiones.	Tener control sobre tus inversiones.
Depender en gran medida del asesor financiero.	Convertirte en tu propio asesor financiero.

CAPÍTULO 17.

UNA ESTRUCTURA MENTAL DIFERENTE

Para emprender el vuelo y convertirte en
la inversionista que en verdad eres, se requiere...

Los empresarios piensan de manera distinta a las otras personas. Si eres empresaria, entonces sabes a qué me refiero. Si no lo eres, entonces sólo fíjate en gente como Steve Jobs (Apple Computers), Henry Ford (Ford Motors), Mary Kay Ash (Mary Kay Cosmetics) o Anita Roddick (The Body Shop). Aunque no los conozcas tienes que admitir que sus logros evidencian que piensan de manera distinta a la gente común y corriente.

Toda inversión es un negocio

En una ocasión, Robert y yo estábamos cenando con Dave Ramsey, un reconocido defensor de la administración personal. De pronto, Dave nos miró y preguntó, "¿Saben cuál es la diferencia entre ustedes dos y el resto de nosotros que nos dedicamos a la enseñanza de las finanzas personales?". Negamos con la cabeza, y él agregó, "Ustedes lo ven todo desde la perspectiva del empresario, incluyendo sus inversiones. Para ustedes, todo es un negocio".

Camino a casa, Robert y yo platicamos acerca del comentario que Dave nos había hecho. Tenía razón, manejamos los negocios, las inversiones, la administración de nuestro hogar e incluso nuestro matrimonio, como si se tratara de negocios.

¿Qué significa esto para ser exactos? En el ámbito bursátil significa que todas las inversiones son un negocio. Toda inversión tiene su propio estado de ingresos y hoja de balance. Toda inversión debe contar con ventas y *marketing* que la respalden. Toda inversión tiene que producir ganancias para que pueda sobrevivir. Detrás de toda inversión debe haber un equipo. Toda inversión debe tener una razón de ser. Los anteriores son rasgos fundamentales de un negocio exitoso y, por lo tanto, de una inversión exitosa.

"Sí, pero yo sólo quiero comprar unas cuantas acciones. No necesito todo eso", tal vez estés pensando. Pues acabas de proponer el ejemplo perfecto porque, ¿qué representa cada acción? Una acción representa una empresa. ¿Y qué necesita una compañía para mantenerse funcionando con éxito a través de los años? ¿Acaso ventas, *marketing*, estados financieros precisos, un fuerte equipo de administración, un propósito o misión, un buen flujo de ganancias? Por supuesto que sí. Sin embargo, ¿cuántas personas, al comprar una acción, hacen la tarea e investigan las bases de la empresa en la que van a invertir? Muy pocas. Por lo pronto, te puedo decir que Warren Buffett es una de ellas.

Las reglas de toda inversión

He sido inversionista desde 1984, cuando inicié mi primer negocio sin tener absolutamente nada de dinero ni de experiencia. Fue una especie de batalla en la que había que "matar o morir", todo a base del sistema de prueba y error. A continuación te presento las reglas que me rigen, vistas desde la perspectiva de una empresaria.

- **La inversión debe llevar dinero a mis bolsillos**
  Lo primero que busco es flujo de efectivo. En segundo lugar, busco un proceso de apreciación.

- **La inversión debe sostenerse por sí misma**
  Una inversión no puede sobrevivir gracias al flujo de efectivo o al financiamiento de otra inversión.

- **Quiero controlar la inversión siempre que sea posible.**
En bienes raíces y en mis negocios, yo controlo el ingreso, el gasto y la deuda.

En el caso de inversiones como acciones, negocios particulares y *commodities*, en los que no puedo tener el control, me esfuerzo muchísimo por supervisar de manera activa lo que sucede y siempre estar un paso adelante. Nunca dejes de buscar maneras de mejorar la inversión y de incrementar su valor o el valor que te ofrece como retorno.

- **Toda inversión debe tener una estrategia u opciones de salida**
La regla es: *antes de comprar, siempre debes saber cuándo vas a vender.* Lo anterior se puede basar en el precio, la fecha, ciertos sucesos del mercado o en situaciones personales. Por ejemplo, la tendencia de Robert y mía es aferrarnos a nuestras inversiones en bienes raíces y nunca vender. Sin embargo, estamos al tanto de lo que necesitaríamos en caso de que quisiéramos hacerlo. En 2006, cuando el mercado inmobiliario estaba en la cima de su auge, nos ofrecieron una cantidad extremadamente alta por uno de nuestros edificios de departamentos que ya estaba operando al nivel más alto posible de flujo de efectivo para el tipo de propiedad que era. Debido a lo anterior, vendimos el edificio y usamos las ganancias para adquirir un edificio mucho más grande que nos proveyó un retorno sobre inversión muchísimo mayor.

La mayoría de la gente se metió en problemas con las acciones y con la especulación de bienes raíces (comprar propiedades y venderlas rápidamente para obtener ganancias) en cuanto el mercado alcanzó niveles demasiado altos. Muchos pensaron que los precios de las acciones y los bienes raíces continuarían subiendo más y más. Sin embargo, esas mismas personas se quedaron atrapadas en cuanto los mercados sufrieron un revés. Se quedaron enganchadas en la emoción de los mercados alzistas y, como no tenían estrategia de salida, no supieron en qué momento vender.

La estrategia de salida es tu mejor amiga

Tener y saber ejecutar una estrategia de salida te brinda mayor control.

Acciones

Cuando inviertes en acciones necesitas tener una estrategia para saber:
- cuándo vender, en caso de que las acciones no se muevan a tu favor, y
- cuándo vender y tomar tus ganancias, en caso de que las acciones *sí* se muevan a tu favor.

A la primera estrategia se le conoce como orden *stop-loss* (orden de compra-venta con precio tope). Con esta herramienta tú determinas a qué precio te desharás de las acciones si el precio comienza a caer. Le puedes dar instrucciones a tu corredor, o tú mismo puedes oprimir el botón de "venta" en cuanto las acciones lleguen al punto *stop-loss* que fijaste previamente.

A la segunda estrategia se le llama orden *take-profits* (orden de compra-venta con realización de beneficios). Es más o menos el mismo concepto pero el precio al que venderás las acciones se incrementa a uno predeterminado. En ese momento puedes retirar tus ganancias.

En muchos casos, las órdenes *stop-loss* y *take-profit* sirven como una política de garantía que te protege de ti mismo y de tus emociones. ¿Cuántas veces no has escuchado a alguien decir, "debí deshacerme antes de esas acciones"? Resulta muy sencillo quedarse atrapado en la emoción de acciones cuyo precio se dispara hacia el cielo, o se desploma. Las órdenes *stop-loss* y *take-profits* son dos ejemplos de las estrategias de salida que puedes usar en el ámbito bursátil.

Bienes raíces

Un desarrollador de Scottsdale, Arizona, compró un edificio de 330 departamentos que convirtió en condominios para venderlos de manera individual. Robert y yo, junto con un socio inversionista, acordamos comprar las diez unidades que ya se habían renovado y que estaban siendo utilizadas como condominio muestra para presentarles a los posibles compradores. Decidimos que le rentaríamos los diez condominios al dueño a cambio de un flujo de efectivo por cada uno. El acuerdo implicaba que el desarrollador continuaría rentándonos los condominios durante tres años, o hasta que vendiera trescientos, lo que sucediera primero. Esto sucedió en el pico del *boom* inmobiliario, por lo que, en lugar de que pasaran varios años para que se vendieran los trescientos condominios, al desarrollador sólo le tomó diez meses hacerlo.

Antes de entrar a este negocio, Robert y yo definimos dos estrategias de salida. En cuanto se terminaran los contratos de renta, continuaríamos rentando los condominios a otros inquilinos o, dependiendo de la situación del mercado en ese momento, los venderíamos y utilizaríamos las ganancias para invertir en un edificio de departamentos que acabábamos de comprar. Hasta ese punto, jamás habíamos visto los condominios terminados. Lo único que habíamos revisado era unos cromos. Pero como la propiedad se encontraba a sólo treinta minutos de nuestra casa, fuimos en auto hasta allá para decidir qué estrategia aplicaríamos ahora que ya no le íbamos a rentar al desarrollador.

Cuando inspeccionamos los condominios, entendimos de golpe la realidad de lo que estaba sucediendo en el mercado inmobiliario y, más específicamente, en aquel inmueble. Estando en la cocina del segundo condominio que vimos, nos miramos y, al mismo tiempo, dijimos, "¡Vamos a vender!".

¿Por qué? Porque en ese momento nos quedó claro que, si aquellos departamentitos se rentaban por entre ochocientos y mil dólares al mes, entonces el mercado estaba a punto de salirse de control. Los habían mejorado, claro, principalmente en el aspecto visual, pero ahora los ofrecían en el mercado de Scottsdale por cuatrocientos mil dólares. Tal vez no suene a una cantidad importante el día de hoy, pero en aquel tiempo era un precio inaceptable por un lugar tan pequeñito en esa ciudad. Supimos entonces que esos precios no podrían continuar durante mucho tiempo y decidimos que debíamos salirnos del negocio mientras pudiéramos. Antes de siquiera salir del segundo condominio, llamamos a nuestro buen amigo y socio inversionista, Ken McElroy, y le dijimos, "Tenemos algo de dinero que queremos invertir en un edificio de departamentos. ¿Tú en qué estás trabajando?". Ken se rió y dijo, "Me llaman en un momento perfecto porque estoy trabajando en una propiedad justamente ahora".

Seguimos nuestra estrategia de salida y vendimos los diez condominios en poco tiempo. Luego movimos las ganancias a un edificio de 288 departamentos que, hasta la fecha, continúa dándonos un sano flujo de efectivo mensual. (Para tu información, el *boom* del mercado inmobiliario se terminó dieciocho meses después.)

Todo mundo tiene un negocio

En *Padre rico, Padre pobre*, Robert escribió un capítulo que intituló, "Ocúpate de tu propio negocio". Con 'negocio', se refería a la columna de activos.

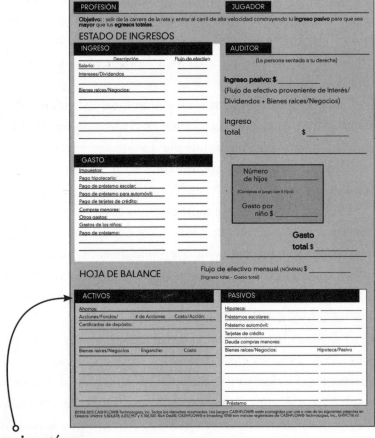

Tu negocio está en la columna de activos

Robert explicó lo siguiente respecto al estado financiero:

La columna de *Ingreso* se refiere a *cuando trabajas para alguien más* (el propietario de tu negocio).

La columna de *Gasto* se refiere a *cuando trabajas para el gobierno* porque tu mayor gasto son los impuestos.

La columna de *Pasivos* se refiere a *cuando trabajas para el banco* porque éste es el que obtiene ganancias por prestarte dinero para adquirir cosas como un BMW, o pagar la deuda de tu tarjeta de crédito o el préstamo hipotecario de tu casa.

La columna de *Activos* se refiere a *cuando haces que el dinero trabaje para ti.* La columna de activos es tu negocio porque representa el futuro.

A casi todos nos enseñaron, durante toda la vida, a fijarnos en la columna de ingresos (la que registra nuestro sueldo, salario o comisiones por horas extras trabajadas) en lugar de la columna de activos, en donde está el verdadero negocio.

Cómo pensar como empresario

A ti como a mí, seguramente, te enseñaron que la mejor manera de hacer dinero era conseguir un empleo. A mí me programaron para convertirme en empleada. En el primer trabajo que conseguí al salir de la universidad, mi jefe me corrió a los nueve meses de haber comenzado. Otras personas de la empresa se habían percatado de mi potencial y decidieron recontratarme. En esa ocasión, sólo pasaron seis meses antes de que volvieran a despedirme. No fue por falta de ambición o de cerebro, fue sólo que me costaba mucho trabajo recibir órdenes y seguir tantas reglas. Sí, mis padres habían criado a una hija con un espíritu muy independiente.

Cinco años después, cuando conocí a Robert, en nuestra primera cita me preguntó, "¿Qué quieres hacer con tu vida?". De inmediato le contesté, "¡Quiero tener mi propio negocio!". Y tres meses después, lo conseguí.

Por eso no fui empleada durante mucho tiempo. Creo que es muy claro que existe una diferencia importante entre la mentalidad de un empleado en serie y la de un empresario en serio. Para que puedas *ocuparte de tu propio negocio*, tal vez no sea necesario renunciar a tu empleo y convertirte en empresario, pero, ciertamente, tienes que aprender a pensar como tal.

Todo es cuestión de la actitud mental

Somos producto de nuestro ambiente. La gente, el contexto y los valores que nos rigen, influyen en qué tipo de personas nos convertimos y en la forma en que pensamos. La estructura mental de alguien que lleva mucho tiempo siendo empleado es muy distinta a la de un empresario totalmente dedicado a los negocios. No quiero decir que uno sea mejor que el otro o que uno esté en lo correcto y el otro esté equivocado. Es sólo que piensan de manera distinta. Éstas son algunas de las diferencias entre ellos:

El empleado
- Valora la seguridad y la garantía de obtener un cheque constante de nómina, por encima de la incertidumbre de conseguir mayor riqueza.
- Prefiere un empleo que le implique menores problemas.
- Teme, a un nivel enfermizo, cometer errores.
- Se esfuerza por obtener aumentos de sueldo y ascensos en su empleo.
- En el trabajo, considera que es más importante el tiempo que los resultados.

El empresario
- Funciona sin red de protección. Sabe que no hay garantía de un cheque de nómina, y puede trabajar durante años sin recibir sueldo.
- Resuelve problemas y, de esa manera, obtiene su pago.
- Busca nuevas respuestas y desafíos. Siempre está aprendiendo.
- Está dispuesto a cometer errores porque esa es la manera en la que aprende.
- Lo impulsan la pasión y su objetivo. Su misión es su meta.
- Sabe que lo que cuenta son los resultados, sin importar cuánto tiempo tome obtenerlos.

Cómo funciona lo anterior en el ámbito de inversiones en la vida real

El hecho de que una persona con mentalidad de empleado se involucre en el ámbito de las inversiones puede enfrentarla a dos problemas importantes si no se mantiene al pendiente de la situación. El primero es que, si valoras la seguridad por encima de todo, te verás atraído a las inversiones que los asesores financieros recomiendan porque son "seguras". Por ejemplo, certificados de depósito (CD), cuentas de ahorro, fondos de mercado de dinero y fondos mutualistas. Decir "seguras" es más o menos lo mismo que decir "conservadoras". Significa que se trata de inversiones para gente que no tiene educación financiera, para los inversionistas asustadizos que no saben qué hacer y tampoco están dispuestos a invertir su tiempo para informarse. Al inversionista que busca seguridad y estabilidad, le ofrecerán este tipo de inversiones.

El segundo problema, un rasgo destructivo de la mentalidad de empleado, es el miedo a cometer errores. Desde que estábamos en el kínder comenzaron a decirnos "¡No te equivoques!", "No te salgas de la rayita", "No corras porque te puedes caer". De hecho, en la escuela nos premiaban por no cometer errores y nos castigaban cuando lo hacíamos. No es sorprendente que, al convertirnos en adultos, se nos olvide lo que nos gustaba hacer cuando éramos niños sólo porque pasamos años siendo programados para no arriesgarnos, para tenerle miedo al fracaso. Dios nos libre de *cometer errores*.

Pero la verdad es que los errores pueden ser nuestros mejores maestros porque nosotros, los seres humanos, fuimos diseñados para aprender gracias a ellos. Buckminster Fuller señaló que: "a la mayoría de los niños se les 'acaba el genio' debido al amor y al temor que sus propios padres tienen de que lleguen a cometer errores". En el ámbito bursátil, los errores son parte del juego y son lo que te puede conducir al éxito. Ningún inversionista gana siempre, pero definitivamente, con cada nueva inversión, se puede hacer más sagaz.

Este tipo de mentalidad puede limitar el éxito del inversionista; sin embargo, la posibilidad no es exclusiva de los empleados. En realidad, no importa si eres empleado, desempleado o empresario; el asunto es que, al invertir, siempre tienes que pensar como empresario. La clave para tener éxito como inversionista, y recibir rendimientos extraordinarios, es pensar y actuar de manera distinta a los demás.

Adoptar una estructura mental más empresarial es muy sencillo. Vamos a enfocarnos sólo en tres de los rasgos del empresario:

1. Entiende tu misión y tu objetivo.

Mi amiga Kim Snider es una inversionista muy exitosa y también se dedica a la educación. Ella siempre le pregunta a sus clientes, "¿Cuál es el propósito más importante de tu dinero?".

¿Cuál es la misión que tienes para ti y para tu dinero? Si pones tu dinero a trabajar y te empiezas a ocupar de tus asuntos, ¿qué es lo que vas a lograr en la vida? En este viaje para alcanzar tus metas financieras, tienes que mantener visible tu misión y tu propósito.

2. Recuerda que lo que importa son los resultados

Puedes hablar, planear, investigar, mantenerte muy ocupada e invertir mucho tiempo, pero al final, lo que tienes que responder es *¿cuánto dinero generó mi dinero hoy?* Piensa que lo más importante en el mundo bursátil son las ganancias netas, y que, para obtener resultados, se necesita *actuar*. Así que, si todavía no has jalado el gatillo, ahora tendrás que hacerlo. Tienes que entrar al juego y arriesgar algo de dinero.

Cada vez que inviertas tienes que enfocarte en los resultados, en las ganancias netas. Nosotros tenemos un dicho en nuestra empresa: *Aquello en lo que te enfocas, crece.* Si te enfocas en los rendimientos sobre inversión, lo más probable es que éstos se incrementen con el paso del tiempo.

3. No dejes de aprender

¿Estás en busca de nuevas respuestas y desafíos? Pues te diré algo, entre más inteligente seas con tu dinero, mayores serán tus probabilidades de éxito. El aprendizaje no termina nunca porque los mercados se mantienen cambiando todo el tiempo y, para colmo, hoy en día son más volátiles que nunca. En este momento se está gestando una nueva economía que sólo el paso del tiempo irá revelando. Lo que sí resulta muy claro es que para sobrevivir en la actualidad, se requiere de nuevas ideas y actitudes, y de mayor educación.

Si sólo asumes que la antigua economía volverá a operar, o que lo que te funcionó en el pasado, también te va a servir en el futuro, entonces lo más probable es que llegues a tener problemas financieros. En cambio, si te empeñas en incrementar tu educación y en buscar respuestas novedosas, comenzarás a detectar oportunidades en donde otros sólo ven fracaso y perdición. Sólo tienes que pensar de manera diferente.

Cuando hablamos de dinero, en realidad no existe gran diferencia si eres empleada, empresaria, ama de casa o estudiante. Lo que importa es el enfoque que uses en tus negocios, en tu columna de activos, porque la columna de activos nos convierte a todas en dueñas de un negocio. Sólo nos resta comenzar a pensar como tales.

CAPÍTULO 18

LA RECETA PARA REUNIR CAPITAL

Para emprender el vuelo y encontrar
oportunidades en abundancia, se requiere...

Imagina que tienes la oportunidad de adquirir un hotel exclusivo, antiguo, en el estilo clásico, de diez habitaciones. La propiedad está siendo rematada pero hace falta algo. ¿Será el dinero para comprarlo? El concepto de conseguir Dinero de Otras Personas (OPM, por sus siglas en inglés) es el equivalente a reunir capital.

Digamos que quieres iniciar un nuevo negocio o que ya tienes uno pequeño que te gustaría agrandar. Para eso necesitas una inyección de capital que te ayude a alcanzar el siguiente nivel. Entonces, llamas a algunas personas que conoces y que podrían participar en tu negocio. ¿Pero cómo los vas a convencer de invertir en ti y en el proyecto?

Una mujer a la que conoces poco se acerca a ti y te ofrece invertir en su empresa. Se trata de un proyecto de energía eólica que ha estado en operación durante cinco años. ¿Qué es lo que necesitas saber para identificar si ese negocio es adecuado para ti?

Tanto en el caso de que alguien te invite a participar en su negocio, como en el de que tú seas quien necesite conseguir inversionistas, hay cuatro preguntas que tienes que hacer cuando te ofrecen un proyecto o, en el segundo caso, cuatro respuestas que debes tener preparadas para tus posibles inversionistas.

Sólo la gente floja utiliza su propio dinero

Hay mucha gente que, para financiar sus negocios o inversiones, sólo toma en cuenta lo que tiene en la cartera o en el banco. Yo hice lo mismo hasta que Frank, un querido amigo y mentor que ahora tiene noventa y un años, me dijo, "Kim, ¿sabes? Sólo la gente floja utiliza su propio dinero".

El comentario me confundió mucho. "No, no, no, Frank, yo trabajo muchísimo para reunir el dinero y luego lo invierto".

Él se rió y agregó, "¿No sería más inteligente y creativo usar el dinero de alguien más en lugar del tuyo?".

Me costó trabajo asimilar esa noción, pero finalmente descubrí que Frank estaba en lo correcto. Usar mis recursos para adquirir un activo era sencillo, pero persuadir a alguien más de entregarme el dinero que tanto le había costado ganar, e invertirlo en mi negocio, me obligaría a adquirir nuevas habilidades y aprender otras estrategias.

Todo mundo sabe que invertir en negocios o en bienes raíces se ha vuelto más difícil porque no es fácil encontrar a gente que te preste dinero. La gente que usualmente lo hace, ahora te exige más y más requisitos, asimismo, pide mensualidades más altas bajo condiciones más estrictas. Muchas personas e inversionistas que prestan de manera privada, ahora son más cuidadosos y tienen estándares más altos. ¿Qué puede hacer una mujer en este caso?

Es puro sentido común

Reunir capital no es un gran misterio como mucha gente quiere hacer creer a otros. Más que nada, se requiere de sentido común en el ámbito de los negocios. Dicen por ahí que la posibilidad de que una persona pueda captar recursos depende de su habilidad en ventas. Saber vender es indispensable para cualquier empresario o inversionista, porque cuando se trata de reunir capital la pregunta más frecuente es: "¿qué vendes?". Es decir, ¿qué es lo que busca el inversionista o la persona que prestará el dinero?

Existen cuatro factores importantes en lo que se refiere a la captación de recursos. Si eres capaz de mostrarle al posible inversionista, o prestamista, que tienes el control sobre estas cuatro piezas del rompecabezas, entonces vender no te costará trabajo, y estarás en condiciones de atraer más dinero del que jamás imaginaste.

La primera vez que reuní dinero para mi negocio no estaba al tanto de estas preciadas gemas, por lo que la mayor parte de mi discurso de ventas dependió del enorme entusiasmo que tenía. La "venta" fue mucho más difícil debido a que:

- No sabía qué era lo que buscaba el inversionista, y porque
- Todo dependió de mi habilidad para persuadir a la gente, y de las amistades que tenía, y no de la solidez de mi noción como empresaria.

A pesar de que fue difícil, Robert y yo pudimos reunir un cuarto de millón de dólares mediante diez inversionistas. Al final, todo mundo recuperó su dinero y, además, obtuvo un excelente retorno.

Hoy en día, sin importar si yo soy quien quiere reunir fondos o si se trata de otras personas que quieren que invierta en sus negocios, aplico una estrategia que es mucho más eficaz y produce mejores resultados.

El "deseo" general de todo inversionista

Se puede decir que la red de protección que todo inversionista que piensa colocar su dinero en un proyecto desea tener es la de recibir nutridos rendimientos. En pocas palabras, quiere un buen ROI. Si yo te doy X cantidad de dólares, ¿cuánto me devolverás? Ahí radica el deseo general de todo inversionista. Una vez que hayas entendido eso, puedes revisar los siguientes cuatro puntos. Estos puntos te servirán de respaldo a ti, y al inversionista o prestamista le brindarán la confianza de que es posible recibir un buen retorno sobre su inversión.

Nota: cuando hablo de un prestamista o inversionista, me refiero a un banco, institución de crédito, organización privada o individuo. No importa a quién te acerques para solicitar el capital, siempre debes aplicar el mismo criterio.

Música para los oídos del inversionista

Tu presentación no tiene por qué ser extensa ni compleja. Sin embargo, deberá ser adecuada para el tipo de negocio o inversión de que se trata. Un "discurso" de ventas es breve y conciso; puede transmitir la noción de que los presentadores confían en que saben bien lo que busca el inversionista, y que también están en condiciones de proveérselo.

Aquí tienes los cuatro factores fundamentales para el prestamista o inversionista. Te los presento en el orden en que debes abordarlos:

- Proyecto
- Socios
- Financiamiento
- Administración

Si eres capaz de abordar cada uno de los puntos de manera clara y segura, entonces las probabilidades de que obtengas el dinero se incrementarán.

Proyecto

¿En qué consiste el proyecto para el que el prestamista o inversionista te dé el capital? Si es para tu negocio, ¿de qué se trata? ¿Qué es lo que hace a tu negocio distinto a las otras empresas del mismo ramo? ¿Cuál es la ventaja de tu negocio que le brindará confianza al inversionista?

Si estás tratando de reunir capital para una inversión, tienes que explicar de qué se trata y qué es lo que la hace tan atractiva como para que el inversionista la elija por encima de otras propuestas.

Es muy fácil contarles a los posibles inversionistas todo lo bueno acerca de un proyecto. Pero cuando también abordas los aspectos negativos y hablas de la manera en que planeas enfrentarlos, obtienes más credibilidad. La explicación debe ser simple, concisa y realista.

Socios

¿Quiénes son los individuos clave detrás del proyecto? ¿Quién va a cerrar el trato? ¿Cuáles son los antecedentes de los socios? ¿Cuánta experiencia tienen?

Ponte en los zapatos del inversionista. Por ejemplo, ¿en cuál proyecto musical preferirías invertir, en el de Paul McCartney o en el de Mike Tyson? Si quisieras abrir una cadena de escuelas privadas de técnicas empresariales, ¿en quién confiarías más? ¿En Oprah Winfrey o en Lindsay Lohan?

No es física nuclear, es puro sentido común. ¿Qué tipo de experiencia pueden aportar los socios? Como inversionista, ¿me siento cómoda con sus conocimientos en el área?

Financiamiento

Muéstrame los números *reales*. Por supuesto, esto le resulta un poco más difícil a una compañía en ciernes porque casi todas las cifras de ganancias serán sólo proyecciones, no números registrados. En este caso, sin embargo, la experiencia previa te puede ayudar a superar los obstáculos. Muéstrale al inversionista, de la manera más precisa que puedas, cómo piensas ganar dinero con el negocio o inversión. Sé realista. A mí, como inversionista, no me interesa ver el mejor escenario. Prefiero que me muestren cifras realistas y que se incluyan los problemas y contratiempos que podrían presentarse. Todo negocio, o proyecto de inversión, tiene fallas. Fingir que el tuyo es infalible te hará lucir como una novata.

¿Cuánto dinero necesitas reunir en total? ¿De dónde va a salir? ¿Proviene de individuos, prestamistas, fondos de pensión o programas gubernamentales? ¿Cuáles fueron las condiciones para prestarte el dinero? Por ejemplo, digamos que alguien me contacta para que le preste para el enganche de un edificio de departamentos. El presentador me dice que el otro ochenta por ciento del dinero lo conseguirá por medio de una sólida institución de crédito. ¿Qué sería más atractivo para mí como inversionista? ¿Pedir prestado ochenta por ciento a una tasa de interés más baja que será refinanciada en dos años? ¿O conseguir ochenta por ciento a una tasa ligeramente más alta, que permanecerá fija durante los próximos venticinco años? La primera opción presenta más riesgo (¿Las tasas de interés serán más altas o más bajas dentro de dos años?). El panorama de la segunda opción ofrece menos sorpresas.

¿Cómo vas a usar el dinero que obtengas? ¿Cómo piensas asignar los recursos? *Te daré una pista:* si llego a escuchar que parte del dinero se utilizará para cubrir el sueldo del propietario del negocio o de la persona que ofrece la idea original del trato, entonces me cierro de inmediato. Si quieres un cheque de nómina, entonces vete a buscar un empleo.

Y por supuesto, también tendrás que responderle las siguientes dos preguntas clave al inversionista en potencia:

1. ¿En cuánto tiempo recuperaré mi inversión inicial?

2. ¿Cuáles serán los retornos sobre mi dinero?

En resumen, ¿las condiciones y la estructura de financiamiento son atractivos para el inversionista?

Administración

En los negocios hay un viejo dicho que dice, "El dinero depende del manejo". No podría estar más de acuerdo en ello; sin embargo, te será más sencillo reunir el capital si abordas los cuatro factores.

Los inversionistas quieren saber quién estará a cargo de las operaciones cotidianas. Es un dato muy importante para el éxito de cualquier nuevo proyecto. De la misma manera que lo hacemos en el caso de los socios, debemos indagar sobre el equipo de operación. ¿Cuál es el nivel de experiencia del equipo administrativo? ¿Quiénes lo conforman? ¿Cuáles son sus antecedentes? ¿Qué es lo que los hace fundamentales para el éxito del proyecto o negocio? ¿Cómo reaccionan cuando están bajo presión?

Los integrantes del equipo de administración pueden ser los mismos si vas a iniciar tu negocio o si ya lo tienes y sólo deseas expandirte. Si el equipo cuenta con la experiencia y el conocimiento necesarios para que el inversionista se sienta seguro, entonces no hay ningún problema.

La administración es fundamental en lo que se refiere a la renta de propiedades para uso comercial o residencial. Las operaciones cotidianas de un edificio de oficinas, una plaza comercial de ventas al menudeo, una casa unifamiliar o un edificio de departamentos, son lo que establecerá el buen o mal funcionamiento de la inversión.

Si ya eres, o planeas convertirte en el dueño de un inmueble para rentar, te recomiendo mucho que leas *El ABC de la administración de propiedades*, de Ken McElroy.

Cómo funcionan las cosas en la vida real

Permíteme darte un ejemplo de cómo funcionan las cosas en la vida real. Un amigo de Robert y mío nos contactó para hablar de una oportunidad de inversión. Lo conocíamos personalmente, pero jamás habíamos trabajado juntos en ningún proyecto. Tanto él como sus dos socios eran bastante respetados en el ámbito de los negocios. Esto fue lo que nos dijo acerca de los cuatro factores primordiales:

Proyecto

Ésta es la inversión. Se trata de un complejo vacacional muy conocido en Arizona. Lo construyeron en 1926 y fue el primer complejo de este tipo en Phoenix. Incluye tres campos de golf de dieciocho hoyos, de tamaño tradicional. La inversión también incluye dos campos de dieciocho hoyos de otro complejo vacacional de Arizona, el segundo que se construyó en Phoenix. Ambas propiedades le pertenecían al mismo dueño y ahora las ofrecen en remate. Estamos seguros de que podemos comprarlas por sólo veinticinco por ciento de lo que invirtió el dueño anterior.

Socios

Voy a invertir con mis dos socios. Es el 54º negocio que hacemos juntos. Aquí tienen una lista de dichos proyectos y de los resultados obtenidos. Ustedes conocen a uno de mis socios, el señor XYZ. (El señor XYZ es una celebridad de los negocios en los Estados Unidos y, junto con los otros dos caballeros, acumula reputación y antecedentes fuera de serie.) Hemos pasado los últimos tres años buscando de manera activa un proyecto importante, y creemos que esta inversión es lo que queríamos.

Financiamiento

El diez por ciento del precio de compra lo obtuvimos, como enganche, a través de sólo unos cuantos inversionistas privados. Dos fondos de pensiones van a aportar X número de dólares, y el banco que remata la propiedad va a financiar el resto. Hablando conservadoramente, ustedes pueden esperar un retorno de X por ciento sobre su inversión, y deberán haber recuperado todo su dinero en entre tres y cuatro años.

Administración

En cuanto a la administración (en ese momento, el presentador deja caer sobre la mesa una carpeta de diez centímetros de ancho que produce un ruido sordo), ésta es la compañía que va a manejar los campos de golf. Aquí tenemos una lista de los otros campos que administra. Revisamos ambas empresas de forma muy minuciosa, pero ustedes pueden realizar su propia investigación.

Ésta es la inversión. ¿Qué les parece?

Lo que nos pareció

Sólo nos tomó cinco minutos decir, "cuente con nosotros". La forma en que nuestro amigo expresó sus ideas fue maravillosa. Como se trataba de un proyecto multimillonario, él pudo haber presentado una enorme cantidad de gráficas, cifras, proyecciones y datos, o pudo pasar horas hablándonos de lo bueno que era el negocio. Pero en lugar de eso, sólo tardó diez minutos en contestar las cuatro preguntas clave y, cinco minutos después, ya teníamos un trato.

Reunir capital no tiene por qué ser una labor prolongada y desgastante. Lo que tú quieres, como solicitante y como inversionista, es que los siguientes elementos sean buenos:

1. Proyecto
2. Socios
3. Financiamiento
4. Administración

Si logras apegarte a los cuatro puntos clave y darle al inversionista o prestamista la confianza de que puedes entregar el producto que estás ofreciendo, entonces te será sencillo conseguir el dinero.

Un último consejo: *¡Más te vale cumplir lo que ofreces!*

CAPÍTULO 19.

BUENOS SOCIOS = BUENOS NEGOCIOS

Para emprender el vuelo y tener
una vida más gratificante, se requiere...

Yo tengo un dicho: "Sería muy sencillo hacer negocios, de no ser por la gente". Lo digo en broma porque, cuando cuentas con un buen socio, ya sea en negocios, inversiones, matrimonio o amistad, la vida siempre es más agradable.

Los buenos socios valen su peso en oro. Robert, por supuesto, es mi socio número uno en todo. Somos socios en los negocios, las inversiones, el matrimonio y los juegos. ¿Las cosas siempre fluyen con paz y felicidad? En absoluto. Ninguna relación es así. Si la sociedad no permite que una de las partes esté en desacuerdo, que hable con franqueza y cuestione las ideas del otro socio, entonces no es una relación de socios legítima. En una ocasión le dije a Robert, "Soy tu socia, no tu empleada".

En mi opinión, los buenos socios de negocios y de inversión deben tener los mismos valores que tú y deben ser generosos. Recuerda que el objetivo es que todos prosperen con los proyectos. Además, un socio debe ser alguien con quien te diviertas. Si no me agrada la idea de salir a cenar con alguien, ¿por qué querría hacer negocios con esa persona?

Uno de los socios de Donald Trump dijo: "No puedes hacer buenos negocios con malos socios". Y yo creo que es verdad. No importa cuán bueno sea el proyecto, si tu socio es codicioso, desconsiderado y poco solvente en el aspecto moral, entonces el negocio está destinado a fracasar. Un mal socio puede arruinar cualquier trato.

Por todo lo anterior, te reitero que contar con un buen socio es algo invaluable. Actualmente, yo tengo la fortuna de estar rodeada de socios de gran calidad.

Las dos reglas de Frank para los socios

Frank, mi mentor de noventa y un años, me enseñó dos valiosísimas lecciones respecto a cómo elegir a mis socios con sabiduría: *La regla número uno es: Nunca te asocies a una persona que necesite dinero*. Frank me explicó que si el objetivo de tu socio en potencia es conseguir dinero, entonces tomará y apoyará las decisiones que le ofrecerán la posibilidad de obtenerlo de manera inmediata, en lugar de hacer lo que sea mejor para el negocio o la inversión. Y si su principal objetivo es hacer dinero para sí mismo, entonces no existe un acuerdo desde el principio.

Según Frank: *La regla número dos es: nunca le des parte de tu patrimonio a una persona cuyos servicios puedas conseguir de otra forma en el mercado*. Digamos que tienes una casa dúplex y, debido a que tienes un trabajo de tiempo completo, dos niños y una madre anciana, decides contratar a alguien para que administre la propiedad.

Una amiga te dice, "En lugar de pagarle a una compañía externa para que lo haga, contrátame a mí a cambio del diez por ciento de las ganancias". Ahora tienes dos opciones:

1. Mantener el cien por ciento del patrimonio de la propiedad para ti sola (porque tú pusiste el cien por ciento de tu tiempo y dinero para adquirirla), y pagar una cantidad mensual por el servicio de administración del inmueble.

2. Ceder el diez por ciento del valor neto de tu dúplex, en lugar de pagar una cantidad mensual. Cuando le otorgas parte de tu patrimonio (es decir, un porcentaje sobre la propiedad) a alguien más, conviertes a esa persona en tu socio. Lo más seguro es que te esté ofreciendo sus servicios porque no tiene dinero para invertir y, en

ese caso, está violando la regla número uno de Frank. Asimismo, al ceder el diez por ciento de tu flujo de efectivo, así como el diez por ciento de la ganancia al vender, la segunda opción podría terminar saliéndote mucho más costosa a largo plazo.

Mi mayor error

En varias ocasiones me han hecho la siguiente pregunta: "¿Cuál ha sido el mayor error que has cometido al invertir?". Sé que he cometido muchos, pero, al hacer un recuento de las numerosas estupideces y tropezones en mi carrera, noté que siempre hay un rasgo en común. Los mayores errores (o aprendizajes) los cometí al no confiar en mí misma. Pudo ser el miedo o querer creer que esa historia que "sonaba demasiado bien" era verdad. Me sucedió con algunos tratos específicos de inversión y el resultado fue que perdí los negocios. También me ha pasado con los socios.

El fondo de cobertura o de protección

Hace muchos años, Robert y yo asistimos a un seminario de fin de semana sobre intercambio de acciones, en Carolina del Norte. Estando ahí conocimos a Stewart, un hombre que fundó y opera un fondo de cobertura. Un fondo de cobertura es un fondo privado de inversión que utiliza diversas estrategias para obtener ganancias durante las alzas y las caídas que se presentan en los mercados. Los fondos de cobertura no están regulados.

Pasamos tres días con Stewart discutiendo acerca de su negocio. Varios inversionistas muy avezados que conocíamos estaban participando en él, y nos hablaron sobre los increíbles retornos que habían recibido. Nos interesó tanto que hicimos un viaje especial para conocer su empresa en Florida e investigar todo al respecto.

Este hombre afirmaba haber diseñado un sistema de intercambio, único y confidencial. Según él, era el mismo sistema que le había ayudado a tener tanto éxito. Conocimos a su equipo ejecutivo, los cambistas, la secretaria y la recepcionista. Stewart acababa de remodelar y mudarse a unas oficinas muy lujosas. Ahí pude observar los altos costos de operación. Todo parecía ser tal como nos lo habían descrito.

Aquella noche, él y algunos integrantes de su equipo ejecutivo nos llevaron a cenar a un restaurante local de carnes muy exclusivo. La velada fue muy agradable pero, después de tomar varias copas de vino, Stewart y su séquito se transformaron en la gente más desagradable, grosera, machista e incómoda que he conocido. Fue como ver a Jekyll y Hyde. Los comensales que estaban sentados alrededor, literalmente se pusieron de pie y abandonaron el lugar debido a la rudeza de los comentarios y los gestos del equipo. En ese momento, yo también debí haber salido de ahí, pero no lo hice.

A la mañana siguiente, traté de justificar los sucesos de la noche anterior. Pensé que, tal vez, sólo se trataba de un comportamiento fuera de lo común. Tal vez, el hombre sólo estaba dejando salir algo de tensión acumulada. "¿De verdad puedo juzgar la forma de ser de una persona por un incidente aislado?", me pregunté.

¿Pero por qué no confié en mis instintos en ese momento? Por la codicia. Los retornos sobre sus inversiones estaban muy por encima del promedio. La gente con la que hablé, y que invertía con él, lo alababa muchísimo. Por supuesto, yo podía soslayar aquel defecto menor, si a cambio podía hacer un montón de dinero. Ése fue mi razonamiento.

Robert y yo invertimos dinero en él. Los estados financieros que recibimos nos mostraban cifras maravillosas. En el papel. Estábamos a punto de invertir más dinero en el fondo, cuando, un día, Robert trajo a casa una copia de un reconocido periódico financiero. En la primera página aparecía nuestro amigo, el Señor Fondo de Cobertura, sentado en una silla en la playa. El encabezado decía: "¿Le confiaría usted su dinero a este hombre?".

Al principio casi me dio un infarto, pero luego comencé a defender al tipo. "Seguramente se trata de un empleado resentido que quiere vengarse. Ya verás cómo todo esto es mentira".

Y sí, todo fue una mentira. Pero una mentira dicha por él. Este hombre defraudó a sus inversionistas por millones de dólares. Se gastó el dinero en una casa nueva, un yate, membresías de clubes deportivos, oficinas, etcétera. Finalmente, terminó pasando varios años en la cárcel. Es posible que los inversionistas recuperen diez por ciento de su dinero.

¿Cuál fue la lección que aprendí? Que si hubiera confiado en mis instintos, aquel día de la cena, jamás me habría asociado con Stewart. Ahí aprendí a confiar en mis instintos y en mi intuición. Debido a aquel suceso, decidí que, a partir de entonces, sólo me asociaría con personas con las que también pudiera disfrutar de una cena.

Amigos y socios

Mel Jenner, de Melbourne, Australia, también aprendió su lección gracias a una experiencia con un mal socio. Ésta es su historia.

Esto sucedió en 1988. Fue, y sigue siendo, el momento más revelador de mi vida en lo que se refiere a inversiones.

Para darte un poco de idea de los antecedentes, te diré que mi esposo y yo tenemos un negocio de fabricación en acero, en Clare Valley, Australia Meridional. Cuando entramos al negocio, no me costó trabajo involucrarme porque mi padre diseñaba y fabricaba alambiques de acero inoxidable, y construía cavas. De niña pasé mucho tiempo con él en su taller y visitando cavas. Siempre me sentí muy cómoda entre el acero, sin embargo, no tenía la menor idea de lo que significaba tener un negocio. Podría decir que, al principio, el negocio era el que nos mandaba a nosotros.

Con el tiempo, la empresa creció de forma exponencial y, para poder ponernos a la altura de la situación, tuvimos que agrandar las instalaciones. El lugar en donde trabajábamos era rentado, e incluía una enorme sección de tierra baldía. Acordamos con el dueño de la propiedad, que construiríamos otra sección para albergar un taller nuevo. El dueño también era amigo nuestro. Mandamos a redactar los documentos legales e hicimos dos avalúos de la propiedad: uno antes de construir el nuevo taller, y el otro, siete días después de que estuvo acabado. La diferencia porcentual entre ambos avalúos nos arrojó el valor de nuestra inversión, dato que nos serviría en caso de que la propiedad se pusiera a la venta. También se redactó un contrato legal que reflejaba esta información.

Tiempo después, el dueño se divorció y la propiedad se puso a la venta. Como habíamos tomado en cuenta esa posibilidad, no me preocu-

paba en lo absoluto cuál pudiera ser el resultado de la venta. Habíamos invertido treinta mil dólares para construir el cobertizo y, según los avalúos más actualizados, nuestra inversión ahora ascendía a setenta y cinco mil dólares.

Sin embargo, el dueño no pensaba pagarnos eso. Como era nuestro amigo, discutimos todo el proyecto desde el principio con él. Sabía bien que nos había costado treinta mil dólares construir, y por eso, fue lo único que ofreció darnos. Un amigo, una persona a la que conocíamos de muchos años atrás, de pronto nos mostró quién era en verdad y lo mucho que le interesaba el dinero. No le importó cuántas veces revisamos el documento, él, sencillamente, no nos iba a pagar lo justo.

Para ser honesta, debo decir que yo también mostré lo que sentía respecto al asunto económico, pero no podía creer lo que nos estaba pasando. Para empezar, me costaba trabajo entender que esa persona no quisiera cumplir su palabra; era algo que iba en contra de todo lo que me habían enseñado. Debido a que éramos amigos, también me costaba trabajo entrar en un proceso legal. En segundo lugar, sentí que él le había puesto un precio a nuestra amistad. En tercer lugar, yo sencillamente, no podía actuar. Llegó a un punto en que la venta se atascó y, a pesar de que no dejábamos de enviarnos faxes, no llegábamos a una solución. Fue un proceso muy desgastante; me pasaba todo el día tratando de reclamar lo que nos pertenecía por derecho, o que, al menos, yo creía que era nuestro. ¡Estaba totalmente obsesionada con lo correcto y lo incorrecto!

Una mañana, mientras me quejaba con mi esposo respecto a la situación, él sólo se me quedó viendo, y me dijo en voz baja "Olvídalo, Mel. En cuanto salgamos de esto vamos a poder hacer mucho más dinero". Y bueno, decir que me cayó el veinte no es suficientemente elocuente. De pronto, todas esas conversaciones que había tenido lugar en mi mente y que tanto espacio me ocupaban desaparecieron en un santiamén. El silencio se volvió ensordecedor. Entonces tomé los documentos, los firmé y se acabó el problema. En ese momento pude volver a funcionar. Fue una etapa tan terrible, ¡que ni siquiera recuerdo haber alimentado a nuestra hija en todo ese tiempo!

Hoy en día me siento muy agradecida por lo que nos hizo aquel "amigo". Las lecciones que aprendimos fueron abrumadoras; fue una experiencia que me ayudó a dejar atrás muchas de las emociones que sentía respecto al dinero. No podría decir que me abandonaron por completo, pero ahora puedo identificarlas con mayor facilidad, y hacerlas desaparecer cuando se presentan. Si llego a notar que dichas emociones se interponen en mi camino, sólo me voy a dormir y pienso en el asunto un rato. Además, también me volví más cuidadosa al elegir a mis socios de negocios. Invierto una buena cantidad de tiempo en elegirlos, y trato de ser totalmente honesta respecto a lo que implica el negocio. Es como un matrimonio. Entras a él con disposición de aprender y ser flexible, y vas haciendo a un lado los obstáculos cuando la situación se torna incómoda. Ahora también invierto más tiempo y dinero en acuerdos legales y, en caso de necesitar asesoría, siempre llamo a mis abogados. En mi equipo cuento con abogados que me apoyan en los negocios, y no trato de hacer las cosas yo sola. Con cada experiencia puedo dar un paso atrás y observar todo como si fuera un tercero. De esta forma analizo lo que aprendí. Aquella situación fue un gran jalón de orejas para seguir adelante. Ahora, en retrospectiva, pienso que fue una lección que ni siquiera fue tan costosa.

Poco tiempo después de lo que acabo de narrar, adquirimos una propiedad que incluía el taller que queríamos. El inmueble tenía varias oficinas que pudimos rentar. Y así, comencé a aprender sobre administración de inmuebles comerciales. Es muy emocionante porque me doy cuenta de que nunca dejo de aprender.

Confía en tus instintos

Mel nos habló sobre no permitir que la emoción se interponga en la toma de decisiones. Ahora te contaré una historia acerca de cómo, en una ocasión, permití que mis emociones se apoderaran de mí, ¡a pesar de que el instinto no dejaba de gritarme que estaba equivocada!

Sonó mi celular, era Robert. Yo estaba en Hawai y él en Phoenix. "Estoy aquí con Ryan, y hemos estado platicando acerca del Centro Thompson. Tenemos una idea para hacer que funcione, lo único que te pido es que abras tu mente".

"Que abras tu mente" no era una buena frase para iniciar una conversación porque, lo que en realidad me estaba diciendo Robert era: "Esta idea no te va a gustar para nada".

Ryan es un amigo y corredor. El Centro Thompson es un pequeño centro comercial con restaurantes y tiendas que venden al menudeo. Se encuentra ubicado exactamente junto a un inmueble grande que nos pertenece a Robert y a mí. Esa propiedad es uno de nuestros activos de mejor desempeño y nos brinda un flujo de dinero increíblemente sólido. Mes a mes, lleva a nuestros bolsillos una fuerte cantidad de dinero. Desde seis años atrás le teníamos el ojo puesto al centro comercial, y esperamos pacientemente el momento en que el dueño decidiera vender. Ese momento había llegado.

Cuando Robert llamó, respiré hondo y le pregunté, "¿Cuál es la idea?".

"Bien", titubeó, "para que funcione tendríamos que renunciar al flujo de efectivo de nuestra propiedad adyacente". Entonces dejé de respirar. Robert continuó hablando. "Con ese flujo de efectivo tendríamos que financiar el centro comercial". Para cuando terminó de hablar, mi instinto se había vuelto loco y el corazón me palpitaba con fuerza.

Lo único que pude decir fue, "¿Renunciar a nuestro flujo de efectivo?".

"Sabía que no te iba a gustar esa parte", contestó él. Pero sus siguientes palabras fueron como música para mis oídos. "Mira, mañana tengo que salir de viaje, ¿por qué no vienes a revisar el proyecto para ver si nos interesa o no". Después de eso, por fin pude exhalar.

Pasé las dos noches siguientes sin dormir. Los números y los distintos escenarios posibles no dejaban de darme vueltas en la cabeza. "Tiene que haber una manera de hacer que este proyecto funcione", me decía a mí misma.

Tres días después, estaba de nuevo en Phoenix para verme con Ryan y con un posible prestamista. Ellos me expusieron los detalles de la propuesta. Después de escucharlos, les repetí las condiciones que me habían presentado. "Entonces, para comprar y financiar este inmueble, tengo que renunciar al flujo de efectivo de mi propiedad, la que está junto. Ah, y además tengo que dar un enganche de tres millones de dólares. Y, ah sí, ustedes quieren poner ambas propiedades bajo un solo préstamo, incrementando en varios millones la deuda de mi propiedad. ¿Entendí bien?". Ambos asintieron.

La cabeza me daba vueltas porque, cuando se trata de mi dinero, no me agradan los riesgos. En caso de que las cosas no salgan bien, tengo tres planes de respaldo para mi propiedad. Siempre me esfuerzo bastante por mantener el riesgo *al mínimo* en mis inversiones. En este caso, incluir ambas propiedades en un solo préstamo significaba que si el centro comercial no tenía un buen desempeño en el futuro, entonces no sólo estaría arriesgándome a perder esa propiedad, también pondría en la mesa de juego nuestro activo más valioso y productivo. Era una violación a una de mis reglas fundamentales.

"El centro comercial tiene que sostenerse por sí mismo. No puede depender de nuestra propiedad para financiarse. Además, el centro debe tener un préstamo individual". Ryan y el prestamista no se veían muy contentos cuando se fueron. Para colmo, teníamos una restricción de tiempo porque yo me iba en tres días del país. Ese tipo de investigación normalmente me toma dos o tres semanas, pero iba a tener que hacerla en tres días.

Continué preguntándome, "¿Cómo podemos hacer que esto funcione?". Yo quería adquirir el inmueble porque era obvio que le añadiría valor a la propiedad que ya teníamos. La ubicación era perfecta. Sí, sentí que había un vínculo personal. Era tanta la emoción que estaba dispuesta a pagar una cantidad extra para obtener el centro. Pero también me sentía muy confundida porque tenía información y sentimientos contradictorios acerca de todo el asunto.

Finalmente, se me prendió el foco. Aclaré mi mente y comprendí que había algunas personas muy avezadas a quienes podía consultar en este asunto. Me pregunté, "¿Quién sabe más que yo sobre esto?". De inmediato surgieron dos nombres.

Primero contacté a Tom, estratega fiscal e inversionista en bienes raíces. Tom se ha desempeñado durante muchos años como nuestro socio de negocios y asesor. Le envié un correo electrónico con los detalles del negocio. Tom me llamó de inmediato. "Kim, sé que estás teniendo problemas con este proyecto", me dijo.

—¿Por qué?

—Porque no es tu tipo de trato. De hecho, va en contra de tu manera de invertir —dijo—. Estoy seguro de que quieres conseguir este centro comercial, pero, de acuerdo con los números, no te va a generar flujo de efectivo. Al contrario. Vas a tener que alimentarlo mensualmente, y eso, ya con una ocupación de cien por ciento. Estás yendo en contra de lo que sabes que funciona.

De inmediato me sentí aliviada porque me di cuenta de que mi conflicto estaba justificado.

Luego hablé por teléfono con Mel, nuestro socio de negocios en Phoenix. Mel es una de las personas que invirtió con nosotros en el complejo vacacional y los campos de golf en Arizona. Él y sus socios han construido arenas deportivas, son dueños de equipos deportivos, y han estado involucrados en todo tipo de proyectos de bienes raíces. Mel es, sin lugar a duda, una de las personas más inteligentes que conozco en lo que se refiere a adquisiciones y operaciones inmobiliarias. Le expliqué la situación y mencioné la fecha límite que tenía para tomar decisiones.

—Comamos juntos mañana —dijo.

Mel y yo pasamos tres horas inspeccionando el trato.

—Ésta es mi conclusión —me dijo—. El punto fundamental es que esta propiedad está sobrevaluada por varios millones de dólares. Si logras bajar el precio de oferta cuatro millones, entonces puedes comenzar a negociar.

Yo sabía que el vendedor no aceptaría, pero entonces, Mel dijo algo que me tomó por sorpresa, "¿Sabes, Kim? No necesitas esta propiedad".

—Lo sé —contesté—, pero creo que va a incrementar el valor de la que ya tenemos.

—¿Quién te dijo eso? —preguntó—. El tiempo y el costo necesarios para desarrollar esto tal vez sean demasiado altos. Creo que tendría mucho más sentido, en el aspecto financiero, mental y emocional, enfocarte y trabajar con el inmueble que ya tienes. Es una propiedad mucho más grande y la ubicación es excelente. En mi opinión, el centro comercial no es tan importante como para que te involucres.

¡Guau! En ningún momento consideré la posibilidad de no apropiarme de ese inmueble. Estaba tan hecha a la idea de que fuera mío, que jamás me permití pensar que no lo necesitaba.

Esa misma tarde me reuní con Ryan, el propietario del centro comercial. Discutimos varias opciones y, al final de la reunión, acordamos que no llevaríamos a cabo el negocio en ese momento. A veces tienes que saber rechazar una oferta, en particular cuando se trata de algo a lo que te sientes demasiado vinculada emocionalmente. Me sentí aliviada. No porque no iba a hacer el negocio, sino porque, en tres días, mis socios y yo logramos tomar la decisión correcta. La tomamos con la cabeza fría y, claro, fue una decisión estrictamente de negocios.

Como mencioné anteriormente, no se puede hacer un buen negocio con un mal socio. Pues bien, terminé no participando en el proyecto porque, afortunadamente, cuento con socios extraordinarios.

TERCERA PARTE

APLICA:
CÓMO JUNTAR TODOS
LOS ELEMENTOS

CAPÍTULO 20

CUATRO ACTIVOS SON MEJOR QUE UNO

*Para emprender el vuelo y convertirse
en una inversionista completa, se requiere...*

Antes que nada, debes ser honesta contigo misma. ¿Qué inversiones te interesan más? Una manera de saber que realmente te agrada algo consiste en reconocer los momentos en que pierdes la noción de lo que estás haciendo. Mi maestro de fotografía se pierde cuando modifica sus fotografías con Photoshop. Un día me dijo: "Anoche, justo antes de irme a dormir, decidí hacerle un retoque a una fotografía. Supuse que me tomaría unos quince minutos, pero cuando miré el reloj, me di cuenta de que habían pasado dos horas. Me imbuí totalmente en lo que estaba haciendo".

¿Cuándo fue la última vez que te sucedió algo así? Es un indicio de que estás en total sincronía con lo que te encanta. A mí me sucede cada vez que me pongo a analizar los números de alguna propiedad. (Sí, ya sé que es un comportamiento que raya en lo *nerd*.) Me involucro tanto con la historia, que deja de tratarse sólo de cifras, y entonces pierdo la noción del tiempo. Es algo que no me sucede cuando programo el radio de mi Range Rover. Si no puedo hacerlo en tres minutos, pierdo la paciencia y le encargo a alguien más que lo haga.

A medida que vayas adquiriendo más conocimiento acerca de los distintos activos e inversiones disponibles, encontrarás algunos que atraigan tu interés, y otros que no. Presta atención a esas disciplinas que, de manera natural, siempre quieres pasar más tiempo practicando.

En la Tercera Parte de *¡Es hora de emprender el vuelo!* Conocerás a varias mujeres increíbles y apasionadas que encontraron su nicho, y que compartirán contigo lo que realmente tuvieron que hacer para reclamar la recompensa de su libertad financiera. Habrá momentos muy entretenidos y reveladores. Estas mujeres están aprendiendo y poniendo en práctica, en una variedad importante de tipos de activos, la actitud y la filosofía de *¡Es hora de emprender el vuelo!*

Invertir es mucho más que acciones y bonos

La mayoría de los inversionistas, tal vez noventa y cinco por ciento, invierte en acciones, bonos y fondos mutualistas, todos conocidos como activos de papel. Casi todas las revistas financieras importantes se enfocan en dichos activos porque sus anunciantes también están vinculados a los activos. Se trata de compañías como Merrill Lynch, eTrade y Prudential.

Los programas financieros de televisión también giran alrededor del mercado de valores. Varios de ellos tienen una cinta informativa que se mantiene corriendo en la pantalla para anunciar los precios de la bolsa. Incluso en los programas matutinos más importantes como *TODAY, Good Morning America* y *The Early Show*, mencionan en sus reportes noticiosos lo que sucede en la bolsa de valores.

El otro día realicé una búsqueda en Internet utilizando las palabras "tipos de inversiones". En la primera página de mi búsqueda aparecieron los siguientes comentarios de distintos sitios:

- *En general, existen tres tipos distintos de inversiones. Éstos incluyen acciones, bonos y efectivo.* (Aquí, *efectivo* se refiere a fondos de mercado de dinero o a los certificados de depósito.)
- *Es importante entender tus opciones. Existen tres tipos de inversiones: acciones, bonos y equivalentes a efectivo. Adquiriendo fondos mutua-*

listas, puedes invertir en cualquiera de ellos o en los tres, de manera directa o indirecta. Tal vez también te interese abrir una cuenta individual de retiro (IRA, por sus siglas en inglés) o una anualidad. Ambos instrumentos ofrecen ahorros debido a los impuestos diferidos.
• *Implicaciones fiscales de los distintos tipos de inversión.*

El sitio enlista seis tipos de inversiones: acciones, *split* de acciones, opciones de acciones para empleados, fondos mutualistas, bonos e inversión intradía (*day-trading*) de acciones y valores.
• *Inversión 101–Tipos de inversiones*
  Existen muchas maneras de invertir tu dinero. Para decidir qué vehículo de inversión te conviene más, necesitas conocer sus características.
  A continuación, se presentan una lista de las cuatro inversiones disponibles:
  1. Acciones
  2. Bonos
  3. Fondos mutualistas
  4. Inversiones alternativas: opciones de acciones, acciones de futuros, FOREX (intercambio de divisas), oro, bienes raíces, etcétera.

Después de las acciones, los bonos y los fondos mutualistas, todo lo empiezan a agrupar en una pila de "inversiones alternativas". Esto es lo que dicen acerca de éstas: "Existen muchos vehículos alternativos que representan los tipos de valores y estrategias de inversión más complicados. La buena noticia es que probablemente no necesites preocuparte por este tipo de vehículos cuando comiences a invertir. Por lo general, se trata de valores de alto riesgo/altos beneficios, que son mucho más especulativos que las acciones y los bonos ordinarios".

¡Y eso fue sólo en una página de mi investigación!

Hay muchos otros tipos de inversiones, además de acciones, bonos, fondos mutualistas, cuentas de mercado de dinero y certificados de depósito. De hecho, incluso argumentaría que, para empezar, los fondos mutualistas, el mercado de dinero y los certificados de depósito, ni siquiera son inversiones. Son planes de ahorro, por cierto, no muy recomendables.

Me encantó el sitio en el que se afirmaba lo siguiente sobre las inversiones alternativas: "Existen muchos vehículos alternativos que representan los tipos de valores y estrategias de inversión más complicados". Básicamente te están diciendo, "Ni siquiera te preocupes porque no les vas a entender". Pero como ya te habrás dado cuenta después de leer todas las historias anteriores, hay muchas mujeres que *sí entienden*. En esta sección de *¡Es hora de emprender el vuelo!*, vas a conocer varias más.

Yo no tengo nada en contra de los activos de papel. De hecho, tengo una amiga que ha hecho mucho dinero con este tipo de activos, incluyendo activos de papel que generan flujo de efectivo. Mi problema es con los "expertos" financieros que hacen que la gente crea que acciones, bonos y fondos mutualistas son la única manera de invertir de manera segura, y que todo lo demás es demasiado riesgoso. Como hay muchas personas que no tienen inteligencia financiera les creen a los "expertos" y dejan de pensar por sí mismas.

Cómo diversificarse en varios tipos de activos

Ya hablamos sobre cómo mantenerse fiel a una misma y descubrir qué es lo que te interesa. Si algo no te atrae, lo más seguro es que no le prestes mucha atención. Lo mismo sucede con los activos para invertir. Es esencial que elijas el activo que mejor refleje tu personalidad, tus valores y tu estilo de vida. Todos los tipos de activos tienen ventajas y desventajas; asimismo, algunos exigen más esfuerzo que otros. Cuando un "experto" dice que algo es riesgoso o complicado, en realidad quiere decir que esa inversión exige que tengas educación y que estés atenta. También puede significar que el "experto" tampoco sea muy experimentado y, por lo tanto, dicha inversión le resulta riesgosa y complicada. Por lo general, los "expertos" sólo asumen que la gente busca la opción más rápida y sencilla, lo cual es cierto en muchos casos. Ésa es la razón por la que noventa y cinco por ciento de los inversionistas se inclina por los activos de papel: porque son los más fáciles de adquirir y vender.

El término "diversificación" se repite una y otra vez. "Asegúrate de diversificar tu portafolio", aconsejan los asesores financieros. Pero la pregunta es, ¿cómo definen "diversificación"? Para ellos, diversificación significa invertir en varios sectores de acciones, como acciones de gran capitalización, de pequeña capitalización, capitalización mixta, *blue chip*, alta tecnología o energías alternativas.

Para estar diversificado de verdad, se necesita invertir en todo tipo de activos, no sólo los de papel. Yo comencé a invertir en bienes raíces para rentar. Actualmente, Robert y yo invertimos en todo tipo de activos. Cada tipo de activo reacciona de manera distinta a los mercados y cada activo, a su vez, también puede comportarse de manera distinta. Poner todo tu dinero en la canasta de los activos de papel podría no brindarte la recompensa y seguridad financieras que deseas.

A continuación se presentan los cuatro tipos *principales* de activos. No obstante, hay muchos más en los que puedes invertir.

Negocios
Puedes invertir en tu propio negocio. Lo puedes hacer con tu propio dinero, con capital captado a través de otras personas, o con un préstamo que le hayas solicitado a quien normalmente le pides dinero. No importa de dónde provenga, el propósito de los recursos invertidos siempre es trabajar y generar retornos para ti, para el negocio y para los inversionistas o el prestamista.

También puedes elegir invertir en el negocio privado o la compañía de alguien más. Puede ser que conozcas el proyecto y a los propietarios, pero también puede suceder el caso contrario. Si es así, asegúrate de hacer lo que corresponde, es decir, haz la tarea, investiga y analiza:
• El proyecto (el negocio en sí mismo).
• Los socios.
• El financiamiento.
• El equipo de negocio y de administración.

Mi amiga Emilie invirtió recientemente en un negocio privado que manufactura y distribuye mercancía con licencia para mujeres. Emilie nos comparte las razones por las que invirtió en esa compañía, y los resultados que obtuvo.

Decidí invertir en esta empresa por varias razones.

En primer lugar, creí en el proyecto y en el producto, y estaba dispuesta a escudriñar sus finanzas. Contraté a un entrenador/asesor. Era un empresario que construyó y vendió un exitoso negocio de tecnología, que también se desempeñaba como contador público. Él trabajó conmigo a través de sesiones de Skype que tuvimos durante tres meses. Juntos revisamos a fondo el plan de negocios y discutimos para responder las preguntas que nos permitirían reconocer cuál sería mi riesgo al participar. Cuando entendí la situación, decidí aventurarme. Aprendí que el riesgo va más allá del aspecto financiero porque también puede involucrar tu salud, tus relaciones y tu visión general de la vida.

En segundo lugar, invertí porque creí que podía hacer una diferencia. Tengo experiencia industrial en un amplio espectro de negocios y, obedeciendo a los resultados del análisis de mi índice Kolbe, siempre me presiono hasta llegar a los límites de la producción. Después de invertir capital y trabajar un año y medio en la mañana, la tarde y los fines de semana, tuve que renunciar a mi puesto como jefa de operaciones porque así me lo solicitó mi socia. Me pidió que renunciara porque me negué a presentar registros fiscales personales que, según entendí, servirían como una garantía financiera adicional para la renta de una bodega en el pueblo en donde ella vivía.

En ese momento, ya teníamos un atraso en los pagos de un servicio de almacenaje y distribución en California. Según mi socia, negarme a presentar los registros le hizo creer a los nuevos inversionistas que yo "no estaba comprometida" con el negocio. (Al principio, cuando me acababa de involucrar y mi participación era minoritaria, tontamente firmé una fianza personal para la solicitud de un préstamo que nos otorgó la Administración de Pequeñas Empresas. Estaba decidida a no volver a cometer el mismo error.)

En tercer lugar, invertí porque tenía mucha experiencia trabajando con la fundadora del negocio. En aquel tiempo, la dinámica y el equilibrio eran muy positivos. Mi error al usar este dato como criterio fue que, a pesar de que el desempeño había sido bueno mientras estuvimos trabajando en una corporación en ciernes pero próspera, yo no estaba preparada para la forma en que esta socia actuaría al estar bajo la presión de dificultades financieras personales. Tampoco me esperaba lo que considero una terrible falla de carácter en lo que se refiere a enfrentar la verdad acerca de los problemas económicos. A mí no me educaron para creer que "todo iba a estar bien". Cada vez que escuchaba esta frase, pero veía que no se estaban llevando a cabo las acciones necesarias para respaldarla, enfurecía, por decirlo de una manera amable.

La cuarta razón por la que participé fue que uno de los principales inversionistas de la nueva compañía era una autoridad a nivel mundial en un negocio similar. El inversionista había sido el director ejecutivo de una compañía valuada en miles de millones de dólares que él mismo ayudó a construir. Actualmente, desempeña un papel importante en la junta directiva. Mi confianza en el futuro de la compañía se basa en la asesoría que esta persona ofrece.

Recuperé mi vida y todavía soy socia de la compañía (lo cual me parece que será importante en el caso de que los inversionistas adecuados se comenzaran a hacer cargo de decisiones fundamentales). Mi intención nunca fue conseguirme un trabajo de tiempo completo, así que ahora puedo seguir avanzando con nuevas ideas para invertir. Me respaldan los errores que he cometido y el apoyo que me brindan mis amigos y mi familia.

Bienes raíces

Existen dos razones para invertir en bienes raíces: para conseguir flujo de efectivo de las propiedades que rentes, y para obtener ganancias de capital al comprar y vender inmuebles (especulación). Yo invierto en bienes raíces, principalmente, porque el flujo de efectivo coincide con mi estrategia para mantener mi independencia financiera, pero tú debes decidir qué es lo que más te conviene.

Existe todo tipo de inversiones en este rubro: casas unifamiliares, casas dúplex, tríplex, edificios de departamentos, edificios de oficinas, plazas pequeñas, centros comerciales; y propiedades industriales como bodegas, hoteles y parques para casas rodantes.

Uno de los mayores beneficios del mercado inmobiliario, es el concepto del apalancamiento. Apalancamiento es la habilidad de usar OPM

(Dinero de Otras Personas) para adquirir el activo. Cuando se dice que una propiedad está altamente apalancada, significa que hay una mayor cantidad de deuda involucrada, que patrimonio. (El patrimonio se calcula utilizando el valor actual de mercado, menos la deuda.) Una propiedad que tiene una deuda de noventa por ciento; es decir, que los propietarios y los inversionistas pusieron sólo diez por ciento, está más apalancada que una propiedad para la que se pidió prestado setenta por ciento, y el otro treinta lo pusieron los inversionistas. Entre mayor sea la deuda de la propiedad, menor será el flujo de efectivo. Y claro, mientras menor sea la deuda, mayor será el flujo.

Ahora conocerás historias de mujeres que invirtieron en bienes raíces con poco o casi nada de dinero. Si puedes adquirir tu propia casa, el lugar en donde vivirás, entonces definitivamente también puedes comprar propiedades para invertir.

Activos de papel

Los activos de papel incluyen vehículos como acciones, bonos, fondos mutualistas y cuentas de retiro. Puedes invertir en opciones, futuros de acciones y divisas. Los activos de papel también incluyen a los REIT (Fideicomiso de Inversiones en Bienes Raíces, específicamente para invertir en el mercado inmobiliario); y los ETF (Acciones Indexadas o Sectoriales). Existen muchísimos activos en papel en los que podrías invertir.

Por lo general, este tipo de activos sirve para obtener ganancias de capital, sin embargo, los dividendos de acciones pagan impuestos como si fueran flujo de efectivo.

Commodities

Las *commodities* son, básicamente, insumos o materias primas. En ellas se incluyen metales como oro, plata y cobre; alimentos como granos, maíz, café y azúcar; y materiales crudos como petróleo, gas y algodón.

El precio de las *commodities* lo rigen la oferta y la demanda. Si un año el maíz alcanza niveles récord, entonces los precios bajan porque la oferta es mucha. Por lo contrario, si hay escasez de maíz debido a una sequía o a condiciones ambientales desfavorables, entonces el precio se incrementa.

Las *commodities*, como oro y plata, las puedes adquirir con algún proveedor local de metales preciosos. También puedes adquirir lo que se conoce como contratos de futuros de alguno de estos materiales, a través de los intercambios de futuros.

Por lo general, las *commodities* son un activo para obtener ganancias (o pérdidas) de capital.

Otros activos

En realidad puedes invertir en cualquier cosa que puedas imaginar. Ha habido gente que ha invertido en lo que se le ha venido a la mente estando en habitaciones de hotel, prisiones, estacionamientos públicos y privados, molinos de vientos, zoológicos, e incluso en baños públicos. Si puedes soñar con algo, lo más probable es que también puedas invertir en ello.

Kristi Adams, de Santa María, California, comenzó con absolutamente nada y terminó invirtiendo en los cuatro tipos principales de activos. Ella es una inversionista verdaderamente diversificada con una historia muy inspiradora.

Crecí en un hogar muy modesto y yo misma tuve que pagar mis estudios universitarios. Justamente antes de graduarme, mi papá me hizo sentarme con él para darme el típico discurso de "¿Qué piensas hacer con tu vida?". Le dije que iba a solicitar un lugar en la Fuerza Aérea de los Estados Unidos. Le pareció lógico porque, tanto él como su padre, eran jubilados del Cuerpo Aéreo del Ejército, predecesor de la Fuerza Aérea. Después de algunas horas, me anunció, en su maravilloso acento sureño, lo siguiente, "Muchachita, ¿sabes? Estuve pensando en el asunto, y creo que hay dos lugares en donde siempre están contratando gente: en el circo y en el ejército. Supongo que esto es mucho mejor que el circo". Elegí ese camino debido a la seguridad que me ofrecía un cheque de nómina del ejército, los servicios de salud y la pensión para el retiro. Mi familia me apoyó porque todos estaban contentos de que hubiera conseguido un trabajo seguro y bien remunerado. Mi plan original era trabajar veinte años y comenzar a cobrar mi pensión a los cuarenta y tres. No suena mal ¿verdad? Pero no te adelantes...

Estuve en la Fuerza Aérea menos de dos años antes de sufrir la primera ronda de lo que ahí se conoce como "recorte" o "reestructuración de la fuerza". Este sistema implica organizar al personal de mayor a menor jerarquía, y luego, recortar un porcentaje de la parte inferior. A pesar de que sobreviví esa ronda de recortes, enterarme de esa posibilidad me sirvió como llamada de atención.

Alcanzar la libertad financiera es un proceso tal vez como lo sería el de bajar diez kilos. Uno no decide que quiere bajar de peso y luego despierta al día siguiente con un cuerpo escultural. Tienes que trabajar para lograr el objetivo. Por eso yo siempre quiero que el proceso inicie lo antes posible.

Lo primero que hice para echar a andar mi proyecto fue comprar un cuaderno de dos dólares al que le puse una etiqueta que decía, "Mi cuaderno de metas". Escribí un plan de un año. Fue algo muy pormenorizado y no incluía frases vacías como "Quiero ser rica". Fui muy específica al escribir los objetivos.

Algunas de mis primeras metas fueron tener, por lo menos, una onza de oro, aprender cómo comprar una propiedad, y establecer una sociedad de responsabilidad limitada (S. de R. L., o LLC, por sus siglas en inglés). También calculé cuánto tiempo me tomaría alcanzar la libertad financiera y tener logros importantes (el cálculo me arrojó doce años). Por ejemplo, para cuando llegara a la marca de veinticinco por ciento de los tres años, calculé que, por lo menos, el venticinco por ciento del dinero que ganara, provendría de ingreso pasivo.

Sin lugar a duda, lo más importante es que ¡EMPECÉ A ACTUAR incluso cuando apenas estaba todavía leyendo respecto al tema! Compré una onza de oro y doce de plata. En ese momento me convertí en inversionista y entré al juego de lleno.

Luego, le dije a cuanta persona quiso escucharme que iba a adquirir bienes raíces que me produjeran flujo de efectivo. Debido a eso, todos los días alguien me preguntaba si ya había comprado algo. Les comenté mis planes a otros porque sentí que eso me motivaría y me quitaría el miedo. Ya sabes, siempre está ahí esa voz que te grita, "¿QUÉ estás haciendo? ¡No eres suficientemente hábil para lograr esto! ¡Sal de ahí mientras puedas! ¡Huye a las montañas!". Sin embargo, el hecho de actuar te ayuda a acallar esa voz.

De manera simultánea también tomé un curso de contabilidad para aprender a leer y a escribir estados financieros. La gente se burlaba de mí y me preguntaba, "¿Y quién te crees que eres? ¿Donald Trump?".

Mi respuesta era, "No, pero lo voy a ser".

Mi teoría era que, si invertía de manera inteligente en algunos de los principales tipos de activos, dependería de que los mercados se fueran a la alza, la baja, o incluso, hacia los lados. Sin embargo, era improbable que todos los mercados se cayeran al mismo tiempo.

Invertí en bienes raíces, metales preciosos y acciones muy específicas de una compañía a la que investigué a profundidad. No arriesgué más dinero del que podía darme el lujo de perder. Me posicioné muy bien en cada una de las categorías por lo que, cuando el mercado comenzó a moverse, tenía varios activos que se movían con él. El mercado inmobiliario se desplomó. La gente necesitaba un lugar para vivir y, ¿qué tenía yo? Inmuebles residenciales Clase C. Cuando empezó la confusión en Medio Oriente, mis acciones de Exxon Mobil se dispararon hasta el cielo. En sus reuniones con Jeffrey Immelt, Director Ejecutivo de General Electric, el presidente Obama señaló la innovación y la competitividad global. Cuando mis acciones de GE duplicaron su valor, comprendí que lo que dice el jingle de sus anuncios, es verdad: ¡Cosas buenas para la vida!

En ese momento supe que si continuaba invirtiendo el tiempo suficiente, llegaría un momento en el que podría salirme del ejército porque ya no necesitaría el plan de retiro que ellos ofrecen. Tiempo después, la Fuerza Aérea ofreció un paquete voluntario de separación para invitar a más empleados a renunciar antes de que se realizara otro corte forzoso. Yo acepté y, con el dinero que me dieron, compré plata.

Sé que, debido a la inflación, la plata incrementa su valor de compra y con ella se puede, de manera bastante inmediata, adquirir bienes raíces que provean flujo de efectivo. No obstante, si la locura que muchos predicen que se desatará en 2012 llega a suceder y el dólar se colapsa, yo estaré en una buena situación para sobrevivir e incluso prosperar.

Mi fórmula es:

Educación financiera + Valor + Acciones = ¡RESULTADOS!

Primero aplico esta fórmula en un tipo de activo, y luego la replico en otro tipo. Lo seguiré haciendo hasta que llegue a ser tan adinerada como quiero.

CAPÍTULO 21.

DE UN BUEN NEGOCIO A UN NEGOCIO GRANDIOSO

Para emprender el vuelo e ir de lo simplemente bueno
a lo espectacular, se requiere...

A los inversionistas les agrada mucho el término "alza potencial", pero ¿qué significa? Es la posibilidad de que aumente el valor de un activo. El alza es lo que hace que un prospecto de inversión resulte interesante. El alza potencial es la oportunidad de que el ingreso o el valor de una inversión se incrementen de manera significativa en el futuro. Los mayores retornos y ganancias se generan precisamente en el alza.

El alza potencial de un edificio de departamentos mal administrado se podría incrementar con tan sólo sustituir a los inquilinos que no pagan, por inquilinos más confiables. En el caso de las acciones de una compañía farmacéutica, el alza potencial podría ser el anuncio de una gran innovación médica. El alza potencial del oro se puede sustentar con el hecho de que el gobierno continúa imprimiendo papel moneda y, de manera contraria, la posibilidad de baja se presentaría en cuanto el gobierno dejara de hacerlo, pero eso es algo que tal vez no suceda pronto. Robert y yo invertimos en una compañía de energía solar porque cuenta con tecnología de punta que puede servir para minimizar el tamaño de los molestos paneles solares. Creo que eso representa una enorme alza potencial. ¡Por desgracia, hay otras dos empresas privadas que ya están trabajando en la misma tecnología!

Encontrar una inversión con desempeño sólido es genial, pero encontrar una inversión en la que detectes la posibilidad de que el valor se incremente gracias a su alza potencial es lo que de verdad hace que fluya la adrenalina.

La que resuelva el problema, gana

A menudo, el alza potencial radica en la resolución de problemas. Piensa en los grandes empresarios. La mayoría comenzó su negocio porque se topó con un problema en la vida, y decidió encontrar la solución. Las madres son un gran ejemplo de lo anterior. Recientemente, escuché acerca de la mamá de un niño de dos años que quería darle a su hijo agua de las botellitas que venden en las tiendas. El problema era que al pequeño se le dificultaba sostener el recipiente. Siempre terminaba tirándose el agua en la ropa. La mujer inventó una tapa, como las de las "tacitas entrenadoras", que se puede enroscar en todas las botellas de agua. Al principio, la fabricó sólo para su hijo, pero otras madres la vieron y le pidieron una. En menos de lo que te imaginas, la mujer entró al mundo de los negocios, y todo, sólo porque supo resolver un problema sencillo.

Steve Jobs resolvió el problema de que las personas no tenían acceso a computadoras personales. Henry Ford hizo que el transporte personal estuviera disponible para las masas. Anita Roddick resolvió el problema de las sustancias químicas en los productos de belleza y lanzó internacionalmente su negocio, Body Shop, el cual ofrece lociones y limpiadores naturales. Mary Kay Ash fue una de las primeras mujeres en ofrecerles a las mujeres de todo el mundo la posibilidad de tener su propio negocio por medio de los cosméticos Mary Kay.

Sucede lo mismo con las inversiones. La mujer que pueda encontrar una inversión que tenga algún problema, y logre resolverlo, será la ganadora. Muchos inversionistas se echan para atrás cuando se les presentan inversiones problemáticas, sin embargo, las ganancias, por lo general, radican justamente en la posibilidad de sortear los obstáculos. Tan sólo fíjate en nuestra situación económica actual: hay problemas por montones, y siguen surgiendo más. ¿Qué pasaría si pudieras invertir en la primera empresa que fuera capaz de encontrar alternativas al petróleo y al gas natural? ¿Qué tal si alguien creara una solución viable y posible para producir viviendas en países en vías de desarrollo? ¿Qué sucedería si fueras la primera en inventar deliciosas trufas de chocolate con cero calorías? ¿Crees que los inversionistas harían fila para participar en el negocio?

Cómo detectar el alza potencial

Los dueños de propiedades para renta desean darles a sus inquilinos lo que les piden. Para tener éxito en cualquier negocio, es crucial investigar lo que quiere el cliente, y proveérselo. La mayor preocupación de la gente que renta es la seguridad. Todo mundo quiere vivir en un lugar que le haga sentir protegido. Los propietarios y administradores ofrecen seguridad con puertas especiales y buena iluminación nocturna en toda la propiedad. Hay estudios que demuestran que podar los arbustos que se encuentran frente a puertas y ventanas, así como en lugares en donde se pueden ocultar los ladrones, genera un ambiente más seguro. Como puedes ver, la seguridad es un factor muy importante en la industria de la renta de viviendas.

No obstante, los estudios también demuestran, por primera vez, que la seguridad ha pasado al segundo lugar de importancia para los inquilinos. Hoy en día, lo que más les interesa a los residentes de un edificio es que los departamentos cuenten con lavadoras y secadoras. Tal vez esto se deriva de la seguridad, o falta de la misma, que la gente percibe en las lavanderías comunitarias. O tal vez a la gente sólo le agrada lo conveniente que es no tener que ir, una y otra vez, a la lavandería. Sea cual fuere la razón, los inquilinos prefieren los departamentos que están equipados con centros de lavado.

Robert, nuestros socios de inversión, Ken McElroy y Ross McCallister, y yo, descubrimos que podemos incrementar el alza potencial de varios de los edificios de departamentos que tenemos, con tan sólo incluir centros de lavado. Por supuesto que hay un costo inmediato, pero la ventaja es que el ingreso neto de operación (es decir, el ingreso bruto menos gastos, NOI, por sus siglas en inglés) se incrementa. Resulta indispensable recordar que el valor de una propiedad para renta, se deriva del NOI. Entre mayor es el NOI, más valioso es el inmueble. Cada vez que aumentas los ingresos de una propiedad, también se incrementa el valor total de la misma. La sencilla tarea de instalar centros de lavado, nos permite cobrar renta adicional. Tal vez sólo sean cincuenta dólares por departamento, pero si tienes doscientos de ellos, el ingreso se incrementa en diez mil dólares al mes, o ciento veinte mil dólares al año. Si tuvieras un edificio de diez departamentos, un incremento de cincuenta dólares por unidad aumentaría tus ingresos en quinientos dólares al mes o seis mil al año. Y recuerda que, dar ese paso, también incrementa el valor de tu inmueble.

Fuentes adicionales de ingresos

Mel y sus dos socios adquirieron un centro vacacional histórico en Arizona. Los tres individuos son expertos en detectar y desarrollar el alza potencial de una inversión. En algún tiempo, Mel y sus socios fueron dueños de importantes equipos deportivos en Arizona, y desarrollaron arenas deportivas y otro tipo de propiedades estratégicas. Debido a que el centro vacacional quebró, los dueños soslayaron muchas reparaciones necesarias. Asimismo, se tendrían que realizar muchos trabajos para restaurar la elegancia original del lugar.

Robert y yo asistimos a la gran reinauguración del centro después de que le hicieron un intenso trabajo de remodelación. Mel nos dio un paseo por el lugar y nos explicó su estrategia y su proceso mental para incrementar el alza potencial del inmueble. Una de las decisiones más importantes que tomaron fue la de escudriñar el centro, metro por metro, y preguntarse, "¿En dónde se encuentran las oportunidades de generar ingresos?". Por ejemplo, cerca de la "biblioteca" había una zona de descanso muy acogedora. El área no ofrecía ganancias si sólo se usaba para que la gente se sentara, pero si se transformaba en un comedor íntimo, independiente del restaurante, podía recibir a doce comensales dos veces por noche. Eso le permitiría al centro vacacional recibir ingresos. Mel y sus socios usaron el mismo enfoque en toda la propiedad, incluyendo el parque acuático que se acababa de construir, y en donde era posible rentar cabañitas con televisión, servicio en la habitación y servicio de masajes, o enviar a los niños a acampar durante el día o a tomar algo en la nueva barra con servicio de heladería. Cada metro, cada espacio vacío, se convirtió en una fuente en potencia para generar ingresos adicionales.

Claudia Schmidt también tiene una sorprendente historia que contarnos. Ella empezó con una pequeña propiedad y, además de resolver sus propios problemas, logró crear una oportunidad increíble para sí misma.

Me mudé de Canadá a México cuando tenía veinte años. No sólo aprendí español (que era mi meta original), también conocí a mi maravilloso esposo. Y juntos, nos embarcamos en esta travesía.

El gobierno le otorgó un pequeño terreno a mi esposo, con la condición de que construyera algo ahí en cierto lapso. De lo contrario, tendría que devolver el terreno. Por supuesto, comenzamos a construir.

No ganábamos mucho dinero, por lo que, todos los días, después de trabajar, comenzamos a cavar nosotros mismos con palas y picos. Pasaron cuatro años en los que no dejamos de trabajar en la construcción. Lo hacíamos poco a poco, día a día. Finalmente, después de cinco años, terminamos y comenzamos a rentar los tres pisos de la casa.

Para encontrar inquilinos me enfoqué en gente de México, Estados Unidos y Canadá. Por supuesto, estas personas hablan tres idiomas diferentes: español, inglés y francés. La mayoría de los sitios de internet sólo ofrecen uno o dos idiomas, por lo que me resultó muy desgastante y frustrante tratar de encontrar una página que mostrara la información en tres idiomas, y que, además, fuera económica.

Incluso la gente que conocía la ciudad de Quebec, se quejaba de que no había suficientes sitios en francés en los que pudieran buscar propiedades para rentar en vacaciones, en México.

Como me encanta el Internet, se me ocurrió la idea de construir mi propio sitio. Me serviría para ayudarme a mí y a otros a anunciar propiedades. Finalmente decidí nombrarlo "RentingInternational.com" para que cualquier persona, en cualquier lugar, pudiera incluir los datos de sus ofertas. El sitio era gratuito y estaba en varios idiomas.

Al principio pensé que sólo sería para anunciar inmuebles, pero un día recibí un correo electrónico de una compañía que quería saber si podían anunciar automóviles para rentar. Entonces, se me prendió el foco otra vez. Pensé que "RentingInternational.com" podría referirse a cualquier tipo de renta, así que decidí crear categorías para incluir más artículos: automóviles, bienes raíces, botes, aviones, herramientas y mucho más.

Luego recibí más correos electrónicos de gente y de compañías solicitando vender artículos en mi sitio. Entonces comprendí que había una tremenda oportunidad de ventas entre compañías, en la que los proveedores o fabricantes podían ofrecer sus productos a empresas que los rentaran a los particulares. Pensé que sería excelente añadir esta nueva línea a mi sitio para ayudar a cerrar la cadena de suministro.

Así pues, de la misma forma en que construimos la casa poco a poco, empecé a armar RentingInternational.com. los fines de semana y todos los días después de trabajar. Ya pasaron seis años de que empecé. En ese tiempo mi mayor error fue contratar desarrolladores que no tenían experiencia y que, por lo tanto, cobraban poco. La mala elección me salió muy cara porque tuve que reconstruir el sitio tres veces.

El alza potencial en ese caso fue que, debido a que tuve que involucrarme tanto en el desarrollo del negocio, mi conocimiento y mi pasión crecieron. Aprendí tanto que terminé haciendo una carrera en ese ramo.

Nuestro siguiente objetivo es ahorrar para comprar una casa en Canadá y continuar expandiendo nuestro portafolio inmobiliario y usar las rentas para alcanzar la libertad financiera. También continuaremos haciendo crecer el sitio RentingInternational.com para apoyar a otros propietarios y empresarios a lograr sus metas financieras.

Explora tu creatividad

En realidad, invertir es un proceso muy creativo. En él, tienes que ver las cosas desde una perspectiva distinta a la tradicional, y eso implica pensar con el lado derecho del cerebro. Para encontrar formas de crear el alza potencial de una propiedad o negocio, se requiere de ingenuidad. Es un fenómeno muy curioso porque, al examinar los problemas de una inversión en potencia, tienes que tomar en cuenta todas las soluciones posibles sin importar cuán locas parezcan ser. Imagina que no tienes nada que perder. Si al final no llegas a dos o más soluciones para el problema, ¿adivina qué? Entonces no tienes que hacer la inversión. Este proceso también te fuerza a explorar nuevas respuestas y a conocer a expertos que tal vez antes nunca imaginaste que contactarías.

Deja de pensar cuadrado

Donald Trump nos invitó, a Robert y a mí, a visitarlo en su campo de golf de Los Ángeles, que se llama Trump National Golf Club. El señor Trump nos dio personalmente una visita guiada a través del complejo junto al mar. Luego se detuvo frente al salón principal de eventos, y dijo, "Les voy a contar una historia". Algunas de las lecciones más importantes que he aprendido de Donald Trump y de otros inversionistas y reconocidos hombres de negocios, las he recibido a través de sus anécdotas.

En este caso, todo comenzó con un contratiempo: el salón principal de eventos del Trump National, tenía un cupo máximo de ciento cincuenta personas sentadas. Por lo anterior, a la administración le era imposible competir con otros salones cuando recibían solicitudes para eventos con una mayor cantidad de personas. La gente de Trump National comenzó a buscar una solución. Lo más obvio era que se añadiera una sección al salón. Entonces comenzaron a recibir presupuestos. Cuando terminaron de hacer cuentas, descubrieron que el costo total de la construcción del anexo, más las sillas y mesas adicionales, era de tres millones de dólares. Además, tomaría entre seis y nueve meses llevar a cabo completar el proyecto. Tres millones de dólares y nueve meses es demasiado dinero y tiempo.

Una tarde, Donald estaba caminando y pasó por afuera del salón. Se detuvo un instante para observar la celebración que se llevaba a cabo adentro y pensó en el problema de cómo expandir el salón para que cupiera más gente. Entonces notó que una mujer mayor tenía dificultades para levantarse de su silla. Las sillas del salón eran muy hermosas, pero también voluminosas y pesadas. Era difícil moverlas. Entonces se le ocurrió una idea a Donald. En lugar de construir un anexo, ¿por qué no mejor conseguir sillas más pequeñas?

Al día siguiente, su equipo comenzó a trabajar en esa idea. ¿El resultado final? Encontraron sillas más pequeñas y atractivas, con las que pudieron incrementar el cupo de gente sentada, de ciento cincuenta a más de doscientas cincuenta personas. Además, ¡vendieron las sillas grandes por un precio mayor al que pagaron cuando las compraron nuevas! Trump National aumentó la capacidad de su salón y pudo recibir a grupos de hasta doscientos cincuenta invitados. Así que, en lugar de que el señor Trump gastara tres millones de dólares, ganó dinero con el intercambio que hizo. Éste sí es un gran ejemplo de cómo alguien puede aprovechar su creatividad y, de paso, añadirle valor a su propiedad.

El alza final

¿Qué es lo que más desea un inversionista? Obtener retornos sobre inversiones o ROI. ¿Y cuál es el mejor ROI que se puede conseguir? Algunas personas dirían que el del cien por ciento. Si inviertes mil dólares y esa inversión te genera mil dólares, entonces, muchos estarían de acuerdo en que obtuviste el mejor ROI posible. ¿Pero qué pasaría si esos mil te produjeran retornos de dos mil o tres mil dólares? Tendrías un retorno del doscientos o trescientos por ciento. Entonces, ¿cuál es el mejor retorno sobre inversión que se podría desear? Inviertes mil dólares y esa inversión te devuelve la misma cantidad. Recibes exactamente lo que invertiste. Ahora estás jugando con lo que se llama "dinero gratis", es decir, ya no hay dinero tuyo invertido en el negocio. Digamos que no dejaste de invertir, y no importa si se trata de una propiedad para renta, dividendos de inversiones o una máquina dispensadora de productos. Sencillamente, acumulaste, en flujo de efectivo, la misma cantidad que invertiste al principio. En este punto ya recuperaste el dinero, el activo continúa perteneciéndote y, además, el flujo de efectivo también te llega. ¿Cómo le llamarías a un retorno de ese tipo? Yo le llamaría "retorno infinito". Si recibieras cien dólares mensuales en flujo de efectivo, entonces el cálculo anual luciría de la siguiente manera:

$ 1 200 ($ 100 x 12 meses) ÷ 0 (porque no tienes dinero metido en la inversión) = Retorno infinito

Ejemplo de retorno infinito

Robert y yo, junto con nuestros socios de inversión, Ken y Ross, compramos un edificio de 252 departamentos. Nosotros, como pareja, invertimos un millón. El treinta por ciento del edificio estaba desocupado. Durante dos años, Ken, Ross y su equipo aumentaron el valor de la propiedad al reducir la tasa de desocupación hasta el dos por ciento. Instalaron lavadoras y secadoras en cada departamento e hicieron las reparaciones necesarias para mejorar la apariencia general y la atmósfera de la propiedad. Como resultado, en dos años, su valor se incrementó de once a quince millones de dólares. Para pagar el precio de compra original de once millones, pusimos dos millones y pedimos prestados otros nueve. Cuando el avaluó arrojó la cifra de quince millones, el banco estuvo dispuesto a prestarnos ochenta por ciento de la cantidad del avalúo (ochenta por ciento de quince millones es doce millones). A esto se le llama *relación préstamo valor*. Con el nuevo refinanciamiento del préstamo de doce millones, pagamos el préstamo original de nueve, los inversionistas recuperaron su enganche de dos millones, y además, dividieron el millón adicional. En este momento el negocio luce así:

1. Hemos estado obteniendo un flujo efectivo mensual por la propiedad durante los últimos dos años.
2. Recuperamos nuestra inversión original, más una parte del millón extra.
3. Nos sigue perteneciendo el mismo porcentaje de la propiedad.
4. Todavía recibimos un flujo mensual por la propiedad.

¡A eso es a lo que yo llamo retornos infinitos sobre inversión!

Rowena Rabino, de Londres, Inglaterra, es una mujer extraordinaria y un gran modelo a seguir.

Soy una ciudadana filipina de treinta y ocho años. Soy madre soltera y trabajo como ama de llaves en el extranjero, en Londres.

Yo jamás pensé que sería posible salir de mi situación y alcanzar la libertad financiera. En realidad, comencé a ahorrar dinero poco después de que tuve problemas con mi visa. Antes de eso, enviaba todo mi salario a casa, y jamás pensé en lo que sucedería si ya no pudiera trabajar. Comencé por hacer un presupuesto y enviar sólo el dinero necesario. Le di instrucciones a mi hermana para que buscara una casa o terreno a la venta en Filipinas, y corrí con suerte porque, en 2005, uno de nuestros vecinos nos vendió su casa por sólo 120 000 pesos filipinos (tres mil dólares). Era un lugar diminuto pero mi padre lo modificó para que sirviera como dos departamentos. Rentamos los dos de inmediato y actualmente nos generan 1 500 pesos mensuales cada uno. En tres años y medio recuperé la inversión inicial gracias al flujo de efectivo de las rentas. La casa me sigue perteneciendo y, además, tuve la oportunidad de reinvertir el flujo de efectivo. Ahora tenemos diecinueve departamentos que se rentan.

Quiero compartir mi historia, en especial, con todas las mujeres que trabajan en el extranjero, que se esfuerzan y deciden alejarse de sus familias y de su hogar. Sé que van a apreciar y a amar más su labor cuando comiencen a invertir parte de su salario porque, no sólo estarán ayudando a su familia, también podrán asegurar su propio futuro y alcanzar la libertad financiera.

¡Estoy tan feliz! Sigo aprendiendo y disfrutando del progreso que he tenido en este viaje.

¡Vaya, hablando de alza potencial!

NEGOCIOS

CAPÍTULO 22

CÓMO EMPEZAR EN LOS NEGOCIOS

Para emprender el vuelo y desarrollarse como
una sólida inversionista de negocios, se requiere...

Helen Gurley Brown, antigua editora en jefe de la revista *Cosmopolitan*, alguna vez dijo, "Casi todas las mujeres profesionistas glamorosas, adineradas y exitosas a las que ahora envidias, comenzaron sobreviviendo a tremendas palizas". En otras palabras, todas tenemos que empezar de alguna u otra forma.

A los negocios los puedes ver desde distintas perspectivas:

• Como propietaria de tu propio negocio, en el cual también trabajas.

• Como inversionista en el negocio de alguien más.

• Como inventora, escritora o creadora de algún producto que produjiste en una única ocasión, pero que continúas vendiendo una y otra vez.

Sea cual sea el camino que tomes, comenzar puede ser muy sencillo en realidad. El Internet ha abierto la puerta de todo un mundo nuevo en el que puedes conocer a empresarios e inventores muy avezados y dispuestos a compartir experiencias. Apple cambió el campo de juego al introducir las *apps* (aplicaciones). Si eres versada en el ámbito de la tecnología, puedes hacer una aplicación que le interese a la gente, y ofrecérsela a todo el mundo.

El mundo editorial también fue revolucionado gracias a los eBooks. Algunas amigas mías ya comenzaron a experimentar con la autopublicación de eBooks. Primero realizaron una investigación a fondo y aprendieron el proceso paso a paso. Para ver si éste funcionaba, escribieron un manual de veinte páginas sobre cómo publicar un eBook y lo ofrecieron para venderse en línea. A partir de este "experimento", comenzaron a ganar doscientos dólares mensuales por las ventas del manual. Estas dos amigas recopilaron todo su conocimiento y lo transformaron en un activo. Empezar en los negocios puede ser así de sencillo.

La debilidad de Marilyn era los bolsos de diseñador. Se gastaba grandes cantidades para adquirir los modelos más recientes de Louis Vuitton, Armani, Prada o Gucci. Ocasionalmente, sus amigas le pedían prestados los bolsos, y un día, su mejor amiga le dijo medio en broma, "Harías una fortuna si rentaras tus lindos bolsos". Entonces se le encendió el foco. Hoy en día, Marilyn obtiene muy buenas ganancias cada mes, en su pequeña boutique de renta de bolsos. Poco a poco, también se expandió para abarcar otros artículos de diseñador. Es tan sencillo como comprar un bolso de Prada.

El mercadeo de redes o industria de ventas directas se está volviendo cada vez más popular. Sólo tienes que elegir bien a la empresa, comenzar a vender sus productos e invitar a otros a unirse. No sólo vas a hacer dinero con los productos que vendas, también recibirás un porcentaje por las ventas que realicen las personas a las que inscribas en la empresa. Eso es precisamente un ingreso pasivo. Lo más maravilloso de vender es que la compañía provee, tanto los sistemas de negocio, como el entrenamiento para tener éxito. Elige la empresa que más coincida con tu personalidad, una que respalde tus metas y valores, y, lo más importante, que esté comprometida a convertirte en una empresaria exitosa.

Incluso es posible que ya tengas algunos pasivos que puedas convertir en activos. Por ejemplo, un productor musical muy exitoso asistió a una plática de tres horas que dimos Robert y yo. En cuanto terminó la charla, el director volvió a su compañía y convocó a una reunión. "¿Qué tenemos que nos esté costando dinero (pasivos) y que podría generarnos ganancias (activos)?", les preguntó a los integrantes de su equipo. En la empresa tenían dos vehículos utilitarios que habían adquirido para la compañía. Se les ocurrió la idea de iniciar un servicio de transporte ejecutivo y rentar los automóviles a su adinerada clientela y asociados. Esos dos vehículos ahora están generando dinero mes a mes, en lugar de continuar siendo pasivos.

Para empezar en los negocios, sólo basta una idea, y como sabes, todos podemos tener alguna. Es cuestión de ponerse a la altura y llevarla a la práctica.

En los siguientes capítulos encontrarás historias de la vida real, de mujeres que confiaron en sus ideas y, sin saber cómo llegarían a donde querían ir, pusieron manos a la obra.

Las ventajas de tener tu propio negocio
• **Control**
Cuando el negocio te pertenece, tú tienes todo el control sobre el ingreso, los gastos y la deuda.

• **Apalancamiento de OPM (Dinero de Otras Personas)**
Si eliges reunir capital para tu negocio, puedes financiar el inicio o el desarrollo del mismo con el dinero de otros inversionistas.

Si inviertes en la empresa privada de alguien más, entonces tu dinero es el que se considera OPM.

• **Apalancamiento del Tiempo de Otras Personas (OPT, por sus siglas en inglés)**
Tarde o temprano puedes remplazar tu tiempo personal por completo, por OPT. Si trabajas en el negocio de alguien más, entonces tu tiempo es el que se considera OPT.

• **Ganancias ilimitadas**
No hay límite para la cantidad de dinero que tú y tu compañía pueden generar.

- **Ventajas fiscales**

En casi todos los países, las leyes fiscales están encaminadas a reducir los impuestos para los propietarios de negocios. Casi todos los gastos son deducibles, lo que significa que los puedes presentar contra las ganancias para reducir el ingreso fiscalizable de la compañía.

Si vas a invertir en el negocio de otra persona, entonces las pérdidas son deducibles contra el ingreso de otros negocios pasivos o inversiones en bienes raíces. A menudo, las ganancias están sujetas a las tazas de ganancias de capital a largo plazo, las cuales son más bajas.

- **Horario flexible**

Tú estableces tu propio horario.

- **Libertad para expresarte**

Un negocio te puede apoyar para ser más fiel a ti misma. Puedes expresar quién eres y lo que representas por medio de tu negocio.

- **Negocio en casa**

Incluye a tus niños. ¡Será una experiencia muy educativa para ellos!

Las desventajas de tener tu propio negocio

- **Es difícil**

Operar y mantener un negocio es el más difícil de los cuatro tipos de activos en los que te puedes involucrar.

Si piensas invertir en un negocio privado, tienes que tomar en cuenta este factor. Es precisamente por esta razón que es tan importante que revises el desempeño de las personas que dirigen y desarrollan el negocio en el que inviertes.

- **Altas probabilidades de fracaso**

Nueve de cada diez negocios fracasan en los primeros cinco años de operación.

• **Muchas horas**

Se requieren muchas horas de trabajo. Éste no es un empleo de 9 a 5.

• **No hay garantías**

Aquí no hay garantías ni cheque de nómina asegurado.

• **Gente**

Tendrás que dirigir y manejar gente: empleados, clientes, consultores, etcétera. Lo anterior incluye enfrentarse a sus distintas personalidades, ánimos e idiosincrasias. A menos de que seas hábil en este rubro, todo el asunto podría tornarse muy estresante.

CAPÍTULO 23

DE POBRETONA A MILLONARIA

La historia de Kim Babjak

Kim Babjak es una mujer con la que siempre da gusto estar. Es graciosa, está llena de energía y es un gran modelo para las mujeres que quieren tener éxito en los negocios y las finanzas. Kim empezó con muy poco dinero, apenas algunos rudimentos de los negocios, y cero experiencia. Enfrentó muchos obstáculos y siguió adelante en el punto en el que muchas otras mujeres habrían renunciado. Es un verdadero ejemplo de lo que se requiere para triunfar en los negocios.

Kim Kiyosaki

Desde que era niña comencé a soñar en convertirme en inventora. Hacía y diseñaba pequeños proyectos que luego construía y usaba. Quería inventar tantas cosas que la mayor parte del tiempo tenía artefactos medio pensados, y otros medio construidos, regados por toda mi habitación. Las ideas fueron y vinieron año tras año, pero jamás albergué la esperanza de tener éxito más allá de las paredes que me rodeaban. Mi padre era el inventor de la familia y, desde muy pequeña, quedó claro que yo lo había heredado. Todo se lo debo a él.

A principios de la década de los setenta viví en un vecindario de clase media en Phoenix, Arizona. En aquel entonces, todos los padres de la cuadra tenían su taller para escaparse los fines de semana. Ahí construían jaulas para aves, cunitas para muñecas y otros artículos divertidos para que los niños se entretuvieran. Los talleres del vecindario eran tranquilos y limpios, y estaban, hasta cierto punto, bien organizados. El de mi padre era muy distinto. Era abrumador, desordenado y lleno de objetos.

Pasé interminables horas en su oficina de abogado de patentes, jugueteando con todos los inventos de otras personas. Disfruté cada momento y, definitivamente, ahí comencé a reflexionar de manera muy individual acerca de las ideas que tenía y de la forma en que podría crear productos para mi beneficio.

Creo firmemente que toda idea es buena, sin embargo, no toda idea se puede vender o es viable en el aspecto comercial. De lo que sí estoy segura es de que, una buena idea, un montón de trabajo y mucha persistencia te pueden ayudar a lograr cualquier cosa que desees.

Los últimos diez años los he pasado construyendo KimCo, mi negocio. Empecé de cero. Al principio sólo tenía mil dólares que pedí prestados, el apoyo de mi amado esposo Bill y todas las ganas de triunfar.

Antes de tomar la decisión de iniciar mi propia empresa, nos enfrentamos a la posibilidad de que despidieran a mi esposo de la importante aerolínea para la que trabajaba. Fueron tiempos difíciles y sentí la urgente necesidad de hacer algo para contribuir a la economía familiar. Entonces, como ahora, era una mamá de tiempo completo que adoraba lo que hacía, pero de pronto me vi forzada a comenzar a hacer algo para producir ingresos.

Como abandoné la escuela después de hacer la preparatoria, me fue muy difícil encontrar y conservar un empleo adecuado. Además, sufro de déficit de atención de adultos, lo cual me representa muchos desafíos porque día a día tengo que luchar para mantenerme enfocada. Consciente de todas las dificultades a las que me enfrentaba, me quedaba claro que no iba a poder encontrar un trabajo bien pagado. No obstante, también sabía que tenía que ayudar a mi familia. Por eso hice lo único que se me ocurrió que podía hacer en ese momento: conseguí un empleo en McDonald's.

Después de estar haciendo papas fritas durante algún tiempo, me ascendieron a cajera. Estaba un día cobrando cuando llegó una antigua compañera de la escuela. Con la mano en la cintura, me dijo, "Pensé que ibas a ser la triunfadora de la escuela. Nunca imaginé que terminarías volteando hamburguesas el resto de tu vida". Por supuesto, me sentí extremadamente humillada, y en ese preciso momento supe que eso no era lo que quería de la vida para mí ni para mi familia. Viéndolo en retrospectiva, aquella ex compañera me hizo un enorme favor porque me obligó a observar mi vida y a reflexionar sobre la razón por la que estaba en la tierra. Entonces supe que estaba destinada a cosas más importantes.

Como siempre inventé cosas desde niña, me pareció que el punto de inicio más lógico era trabajar a partir de esa cualidad. Tenía una idea para crear un producto, y me pareció que podría convertirla en negocio. Desarrollé un rodapié intercambiable con zipper para camas. Lo diseñé porque necesitaba encontrar la solución a un problema que yo tenía, y no había ningún producto en el mercado que cumpliera ese propósito.

El problema era que no podía retirar el rodapié sola porque, al igual que muchas otras personas, tenía un enorme colchón de aproximadamente 140 kilos. La única forma de hacerlo sin lastimarme era llamar a tres vecinos jóvenes para que me ayudaran o esperar a que mi esposo estuviera en casa el fin de semana. Pero cada vez que le pedía que me ayudara, su respuesta era, "¿Y no puedes buscar una manera más sencilla de hacer esto?". Justamente en ese momento, pensé, "Sí, sí puedo, y lo voy a hacer". Fue un momento coyuntural en mi vida porque supe que tenía que enfrentar el problema y solucionarlo de una manera simple.

Entonces, saqué ese viejo, sucio y feo rodapié de debajo del colchón, y me puse a trabajar como loca. Encontré una compañía que me podía vender un cierre bastante largo, y entonces nació mi nuevo producto, llamado Zip-A-Ruffle. Lo perfeccioné, encontré proveedores que lo distribuyeran y luego lo llevé a QVC (un canal de ventas) para probarlo en televisión nacional. Eso fue hace diez años pero el producto se sigue vendiendo hasta la fecha en QVC.

Actualmente, soy dueña de una multifacética compañía que se dedica al desarrollo de productos, y me va muy bien. Mi empresa ofrece una amplia gama de asesorías en el área de bienes de consumo y desarrollo de negocios. KimCo es una sociedad de responsabilidad limitada y ayuda a otras empresas en todo lo referente a sus productos: licencias, desarrollo, prototipos, fabricación y distribución al menudeo.

Tengo una enorme pasión por ayudar a otros empresarios con el diseño y desarrollo de productos porque, hace muchos años, yo estuve en una situación similar: sabía que mi idea era buena, estaba decidida a ayudar a mi familia en el aspecto económico, y creía que no había nada que pudiera detenerme.

Kim Babjak, Denver, Colorado, Estados Unidos (www.kimbabjak.com)

Kim Babjak, fundadora de KimCo, Sociedad de responsabilidad limitada (LLC), es madre de cuatro niños, empresaria, inventora, autora y oradora. A pesar de que sólo cursó hasta la preparatoria, un día decidió que ningún jefe o cheque de nómina definiría el curso de su vida.

KimCo LLC es una multifacética compañía que se dedica al desarrollo de productos. En ella se ofrece una amplia gama de asesorías en el área de bienes de consumo y desarrollo de negocios. Gracias a la amplia red de compradores minoristas de KimCo, esta empresa puede ayudar a que un producto se coloque en ventas electrónicas como las de QVC, así como en grandes almacenes como Walmart, Target, Home Depot y Costco, entre muchas otras. Con más de veinte años de experiencia en distribución mixta y suministros en el extranjero, Kim Babjak y su equipo de profesionales pueden participar en la creación y distribución exitosa de un producto.

Kim es reconocida como "la mujer con la que tienes que ir cuando quieres ingresar a QVC y HSN", y ha demostrado que su experiencia en el campo de las ventas televisivas puede beneficiar a sus clientes y ayudarlos a llegar a millones de nuevos compradores. Kim también ha trabajado en conjunto con Stephen Key, líder de la industria de licencias. Esta mancuerna le ha permitido asegurarle a sus clientes lucrativos negocios con empresas como Disney, Crayola y Lego.

En agosto de 2005, la revista *Entrepreneur* reconoció la importancia de Kim Babjak con un reportaje que presentó en sus páginas. En él se hablaba del éxito que ella ha tenido para distribuir sus productos a través de un programa local de ventas de Walmart. En 2007, *Wall Street Journal* cubrió, de forma muy completa, la historia de Kim, y habló sobre su sagacidad y experiencia en los negocios.

Kim aparece en televisión nacional muy a menudo, escribe un *blog* (en www.startupnation.com) acerca del desarrollo de productos a través del análisis de mercados ("Mind to Market"), y es colaboradora en muchos otros sitios de Internet relacionados con negocios, como InventRight.com. A Kim le apasiona ayudar a otros empresarios en el diseño y desarrollo de sus productos, a través de sus exclusivos servicios de consultoría.

CAPÍTULO 24.

ELECCIONES Y VIAJES

La historia de Lisa Lannon

En su camino de oficial de policía a empresaria social, la vida de Lisa ha sido muy emocionante. Lisa es una de las mujeres más generosas que conozco. Es el ejemplo perfecto de quien "aspira, adquiere y aplica". Ella siempre persigue su sueño, que por cierto, es muy grande. Su pasión por aprender es inconmensurable y, además, tiene la capacidad de poner en práctica lo que aprende con más rapidez que cualquier otra persona. Lisa es una gran amiga, y yo le agradezco no sólo haber compartido su historia, sino el haberme apoyado a mí y a otras mujeres del mundo que están dispuestas a perseguir sus sueños.

Kim Kiyosaki

El camino para convertirme en una mujer millonaria comenzó cuando tomé una decisión en mi vida. A menudo, Kim dice que para despertar y hacer un cambio algunas mujeres necesitan vivir una experiencia especial, recibir una llamada de atención, y en mi caso, fue justamente lo que sucedió. Yo tenía un empleo genial y ganaba mucho dinero al igual que mi esposo. En realidad la única deuda importante que teníamos era la de la hipoteca de nuestra casa. Sin embargo, recibí mi llamada de atención y, a pesar de lo que podrías imaginar, el aspecto económico no tuvo mucho que ver al principio con ese asunto. Fue más bien una serie de sucesos lo que me condujo a la libertad financiera.

Todo sucedió en un lapso de seis años en los que vi caer a mi esposo Josh en el abismo de la adicción hasta que un día dije, "basta". Decidí luchar por mí. Le daría una opción y, dependiendo de lo que él eligiera, le permitiría acompañarme o me iría sola por otro camino. El primer paso para él sería ir a rehabilitación.

En ese momento, reclamé el poder que yo misma le había entregado a su adicción. Le dije que, o iba a un tratamiento, o me divorciaría de él. Por fortuna, estaba listo para elegir ser tratado.

El día que salió de la clínica compramos *Elige ser rico* de la serie Padre rico, y a partir de ahí, me desconecté por completo de la matriz financiera tradicional. Comprendí que a pesar de que ganaba bastante dinero, en realidad no tenía ventaja sobre nada. Estaba en medio de la carrera de la rata y sabía que allá afuera, había mucho, mucho más.

También me di cuenta de que podía elegir entre pasar la vida trabajando para alguien más o cambiar y tener la libertad de hacer lo que yo quisiera. Antes de eso ya había escuchado y leído otros libros, pero los mensajes de *Padre rico* y *Mujer millonaria* fueron los que más me conmovieron porque lo que Robert y Kim enseñan es muy poderoso e inspirador.

Al tener en las manos todo ese nuevo conocimiento, decidí abrir nuestros propios Centros Curativos de Adicciones y entrar de lleno al mundo de los negocios y las inversiones. Nosotros detectamos un problema social (bueno, de hecho lo vivimos en carne propia) y, por lo tanto, sabíamos que podíamos aprovecharlo para hacer negocio y, al mismo tiempo, para ofrecer un servicio a la comunidad y retribuirle lo que nosotros habíamos recibido de ella. Sabía que quería ser parte de la solución y reunir a otras familias porque, si yo pude recuperar a mi ser amado, también otros podían hacerlo. Había encontrado una poderosa "razón" para estar en ese negocio, y aunque, claro, no contaba con estudios especializados en el ramo, tenía el plan de contratar doctores, terapeutas y todo el personal necesario. Josh y yo manejaríamos el negocio.

Por otra parte también estaba segura de que aparecerían obstáculos porque no lo sabíamos todo. Por ejemplo, ¿en dónde construiríamos?, ¿qué normas y regulaciones tendríamos que obedecer?, ¿a quién incluiríamos en el equipo?, ¿dónde obtendríamos el dinero para comenzar esa nueva aventura? Y... ¿ya mencioné que estaba embarazada de nuestro primer hijo? Tener un empleo de tiempo completo, esperar un bebé y echar a andar un exigente negocio ¡puede llegar a ser muy desafiante! Además, como nunca había tenido un negocio y ni Josh ni yo contábamos con experiencia en el ámbito de la rehabilitación, básicamente tuvimos que ir aprendiendo en el camino y, en muchos casos, gracias a nuestros errores.

Tengo la fortuna de que a mi esposo y a mí nos agrada aprender y crecer juntos, por lo que, embarcarnos juntos en aquella travesía hizo que las cosas fueran mucho más sencillas. Además, me parecía que teníamos la ventaja de que nuestro camino y nuestros objetivos coincidían perfectamente. Quería que nuestros hijos crecieran en un ambiente de sanación porque, antes de abrir nuestro negocio, Josh había trabajado como administrador de un club nocturno, y yo, como oficial de policía. Por supuesto, no nos costó trabajo tomar la decisión de emprender ese proyecto que beneficiaría a nuestra pequeña familia que ya había empezado a crecer.

No obstante, nuestros amigos y familiares representaron uno de los mayores retos porque, al principio, todos nos dijeron que "no podríamos hacerlo" o que "era demasiado riesgoso". También nos preguntaban, "¿Por qué van a renunciar a sus empleos que están garantizados?". Pero en el fondo de mi corazón, yo sabía que en la vida había mucho más para mí, y que por fin había encontrado mi razón de ser. Además, el riesgo de que mi esposo volviera a caer en su adicción por seguir trabajando en centros nocturnos, era demasiado grande. La verdad es que no tuve que pensar mucho las cosas.

Por otra parte, también teníamos el problema económico sobre nosotros. No contábamos con capital para iniciar el negocio, si acaso, sólo teníamos suficiente para pagar el enganche de algún inmueble. Pero como nunca habíamos solicitado dinero para algo más que un automóvil o una hipoteca familiar, era obvio que tendríamos que estudiar el nuevo territorio. Después de varios intentos infructuosos para obtener dinero de bancos, logramos que un inversionista privado nos diera lo necesario. ¡Fue un gran logro!

Éramos muy jóvenes y nos hacía falta experiencia, además, por un tiempo pareció que teníamos varias cosas en nuestra contra. Sin embargo, estábamos decididos a llevarlo a cabo y sabíamos que, si seguíamos aprendiendo de nuestros errores y fracasos, seríamos cada vez mejores.

¡Nuestro plan para iniciar el negocio era una porquería! Hicimos varias versiones del mismo antes de que el inversionista pudiera confiar en nosotros. En general, el plan era abrir varios centros e irnos expandiendo al extranjero. Era un objetivo muy ambicioso pero estaba segura de que podíamos hacerlo. Sentí miedo en ocasiones porque pensaba en el fracaso y en todo lo malo que "puede suceder" cuando se exploran nuevos territorios, pero como teníamos mucha claridad respecto a lo que queríamos lograr, encontramos la fuerza para seguir adelante con mucho ahínco, aun cuando nos encontrábamos con obstáculos.

Journey Healing Centers abrió sus puertas un año después de que mi esposo empezara a rehabilitarse. Nuestra hija nació el mismo mes que adquirimos el primer inmueble. Hoy en día contamos con varias sucursales en dos estados y estamos enfocados en expandirnos a Australia. ¡Sé que cualquier mujer puede lograr la libertad financiera si es decidida, perseverante, apasionada, y si sus objetivos son sólidos!

Por si fuera poco, ya empecé a trabajar en empresas e inversiones independientes que no están vinculadas a nuestro negocio principal. De esta manera he logrado incrementar mi IQ financiero para ser más fuerte cada vez. Recuerda que, en mi caso, todo comenzó con una llamada de atención; que, de pronto, me encontré frente a la posibilidad de perder mi matrimonio y de tener que hacerme cargo de mí misma en el aspecto financiero. Necesitaba seguir adelante y no mirar al pasado. Ahora tenemos nuestro matrimonio, hijos maravillosos, y una vida pletórica de puertas abiertas… y todo gracias a las decisiones que tomamos para educarnos financieramente.

Lisa Lannon, Salt Lake City, Utah, Estados Unidos
(www.JourneyRecoveryCenters.com)

Lisa Lannon es empresaria social, cofundadora de *Journey Healing Centers* y fundadora de *Creative Land Development*. Supervisa el portafolio inmobiliario de JHC International y está involucrada en la identificación de inmuebles para estándares de calidad y posibilidades de expansión. Asimismo, Lisa está a cargo del área de RP de JHC, que también ha sido objeto de reportajes en medios nacionales como la revista *People*, el periódico USA *Today*, MTV, PBS y Fox News. Lisa continúa involucrada en la visión global y el manejo de JHC.

Junto con su esposo, Josh, Lisa inauguró la primera clínica de Journey Healing Centers en el estado de Utah en 2002. Después de ser oficial del Departamento de Policía de Las Vegas y de lidiar con la adicción de manera cotidiana, Lisa encontró que su pasión era construir negocios y proveer un ambiente seguro y del más alto nivel, para ayudar a la gente y a sus familias a sobrellevar el proceso de renunciar a las drogas y sanar.

Lisa comenzó a invertir en bienes raíces a nivel profesional cuando ella y Josh adquirieron el primer inmueble para JHC. Desde ese momento, Lisa comenzó a desarrollar una aguda visión para identificar propiedades que coincidieran con el Modelo de Rehabilitación de JHC. Son lugares en donde sus clientes pueden recuperarse cómodamente, con dignidad y respeto. Lisa también invierte en complejos de departamentos y *commodities*, y es mentora de otras mujeres.

Los antecedentes de Lisa incluyen una licenciatura en Justicia criminal. Ha trabajado para Citibank, el Casino Bellagio y el Departamento de Policía de Las Vegas. Actualmente vive en Scottsdale Arizona con su esposo y sus dos hijos, Haley y Jake.

CAPÍTULO 25.

UNA PROFECÍA QUE SE CUMPLE POR SÍ MISMA

La historia de Trinidad Apumayta

La historia de Trinidad es sumamente inspiradora. Ella pudo haber renunciado a sí misma y a sus hijos en muchas ocasiones, pero en lugar de eso, eligió perseverar y convertir su vida en un testimonio de lo que cualquiera puede llegar a ser si está dispuesto a hacer lo necesario.

La industria del mercadeo de redes o ventas directas es un activo que muchas mujeres han ido descubriendo y aprovechando para prosperar. En la mayoría de los casos, la estructura y los sistemas del negocio, incluyendo el de apoyo, ya están implementados con el propósito de apoyarte para triunfar. Por lo general, sólo se requiere de algo de dinero para comenzar, y las actividades se pueden realizar de medio tiempo o de tiempo completo. Trinidad lo está haciendo muy bien.

Kim Kiyosaki

Me parecen sorprendentes los cambios que he visto suceder de una generación a otra. En menos de dos décadas, mi vida se ha transformado de manera muy dramática. Estos recuerdos se tornan particularmente conmovedores cada vez que veo a mi hijo, con su mochila a la espalda, dirigirse a la universidad. En cinco años se graduará en ingeniería.

Recuerdo cuando era niña. En aquel entonces era muy pobre y, a veces, soñaba con que mi mayor deseo se volviera realidad: poder comer un pedazo de pan. Hoy tengo treinta y ocho años de edad y jamás pensé que sería capaz de enviar a mi hijo a la universidad.

A los cinco años era una diminuta pastora sin padre, lo cual no es poco común entre la gente pobre de Perú. Yo vivía en una granja que se ubicaba justamente en medio de una zona de conflicto manejada por el grupo terrorista maoísta, Sendero Luminoso. Ahora, treinta años después, habiendo criado a cuatro hijos, veo al mayor de ellos caminar lleno de gozo hacia su futuro, y eso me hace muy feliz.

Para tratar de escapar del terrorismo, emigré con mi madre y mis hermanos a la ciudad vecina de Huancayo. Ahí comencé a trabajar como vendedora ambulante a la tierna edad de ocho años. Jamás abandoné la escuela; perseveré hasta graduarme de la preparatoria.

Tiempo después viajé a Lima, capital de Perú, para estudiar enfermería. Me alojé en casa de algunos familiares y, una vez más, trabajé como vendedora ambulante para ganar dinero y continuar estudiando. Por desgracia, uno de mis familiares terminó robándome todo el dinero que tenía.

Entonces, dejé la casa de mis parientes y me fui a rentar un cuarto. Tenía que empezar de cero. Conocí a un hombre, me enamoré de él y nos casamos. Vendíamos ropa en un "mercadillo", como se les llama a los mercados en Lima. Con el tiempo aprendí a solicitar préstamos bancarios para poder invertir en mercancía. Años después, mi esposo y yo establecimos una pequeña fábrica de ropa con un préstamo que obtuvimos y que pagamos a tiempo en todo momento.

Fueron años de mucho trabajo porque teníamos que dirigir el negocio y criar a nuestros cuatro hijos. De manera imprevista se nos presentó otra dificultad: yo me enfermé y mi esposo tuvo que hacerse cargo del negocio. Debido a un manejo deficiente y a su falta de conocimiento y experiencia, lo perdió todo. Un día, cuando regresé a casa, descubrí que me había abandonado, llevándose todas nuestras pertenencias. Me dejó sola, sin dinero, con cuatro niños y un negocio en quiebra.

Estaba devastada. Comencé a creer que todos mis proyectos y sueños estaban condenados al fracaso, sin embargo, mis hijos me devolvieron la vida. Sabía que tenía que empezar de cero otra vez, pero en esa ocasión, tomé una ruta diferente. Alguien me invitó a participar en una empresa peruana de nutrición llamada FuXión ProLife. Esta empresa produce y comercia productos nutricionales bajo el sistema de mercadeo multinivel.

Al principio, yo no entendía bien el significado de mercadeo de redes, lo único que quería era vender los productos para alimentar a mi familia. Pero entonces los organizadores comenzaron a invitarme a reuniones en las que me solicitaron conseguir gente que se afiliara para vender los productos. Primero pensé que era algo que tenía que ver con pedir dinero prestado, y por eso me negué. Estando en casa, me veía al espejo y me decía a mí misma, "No vales nada, eres una fracasada".

Por fortuna, a pesar de que tenía esos sentimientos, continué asistiendo a las reuniones de ProLife, y un día se acercó a mí un distribuidor independiente. Comencé a vender los productos (bebidas nutritivas, tés de hierbas y malteadas de proteínas) a mis amigos, pero de manera directa. Mi objetivo era crear mi propia línea de distribuidores a través de referencias de conocidos. Un día recibí mi primer cheque por comisiones, pero todavía me sentía desalentada y confundida. Tiempo después, gracias a la Escuela de Liderazgo de ProLife, descubrí que yo era una persona valiosa... y una vendedora extraordinaria.

Aprendí a usar mis sistemas internos de comunicación y a entender que mi baja autoestima me estaba haciendo creer que mi vida era una cadena de fracasos. Y entonces comencé a valorar los logros que había tenido en mi vida y a reconocer las invaluables lecciones que había aprendido gracias a mis experiencias del pasado.

Al escuchar a Robert Kiyosaki en una conferencia de ProLife, entendí que el negocio que estaba construyendo, también estaba acumulando valor. Kim Kiyosaki habló de la forma en que mi negocio era la base para construir mi futuro y de generar riqueza para mí sin tener que depender de la ayuda de esposo, familia, empleo o gobierno.

Un día conocí a Álvaro Zúñiga Benavides, Director Ejecutivo de ProLife, y ese suceso fue fundamental en mi vida. Él no sólo me recibió con una sonrisa y me alentó a perseguir mis sueños, también me infundió su inconmensurable energía y su pasión por cumplir una misión. Decidí mantenerme cerca de la energía positiva que él me proveía, porque era algo que jamás pude recibir de un padre. Decidí seguir su ejemplo y su apasionado enfoque.

Con el tiempo descubrí que yo era importante para otros porque les ayudaba a detectar los mismos valores y oportunidades de negocios que yo había encontrado antes. Me convertí en líder de una cadena de distribución de ProLife que, a través de su crecimiento constante, apoya la expansión global de la organización. Al mismo tiempo, recibo ingresos mensuales más altos. Mi ingreso promedio ahora es mayor que el sueldo de los doctores o ingenieros de Perú. Ahora viajo mucho y recibo un reconocimiento que nos ha alentado, a mí y a mi red, a crecer juntos. También he aprendido de mis errores, y he aprendido a perdonar a las personas que me hirieron en el pasado. He aprendido a enfrentar mis miedos para poder vencer los obstáculos y los pensamientos negativos. Esto, a su vez, me ha ayudado a mejorar mis habilidades para comunicarme y, particularmente, para ayudar a otros en el camino.

Antes de tener un negocio con ProLife, yo ganaba menos de cien dólares mensuales. Ahora mi ingreso es de más de cinco mil. Lo más importante es que ahora puedo ayudar a otros a recorrer el camino del crecimiento y el éxito.

Hoy en día siento que soy una mujer que confía en sí misma y que no cree en lo imposible. Sé que apenas estoy a la mitad del camino, pero los cambios en mi vida me han enseñado que los pensamientos positivos son, en realidad, profecías que se cumplen por sí mismas y que me conducen a la libertad financiera.

Trinidad Apumayta, Lima, Perú

Propietaria de un negocio y madre de cuatro niños, Trinidad es testimonio del poder de la perseverancia y del papel fundamental que puede jugar un mentor en la vida de una persona. A lo largo de su vida en Perú, Trinidad enfrentó más desafíos que otras personas, pero siempre lo hizo con humildad, paciencia y deseos de sobrevivir. Ella aprovechó su inclinación por los negocios, y construyó los medios que le permitieron sostenerse a sí misma y a su familia. Gracias a ese proceso, también se convirtió en una mujer fuerte y llena de confianza.

CAPÍTULO 26.

DULCE INSPIRACIÓN

La historia de Eileen Spitalny

Conocí sus brownies antes de conocer a Eileen. Los brownies son de ensueño, y Eileen, también. Es una de esas mujeres dispuestas a hacer lo necesario. ¿Cómo podría describirla? Es persistente, sabe lo que quiere y siempre es un gusto estar con ella. Eileen es generosa con su tiempo y su conocimiento, y yo me siento muy honrada de que ahora comparta su historia contigo.

Kim Kiyosaki

Cuando David Kravetz (mi socio de negocios) y yo decidimos fundar Fairytale Brownies, de lo único que estábamos seguros era de que queríamos hornear los mejores brownies del mundo. El objetivo era sencillo, o al menos, eso fue lo que pensamos. Era 1992 y teníamos sólo veinticinco años. No sabíamos prácticamente nada acerca de tener un negocio propio ni cómo preparar brownies. Tampoco sabíamos que el sueño que teníamos de hacer los mejores brownies, implicaría fundar una empresa para manufacturarlos y venderlos de manera directa. No teníamos idea de en qué nos estábamos metiendo, y, tal vez, eso fue lo mejor que nos pudo pasar. David y yo nos conocimos en el jardín de juegos de un kínder en Phoenix, Arizona. No recuerdo a qué jugamos o de qué hablamos, pero ese encuentro fue suficientemente divertido para que se transformara en una amistad de toda la vida. Lo que sí recuerdo bien es que, la primera vez que nos vimos para jugar, comimos un plato de brownies que su mamá había preparado.

Aquellos brownies fueron parte fundamental de nuestros años formativos. En la barra de la cocina de su casa, siempre había listo un plato de brownies listos para ser devorados por quien quiera que pasara por ahí. A medida que crecimos, David y yo fuimos descubriendo que hacíamos muy buen equipo en los proyectos escolares. Yo imaginé todo el panorama, la noción de "hacia dónde íbamos", y David supo exactamente cuál era la forma que necesitábamos para hacer que nuestra visión se materializara.

En la preparatoria, David y yo platicábamos sobre tener nuestro propio negocio juntos "cuando creciéramos". Yo decía, "Yo me encargo de crear la demanda y tú de proveer los suministros". Era un típico modelo económico, y más adelante nos dimos cuenta de que queríamos llevarlo a la práctica con los brownies. Nos separamos en la universidad, pero estábamos a sólo unas cuantas horas de distancia. David se inscribió en Stanford y se especializó en ingeniería mecánica. Yo fui a la Universidad de California del Sur (USC) y me especialicé en Negocios y Español.

Durante el tiempo que estudié en la USC, trabajé en el Programa de Emprendedores. Ahí los estudiantes teníamos acceso al Consejo de Asesoría, y a la experiencia que sus integrantes tenían en el mundo real. En ese programa aprendí la importancia de solicitar la ayuda de los expertos.

Unos años después, David y yo nos graduamos y nos unimos al ámbito corporativo. Yo conseguí un empleo en una cadena televisiva en español, de Phoenix. David comenzó a trabajar como ingeniero para una importante compañía empacadora en Cincinnati. En esos lugares acumulamos entrenamiento profesional y experiencia del "mundo real" en las áreas de administración, comercialización, procesos y Recursos Humanos. Asimismo, aprendimos algunas buenas y malas estrategias, y como aplicarlas, o no.

Me desempeñé bien en mi puesto como vendedora, y David era un excelente ingeniero, sin embargo, pasaron seis años y yo todavía seguía con la inquietud de ser mi propia jefa y de crear algo por mí misma. David sentía lo mismo, así que no dejamos pasar ni un minuto más. David le propuso matrimonio a su novia, se mudó a Phoenix y le pidió a su madre la receta de los brownies. Ella nos la dio de manera gratuita, y todo comenzó ahí.

Me gustaría señalar que lo primero que hicimos fue meternos de lleno al negocio, rentar un lugar, comprar una mezcladora y un horno, y empezar a hornear brownies.

Pero el asunto no fue tan dramático porque ambos tendíamos más bien al pragmatismo. Antes que nada, redactamos un plan de negocios. Después ahorramos suficiente dinero para cubrir nuestros gastos cotidianos durante un año.

A partir de ahí, mientras todavía trabajábamos en nuestros respectivos empleos, comenzamos a solicitar asesoría. Le mostramos nuestro plan de trabajo a un amigo que tiene una planta manufacturera en la localidad. Él nos dijo, "Luce genial, pero antes de ir a un banco y solicitar un préstamo, salden las deudas de sus tarjetas de crédito". Siguiendo su consejo, pagamos las deudas y luego solicitamos el préstamo. Estoy segura de que parecíamos niños ansiosos con nuestro plan en la mano, nuestros títulos universitarios y toda nuestra ingenuidad. El banquero no dejaba de mirar alrededor como si estuviera esperando a que llegara alguien más. ¡Y así era! Estaba esperando al consignatario.

Sobra decir que ese día el banco no nos dio nada a cambio de todo nuestro esfuerzo. Finalmente, nuestros padres fueron los consignatarios del préstamo. Por fortuna, tan sólo un año después, obtuvimos nuestro primer préstamo por parte de la Administración de Pequeñas Empresas (SBA, por sus siglas en inglés). Con eso, pudimos quitarles de encima a nuestros padres la responsabilidad y, desde entonces, David y yo hemos sido socios al cincuenta por ciento cada uno.

El primer año tuvimos que hacer muchos sacrificios. También el segundo y el tercero. Uno de nuestros asesores nos dijo que, si queríamos llegar a tener éxito algún día, teníamos que empezar a pensar y a comportarnos como si fuéramos una compañía de Fortune 100. "Tienen que estar preparados para ese lugar al que se dirigen, desde antes de llegar ahí", comentó. Fue un gran consejo, pero también significaba que teníamos que otorgarnos sueldos casi insignificantes y reinvertir todo, al mismo tiempo que nos imaginábamos compitiendo con Chocolates Godiva, Helados Ben & Jerry's, y otras compañías como Harry & David.

A los veintiséis años cobré mi plan 401(k) para que Mike, mi novio (y ahora mi esposo) pudiera pagar la renta. Él era nuestro panadero y le pagábamos el salario mínimo, en tanto que David y yo ni siquiera cobrábamos para poder invertir absolutamente todo en el negocio. Yo no tenía seguro médico y, claro, eso nunca es buena idea.

Pero aunque resulte difícil creerlo, es posible actuar como los "peces gordos", incluso cuando no tienes dinero. Pensar como si fuéramos parte de la lista de Fortune 100 no fue sólo cuestión de soñar. Tuvimos que crear sistemas y procesos; incluso diseñamos algunos que todavía no necesitábamos en ese momento. A nosotros nos pareció que de eso se trataba, ser consistentes en cuanto al producto.

Compramos la primera cortadora de brownies con una tarjeta de crédito, a seis meses sin intereses. ¡Fue como recibir dinero gratis! Dinero que luego usamos para aprovechar otra promoción con tarjeta de crédito, y así sucesivamente. La cortadora nos ayudó mucho con la producción porque nos garantizó brownies en cuadritos de 7.50 x 7.50 cm, y eso no sólo aceleró nuestro proceso, también hizo que nuestro producto se viera más profesional.

Al principio hubo consistencia en nuestros clientes, pero a los que trabajábamos en la cocina, nos faltaba eficiencia. La verdad es que nunca habíamos fabricado productos de repostería, y se nos notaba bastante. Cuando salíamos de nuestros respectivos trabajos, nos íbamos a hornear brownies por la noche, en la cocina que un amigo tenía para su negocio de catering. Hacíamos un par de charolas y luego las dejábamos reposar para que se enfriaran. Si no eran perfectos los tirábamos porque sabíamos que lo primero que notarían nuestros clientes, serían la calidad y la consistencia del producto. Así que, por supuesto, no nos dábamos permiso de cometer errores.

Por otra parte, nos quedaba muy claro que tenía que existir una manera mejor de hornear los brownies, así que, una vez más, solicitamos ayuda. Se la solicitamos casi a cualquier persona que estuvo dispuesta a escucharnos, y eso incluyó a familiares, amigos, vecinos y compañías de asesoría para pequeños negocios.

Beth, la pastelera que trabajaba durante el día en la cocina que nos prestaban por la noche nos recomendó a un importador para que pudiéramos conseguir el mejor chocolate para nuestra receta. También nos dijo que lo lograríamos, que creía en nosotros.

El asunto parecía sobrepasarnos, pero no estábamos dispuestos a renunciar. Preparamos tanda tras tanda de brownies para poder experimentar con distintos tipos de chocolate de todo el mundo. Al día siguiente, yo llevaba charolas marcadas con las letras "A" y "B" a la oficina donde trabajaba, para que mis clientes y compañeros de trabajo probaran los brownies y me dijeran cuáles les gustaban más. Siempre les decía que tenía un amigo con planes de iniciar un negocio, y que necesitaba opiniones honestas. Finalmente, se dieron cuenta de que mi "amigo" era yo en realidad, pero, al mismo tiempo, los "dictaminadores" se convirtieron en clientes leales de Fairytale Brownies.

Me resulta difícil señalar qué fue lo más complicado en el primer año. Hubo muchos obstáculos que nos dieron la oportunidad de aprender. Ese año hicimos cosas que jamás habíamos llevado a cabo, y tuvimos que tomar decisiones muy importantes. También aprendimos que teníamos un negocio que funcionaba mejor en el cuarto trimestre del año. Es decir, antes de eso, no sabíamos que la naturaleza de nuestro negocio se regía por temporadas y que, por casualidad, lo iniciamos precisamente en la época más propicia.

El cuarto trimestre es el de mayor movimiento en lo que se refiere a dar regalos y, por lo tanto, representaba mucho trabajo para nosotros. Sin embargo, cuando llegó el verano, la temperatura subió y nuestras ventas se desplomaron. Entonces nos dimos cuenta de dos cosas: que estábamos transportando chocolate en Arizona. Mala idea. Transportar brownies de chocolate en una temperatura de 44 grados, no es lo más adecuado, pero, por fortuna, el primer problema fue fácil de resolver gracias a los conocimientos de ingeniería de David. En muy poco tiempo aprendimos sobre empaques llenos de aire y de hielo, así como cajas con aislante. No obstante, poco después notamos algo más: que realmente no teníamos nada que distribuir en nuestros sofisticados empaques. Al parecer, la gente no compra muchos regalos en el verano.

A pesar de todo, obtuvimos algo bueno de las dificultades de aquella temporada. Teníamos más brownies que dinero y, como no teníamos recursos para anunciarnos, les enviamos el producto a editores de periódicos y revistas con la esperanza de que Fairytale Brownies les gustara tanto como a nosotros. Increíblemente, ¡escribieron sobre el negocio en la sección de gastronomía del *New York Times!* Fue en la edición de junio de aquel año. En el ámbito de la venta de alimentos, eso es como conseguir un boleto VIP o ganarse la lotería. El artículo nos generó suficientes ventas para mantenernos todo el verano.

Como ya teníamos más ventas pero nuestro sistema de producción era ineficaz, decidimos que había llegado el momento de solicitar la asesoría de un verdadero experto en repostería. Encontramos a una persona que nos enseñó un procedimiento de horneado que era más rápido que el que nosotros usábamos, y eso nos encantó. También nos mostró estrategias para facilitarnos las cosas, por medio del uso de ingredientes distintos y de saltarnos algunos de los pasos del proceso de horneado. Al principio, creímos que era genial, pero luego descubrimos que ir por la ruta más económica no era precisamente lo que queríamos para Fairytale Brownies. Nuestro objetivo era (y sigue siendo) hornear los mejores brownies del mundo y convertir a nuestra marca en la número uno.

Aquella fue una lección importante para nosotros porque descubrimos que, aunque la asesoría de los expertos es muy valiosa, no siempre tienes que aplicar *todo* lo que te dicen. Hasta la fecha continúo solicitando ayuda, y si más de un experto me dice lo mismo, entonces considero que tal vez vale la pena intentarlo. ¿Pero cuál es la prueba de fuego? Mi instinto.

No pasó mucho tiempo antes de que alcanzáramos un nivel de éxito que nos brindó los recursos necesarios para comerciar nuestros brownies. Tal vez imagines que las cosas empezaron a fluir a partir de ese momento, pero no fue así. ¡Un año nos quedamos sin brownies justo en medio de la temporada navideña!

A pesar de que éramos principalmente una compañía que enviaba el producto por correo, siempre tuvimos un pequeño mostrador en cada panadería. La gente podía pasar y comprar regalos para la familia o para la gente de la oficina, por lo que a menudo recibíamos órdenes grandes. El problema era el siguiente: nuestros controles de inventario eran demasiado inciertos y especulativos, y además, recibíamos miles de órdenes prepagadas de nuestros clientes por correo directo. Lo que teníamos que hacer de manera inmediata, era cubrir esas órdenes antes de aceptar nuevas. Por eso fue que, justo en la temporada alta, tuvimos que limitar el número de brownies que estaban disponibles para venderse en nuestra tienda.

Fue muy doloroso porque nuestros clientes podían asomarse detrás del mostrador, echar un vistazo a la panadería y comprobar que había pilas de cajas de brownies por todos lados.

Los desafíos se presentan todo el tiempo en el ámbito empresarial, en particular cuando eres el tipo de persona que trabaja de forma directa en su negocio. Un día llegamos a la panadería y descubrimos que alguien había cortado todas las líneas telefónicas que salían por la puerta trasera, algo terrible para una compañía que recibe órdenes por ese medio. En otra ocasión, nuestro casero nos obligó a mudarnos a un lugar más grande. Y claro que eso fue maravilloso, el problema fue que nos obligó a hacerlo justo en la época más ocupada del año para nosotros. Por supuesto, estábamos exhaustos física y mentalmente. Luego, los empleados de la mudanza que contrató el casero, dejaron caer la mezcladora. ¡Y ésa fue la gota que derramó el vaso! Todos esos inconvenientes, en realidad eran aprendizaje disfrazado. A partir de ese momento, nos hicimos más sagaces en todo, incluyendo las negociaciones de contratos de renta.

Ser empresario te obliga a enfrentar desafíos de manera cotidiana, pero cuando tienes un negocio propio y una enorme pasión por lo que haces, de alguna forma siempre terminas arreglando cualquier asunto. Trabajas entre 18 y 20 horas al día, pero no te importa porque tu entusiasmo te mantiene de pie. Lo mejor de todo es ver, justo frente a ti, cómo va creciendo lo que creaste.

Por otra parte, toma en cuenta que en tiempos tan pletóricos de emoción, otros aspectos de tu vida pueden resultar afectados. Yo, por ejemplo, subía y bajaba de peso cinco kilos a la vez. Y es que, a veces, particularmente cuando te dedicas a hornear brownies, o se te olvida comer o terminas haciéndolo en exceso.

Tu familia nunca te ve. En mi caso, ser empresaria era mi sueño, no el de mi marido; la idea de tener un negocio propio me emocionaba a mí, no a él. Además, de cierta forma le estaba pidiendo que confiara en mí a pesar de que yo misma no sabía con exactitud lo que estaba haciendo. Por suerte él me apoyó, incluso cuando más incertidumbre tenía sobre el futuro.

La buena noticia es que los negocios que están bien diseñados y que logran alcanzar un desempeño saludable, tarde o temprano terminan proveyéndote lo mejor de ambos mundos. Así pues, es posible vivir la emoción empresarial y, al mismo tiempo, contar con el equilibrio emocional que tú y tus seres amados necesitan y merecen. En mi caso, la libertad, la flexibilidad y el éxito de tener mi propio negocio, fueron beneficios mayores a las pruebas y las tribulaciones del camino. Además, es mucho mejor que trabajar para alguien más.

En realidad, es muy agotador recordar todo esto porque estoy consciente de lo cansada que estaba cuando sucedió. Lo más curioso es que, en aquel tiempo, la idea de renunciar no nos pasó por la cabeza ni siquiera una vez. Tal vez tú te sientes como yo porque, en cuanto ves que tu negocio y tus empleados empiezan a crecer, ya no te dan ganas de dar vuelta atrás. De pronto te imbuyes en el proyecto, superas los obstáculos y celebras incluso el más diminuto de tus logros. Cada desafío se convierte en un éxito para la compañía, en un hito, y en ese proceso, tu negocio cosecha los beneficios y se va haciendo mucho más sólido y valioso.

Cuando David y yo comenzamos en esto, queríamos crear algo especial y memorable. Viéndolo en retrospectiva, creo que logramos… hacer realidad un dulce cuento de hadas.

Eileen Spitalny, Phoenix, Arizona, Estados Unidos (http://www.brownies.com)

Eileen Spitalny, junto con su amigo de la infancia y socio de negocios, David Kravetz, hizo que su sueño empresarial se convirtiera en Fairytale Brownies, una compañía *gourmet* de envíos por correo, que entrega más de tres millones de brownies y galletas al año. La compañía ahora tiene ventas anuales por más de 9.3 millones y ha aparecido en las páginas de *Edible Phoenix* y *Life & Style Weekly*.

Eileen está involucrada en Entrepreneurs' Organization, el Museo de Arte ASU, y las compañías Slow Food y Les Dames d'Escoffier International. En 2002, fue nombrada Alumna empresaria del año, por la USC, y en 2006, Pequeña Empresaria del Año, por la Administración de Pequeñas Empresas (SBA). Eileen también participa en el libro de cocina, *Cooking with Les Dames d'Escoffier: At Home with the Women Who Shape the Way We Eat and Drink.*

BIENES RAÍCES

CAPÍTULO 27.

CÓMO EMPEZAR EN LOS BIENES RAÍCES

Para emprender el vuelo y convertirse en una
excepcional inversionista en bienes raíces, se requiere...

En una ocasión, Donald Trump dijo: "Desde mi punto de vista, son tangibles, son sólidos, son artísticos: me fascinan los bienes raíces". Estoy de acuerdo con él. Pero todavía más que los bienes raíces, me fascina el flujo de efectivo.

Absolutamente *cada uno* de los inversionistas en bienes raíces que conozco, sea hombre o mujer, comenzó con muy poco. Si tú posees bienes raíces o ya has invertido en ellos, supongo que también fue tu caso. Hay mucho que aprender, por lo que, obviamente, cometerás muchos errores, pero todo es parte del proceso. Claro que, al principio, es mucho más sencillo cometer errores con propiedades y cantidades de dinero pequeñas, en lugar de arrojarse de lleno a negocios grandes que te podrían salir demasiado caros.

Cuando hablo de bienes raíces, me refiero a los inmuebles que te pueden generar un flujo positivo de dinero o efectivo. Dicho lo anterior, ahora mencionaré que, a menudo, las mujeres (bueno, y también los hombres) aplican la estrategia de comprar y vender con el objetivo de obtener mayores ganancias y luego poder asignarlas para la adquisición de un inmueble de mayor tamaño que puedan rentar y que les genere flujo de efectivo.

Una observación: la compra y venta para obtener ganancias, sólo funciona cuando los bienes raíces incrementan su precio, no cuando se deprecian.

En lo que se refiere a propiedades para rentar, el término "bienes raíces" cubre una amplia serie de productos, tales como la casa unifamiliar, la dúplex, la tríplex, el edificio de departamentos, el edificio de oficinas de una sola empresa, el de varias empresas, la tienda al menudeo, el centro comercial minorista, las grandes bodegas y las instalaciones para el almacenaje de productos propios, así como la bodega y el parque industrial. No obstante, existen otros productos que no son tan comunes.

Mi cuñada se llama Tenzin. Es una monja budista y trabaja con el Dalai Lama. Tenzin no hizo voto de pobreza pero tiene un estilo de vida bastante modesto, y debido a un susto de salud que recibió y que le resultó muy costoso, se dio cuenta de que el dinero ocupa un lugar en su vida. En ese momento comenzó su viaje al dinero y las inversiones. Su búsqueda la condujo a una económica y bastante sencilla modalidad para invertir en bienes raíces. En su caso, los "bienes raíces" son casas rodantes. Las casas rodantes son muy comunes en muchas ciudades de todo el mundo. Son casas prefabricadas que, técnicamente, pueden ser transportadas. Mucha gente que vive en este tipo de casas, las ubica en grandes parques destinados a ese propósito, y vive junto a otras personas en la misma situación.

Tenzin descubrió que podía comprar una casa rodante por tres mil dólares y recibir un flujo positivo de efectivo de unos doscientos dólares al mes. Es un retorno bastante bueno a cambio de su dinero. Tenzin también descubrió que, en California, donde ella vive, las casas rodantes son consideradas vehículos automotores. Gracias a eso, ella no tiene que llevar a cabo el engorroso trámite de bienes raíces que se requiere para acreditar la propiedad de un inmueble. Lo único que tiene que hacer es ir al Departamento de Vehículos Automotores y recoger su título. Ésta fue una solución viable para que Tenzin, una monja que tiene muchas responsabilidades que no le generan ingresos, pudiera comenzar a hacer crecer su columna de activos.

Clinica Hernández nos habla de otro tipo poco común de bienes raíces.

Un día conocí a una inversionista (¡sí, era mujer!) y le pedí que me dejara trabajar para ella. Mi interés no era obtener dinero sino aprender, y por eso, siempre he estado dispuesta a realizar las labores que me encomienda. Durante este proceso, llegó un momento en el que decidí cuál era el tipo de negocio en el que quería invertir: ¡anuncios espectaculares!

Por supuesto yo no sabía nada acerca de espectaculares, de hecho, siempre creí que le pertenecían a la ciudad. Pero luego aprendí que son considerados bienes raíces. ¡Son rentas sin inquilinos! Por lo general, los anuncios espectaculares generan muy buenos ingresos. Cuando la economía es sólida, se utilizan mucho, y cuando decae, los espectaculares se vuelven la forma más económica que tienen las compañías para anunciarse. Puedes obtener entre mil y cinco mil dólares en renta mensual, por cada lado del espectacular. Jamás me había sucedido algo así. Ahora, cada vez que veo espectaculares, pienso, ¡dinero, dinero, dinero!

Recuerdo una ocasión que iba caminando por el centro de Los Ángeles, y comencé a ver enormes anuncios espectaculares en los costados de los edificios: los propietarios de los mismos habían creado sus propios espectaculares y, lo que alguna vez fue muros vacíos, se convirtió en espacios que generaban dinero gracias a que las compañías podían anunciarse en ellos. Cualquier lugar en que puedas colocar un anuncio (la parte anterior de los asientos de los aviones, las ventanas de un auto, o incluso un gabinete sanitario), es parte de los bienes raíces.

Cómo transformar un pasivo en activo

Mi amiga Mona y su esposo siempre quisieron tener su propia cabaña en las montañas de Arizona porque, cuando el calor del verano llega a Phoenix, las montañas ofrecen una frescura muy agradable. La pareja visitó varios pueblos e inspeccionó las propiedades disponibles; finalmente encontraron una cabañita que les pareció que sería un refugio muy acogedor.

A ellos nunca les gustó la idea de solicitar una hipoteca que tuvieran que pagar, pero cuando hicieron su investigación, descubrieron que en el área había escasez de propiedades. En pocas palabras, ¡ellos no eran los únicos en Phoenix que estaban tratando de encontrar un lugar para huir del calor! Problema resuelto. Lo único que necesitaban hacer era instalar una cerradura en alguno de los clósets, y encerrar en él sus artículos personales. De pronto, ya estaban metidos en el negocio de las rentas de inmuebles para vacacionar. Mona y su esposo tomaron una propiedad que era un pasivo (es decir, una hipoteca que tenían que pagar) y la transformaron en un activo que les produjera ingresos. Además, tuvieron un beneficio adicional que no esperaban: aunque ellos no eran muy versados en las actividades en zonas con nieve, descubrieron que hay mucha gente que visita las montañas de Arizona para esquiar en ellas. ¡Otra oportunidad de generar ingresos todo el año!

Como Donald Trump lo dijo, los bienes raíces son "artísticos". Se puede aplicar mucha creatividad en el mundo de los inmuebles, no importa si se trata de un edificio de veinte oficinas o de un cubículo sanitario. Todo depende del enfoque que tengas.

Las ventajas de invertir en bienes raíces

- **Apalancamiento de OPM (Dinero de Otras Personas)**
  Tú puedes pagar diez, veinte o treinta por ciento de enganche, y luego, un banco, institución de crédito o particular, te puede proveer el resto del financiamiento. Con sólo tener unos diez mil o veinte mil dólares, puedes llegar a ser el dueño de una propiedad de cien mil.

- **Flujo de efectivo**
  Si se compra y se maneja de forma adecuada una propiedad, pueden surgir tremendas oportunidades para obtener ganancias mensuales o flujo de efectivo.

- **Apreciación** *(incremento que se produce en el valor de la propiedad con el paso del tiempo)*
  Si el valor de tu propiedad se incrementó y decides vender, a tu ganancia se le llama apreciación. El flujo de efectivo y la

apreciación son dos tipos de ingresos que se pueden recibir al rentar propiedades.

• **Control**

Tú tienes el control sobre el ingreso, los gastos y la deuda de tus propiedades.

• **Menor vinculación a las fluctuaciones de los mercados**

Una propiedad que produce flujo de efectivo no está sujeta a los altibajos cotidianos de los mercados. Por lo general, los bienes raíces son una estrategia a largo plazo y, de hecho, un mercado bajista podría representar el mejor momento para comprar este tipo de activos.

• **Ventajas fiscales**

1. Depreciación: es una deducción anual. Normalmente, es un porcentaje del valor de la propiedad que puedes presentar como un gasto contra ganancias.

2. Las viviendas de interés social, la rehabilitación de edificios históricos y algunas otras inversiones en bienes raíces, tienen la posibilidad de solicitar un crédito fiscal. El crédito fiscal se deduce directamente de los impuestos que debes.

3. En algunos países, la declaración por ganancias recibidas tras la venta de bienes raíces se puede aplazar de manera indefinida, siempre y cuando dichas ganancias se continúen reinvirtiendo en bienes raíces.

• **Es un proceso lento**

El proceso de los bienes raíces te permite hacer la tarea: comparar inmuebles, analizar números y tomar la decisión que más te convenga para invertir.

• **Experiencia con la que tal vez ya cuentas**

Si tú puedes adquirir tu propia casa o lugar para habitar, entonces ya puedes involucrarte en la inversión en bienes raíces.

- **Negocio en casa**

Incluye a tus niños en cada proyecto de inmuebles para rentar que participes. ¡Así pueden aprender juntos!

Las desventajas de invertir en bienes raíces

- **Retrasos**

Ofertas, contraofertas, avalúos, inspecciones, financiamientos y demás operaciones del proceso inmobiliario, toman tiempo.

- **Falta de liquidez**

Liquidez es la capacidad de convertir un activo en dinero en efectivo. En el caso de los negocios inmobiliarios, uno no se puede meter o salir con rapidez. Y aunque en ocasiones el retraso o tiempo que dura el proceso de compra puede resultar una ventaja, también podría resultar un tremendo contratiempo, si lo que deseas es comprar o vender de inmediato.

- **Complejidad**

De los cuatro tipos de activos, los bienes raíces son el segundo más difícil (después de los negocios). Recuerda que, ocasionalmente, también tienes que lidiar con departamentos desocupados y malos inquilinos.

- **Exigencias respecto al tiempo invertido**

Para encontrar un buen negocio inmobiliario se requiere de tiempo. Además, el proceso de administrar propiedades es cotidiano.

CAPÍTULO 28.

TRANSFORMA LOS PROBLEMAS EN GANANCIAS

La historia de Lesley Brice

Lesley es la mujer más inteligente que conozco en el mundo de la administración de inmuebles. ¿Qué es lo que la hace tan sagaz? Que maneja miles de departamentos todos los días. Estoy segura de que ella ya escuchó y vio todo en ese ramo. Lesley es una mujer sensata y maravillosa; es amable y considerada, pero, si te tardas en pagar la renta, entonces podrías llegar a conocer el otro lado de su personalidad.

En lo que se refiere a la administración de propiedades, no hay nada mejor que contar con experiencia real porque es la más ruda que existe. Las anécdotas que relatan algunos propietarios y administradores, son mejores que cualquier programa de televisión.

Lesley me rescató cuando tuve problemas con un edificio de departamentos que me pertenece, y gracias a ella y a su equipo, pude convertir un enorme pasivo en activo con excelente desempeño.

Kim Kiyosaki

Kim comparte otro error... o experiencia de aprendizaje

Robert y yo hemos sido durante diecisiete años los propietarios de un edificio de departamentos con una ubicación privilegiada en Scottsdale, Arizona. Como ya lo expliqué anteriormente, a mí me gusta adquirir las propiedades y conservarlas en mi poder. En el caso de ésta, desde el primer día supervisé a la administradora de planta y presté atención al ingreso, los gastos y, por supuesto, al flujo de efectivo.

Hace varios años llegó un momento en el que tuvimos que enfocar toda nuestra atención en el negocio de educación financiera debido a que realizamos una revisión global de éste. Debido a eso, dejé de supervisar la administración de la propiedad que mencioné y supuse que, después de los años que ya habían pasado, podría prácticamente seguir funcionando sola. La administradora seguía siendo la misma mujer que contraté al principio. "¿Qué podría salir mal?", me pregunté. Para mantenerme al tanto de la operación del edificio, le pedí a Teresa, una mujer que trabajaba con nosotros, que fuera el vínculo entre la administradora de planta, el encargado de mantenimiento, el contador y yo. Teresa nunca había manejado una propiedad antes, así que, lo que sucedió a continuación no tuvo nada que ver con su capacidad o su intelecto. La estúpida fui yo.

¿Conoces esa sensación de cuando algo anda muy mal pero no puedes señalar con exactitud qué es? Tu instinto te dice algo pero no tienes pruebas para respaldar lo que presientes. Mes a mes revisé el estado de cuenta de las pérdidas y ganancias, así como el estado de cuenta de flujo de efectivo de la propiedad. Noté que los gastos por reparaciones seguían incrementándose. La explicación que me dieron fue que muchos de los departamentos necesitaban remozarse y que la administradora y el intendente los estaban arreglando de uno en uno. Pero lo que verdaderamente me empezó a volver loca fue que el flujo de efectivo que recibíamos de esa propiedad pasó de ser un retorno muy saludable, a estar en números rojos, y por lo tanto, en pérdidas mensuales para nosotros. Aquella situación rompía mi regla número uno de las inversiones y eso me parecía inadmisible.

Finalmente, después de muchos meses de frustración, le pedí a Ken, nuestro socio de inversiones y propietario de una compañía muy grande y exitosa de administración inmobiliaria, que nos ayudara. El edificio sólo tenía dieciocho departamentos y resultaba demasiado pequeño para los estándares que manejaba su compañía, sin embargo, nos ayudó como un favor especial. Fue entonces que conocí a Lesley. Ella se hizo cargo del asunto con mucho ímpetu. Ahora te diré lo que descubrió.

La administradora de planta, quien había trabajado con nosotros desde que compramos la propiedad, estaba haciéndose mayor y ya no se sentía capaz de lidiar con todas las tareas que implicaba un edificio de dieciocho departamentos. Por lo anterior, decidió delegarle la mayor parte de sus responsabilidades al empleado de intendencia, su hijo Pete. Hasta ese momento, Pete había estado desempleado.

Sucede que Pete estaba cobrando una cantidad exagerada por cada trabajo que realizaba. Sin embargo, ése no era el mayor gasto. Cuando uno de los inquilinos dejaba el edificio, Pete no buscaba un nuevo inquilino, en lugar de eso, usaba el departamento como bodega. ¿Y qué almacenaba ahí?, te estarás preguntando. Pues lavaplatos, hornos de microondas, herramientas y alfombras que nos cobraba para remozar los departamentos, pero que no usaba con ese propósito. En realidad, estaba comprando todos esos artículos para sí mismo, para usarlos en su propia casa o para venderlos. Con razón no había flujo de efectivo.

Ése es el costo de una propiedad mal administrada. Dejé de prestar atención al inmueble y no pasó mucho tiempo antes de que se viniera abajo, los gastos aumentaran y el flujo de efectivo desapareciera.

Lesley al rescate... Aquí tienes su historia

En 2008, Kim se acercó a Ken McElroy y a mí para solicitarnos que nos hiciéramos cargo de su edificio de dieciocho departamentos. Se trataba de un edificio de mediados de siglo ubicado en el corazón de Scottsdale, Arizona, y cuyo nombre era Loloma Vista Apartments. Kim había comprado el inmueble en 1995, y en aquel mismo tiempo también contrató personal de planta para que supervisara el funcionamiento del edificio. A Kim le preocupaba cada vez más que la propiedad no estuviera operando como ella creía que debía hacerlo y que, para colmo, ella tuviera que invertir dinero cada mes para mantener el edificio a flote. Había una alta tasa de desocupación pero no existía ninguna razón en el mercado que la justificara y, además, los gastos estaban fuera de control. Usualmente, nosotros administramos edificios mucho más grandes, pero debido a que Robert y Kim son nuestros socios, estuvimos dispuestos a ayudarles.

Nos enteramos de que Kim administraba la propiedad por medio de una empleada que llevaba mucho tiempo trabajando con ella, y que estaba a cargo de recoger las rentas, negociar los contratos y supervisar el mantenimiento general. Ese sistema funcionó durante bastante tiempo y el negocio resultaba ventajoso. Sin embargo, con el paso del tiempo comenzaron a haber mermas en el flujo de efectivo, situación que condujo a Kim a solicitar nuestra ayuda.

Comenzamos haciendo un análisis financiero. Antes de entrar a la propiedad le pedimos a Kim que nos diera los estados de operación y la lista de rentas para revisarlos. Identificamos varios rubros que de inmediato nos ayudaron a empezar a diseñar el plan de ataque. Esto fue lo que encontramos:

1. Reconocimos que el mayor problema lo representaban los ingresos. Las pérdidas económicas eran de treinta y seis por ciento. La mayoría de estas pérdidas estaba relacionada con la tasa de desocupación, el resto era producto de descuentos en la renta que se hacían mes a mes. La tasa de ocupación era de sesenta y siete por ciento, es decir, seis de los dieciocho departamentos, estaban desocupados.

2. Los gastos de operación también eran un problema. La nómina, las utilidades y los gastos de mantenimiento se estaban comiendo las ganancias al punto de que, tan sólo para salir tablas, la propiedad habría necesitado una ocupación del ciento cincuenta por ciento. Tal vez te estés preguntando, "¿Y eso es posible?". Bien, pues no, no lo es. ¡A menos de que puedas construir otras nueve unidades y ocuparlas!

3. Los gastos por las mejoras eran astronómicos. Ocultos en el libro de contabilidad, descubrimos altos niveles de costos de remplazo en alfombras, pisos y enseres eléctricos.

4. También llevamos a cabo un estudio de las rentas. Comparamos las de Loloma Vista con las de otros departamentos que compiten al mismo nivel y que se encuentran dentro de un radio de poco más de tres kilómetros. Encontramos que la tasa de ocupación en esa área estaba muy por encima del noventa por ciento, comparada con el sesenta y siete por ciento de Loloma Vista. Las rentas por departamentos de tamaño y antigüedad similares, eran más o menos iguales a las que se cobraban en la propiedad de Kim.

Ya armados con los datos del mercado y el análisis financiero que hicimos a nivel forense, tuvimos una lista de rubros que revisaríamos al visitar el edificio. A primera vista todo lucía muy bien; las instalaciones estaban limpias, el césped bien podado y la alberca, azul (lo cual siempre es una buena señal).

Después de ver eso, nos enfocamos en el mayor problema: la desocupación. Inspeccionamos los departamentos y confirmamos que había seis vacíos. Cuatro de esos seis departamentos eran prácticamente inhabitables debido a que en ellos se almacenaba equipo y a que tenían problemas de mantenimiento que no se habían atendido en mucho tiempo. Los otros dos estaban siendo remozados. Les estaban instalando duela, gabinetes y enseres nuevos, y barras de granito en la cocina. ¡El costo total ascendía a unos siete mil dólares por departamento!

Pues bien, ciertamente lo anterior respondía a las preguntas de "¿Por qué la tasa de ocupación era tan baja?" y "¿Por qué los gastos son tan altos?". No solamente no había departamentos listos para rentar, además, los arreglos para cada unidad eran exagerados. Realmente no había excedentes ni potencial de retornos porque los departamentos remozados se rentaban al mismo precio que aquellos en los que no se había trabajado.

La inspección continuó con base a la siguiente prioridad: los gastos de operación. Queríamos saber por qué la nómina estaba tan desproporcionada en relación al tamaño de la propiedad. Entonces descubrimos que la administradora había contratado a su hijo como técnico de mantenimiento. El resultado fue que los gastos generales que eran necesarios para manejar un edificio de dieciocho departamentos se duplicaron. Encontramos herramientas, loseta y duela, enseres fijos de iluminación, gabinetes y otros artículos que fueron comprados y almacenados en todo el edificio.

Asimismo, hallamos problemas importantes en los sistemas de calefacción, ventilación y aire acondicionado; y anomalías en la plomería como fugas de agua. Todo lo anterior provocaba que los gastos se incrementaran. Descubrimos que uno de los departamentos inhabilitados tenía una fuga en la placa de concreto, que no podía ser reparada. Nos dijeron que, cada vez que habían intentado arreglar el problema, surgía otra fuga a unos metros y que, por eso, decidieron cerrar la puerta y dejar el problema sin resolver… ¡varios años antes!

Sobra decir que en ese momento intervenimos y nos hicimos cargo de la administración del activo. Metimos nuevo personal de medio tiempo y actuamos de inmediato para arreglar todos los departamentos vacíos y dejarlos listos para rentarse. Por supuesto, evitamos llevar a cabo remodelaciones importantes y tratamos de mantener el estilo "antiguo" que implica el vivir en una zona histórica. Incrementamos los ingresos en treinta por ciento con tan sólo llenar de inquilinos el edificio y mantener una baja tasa de desocupación. Las fuentes secundarias de ingresos como facturación, cuotas por solicitud, cuotas por permisos para mascotas y cuotas administrativas no reembolsables, generaron ingresos adicionales. En conjunto con los ahorros que se hicieron, el flujo general de efectivo se incrementó en 350 por ciento. Nosotros seguimos administrando este activo hasta la fecha.

Ahora tal vez te preguntes, "¿Cómo pudo suceder esto en un edificio de Kim Kiyosaki?". La respuesta es que le puede pasar a cualquiera. Cuando la operación se da de una manera fluida y ventajosa durante mucho tiempo es difícil no acostumbrarse. Kim fue muy valerosa al preguntar qué estaba pasando y muy inteligente al contratar a gente que sabe más que ella acerca de administración de propiedades.

Lesley Brice, Glendale, Arizona, Estados Unidos
(mccompanies.com /mcresidential.com)

Lesley Brice es socia y presidenta de MC Residential Communities. Ella supervisa a administradores inmobiliarios a nivel particular y corporativo. Comenzó su carrera en bienes raíces hace más de veinte años y cuenta con enorme experiencia en viviendas multifamiliares. Ha desempeñado una amplia gama de actividades en desarrollo de bienes raíces, inversiones, administración de activos y conversión a régimen de condominios. Lesley es una empresaria visionaria con un genuino sentido de lo que significa ser propietario, y está orgullosa de los inmuebles que supervisa.

Lesley comenzó su carrera como agente residente de servicios en una enorme comunidad departamental y, a medida que fue subiendo por el escalafón del ramo inmobiliario, adquirió experiencia en contratos, como agente inmobiliario corporativo, asistente de administración, administradora y administradora de activos, hasta alcanzar su puesto actual como presidente de MC Management.

Esta dama tiene licencia de corredora y forma parte de la mesa directiva de la Asociación de Multiviviendas de Arizona (AMA, por sus siglas en inglés). Es presidenta electa del Comité Ejecutivo de la Mesa. En su papel de líder en la industria de la multivivienda, Lesley cree en el valor de la educación y les ofrece oportunidades muy desafiantes a sus empleados. Es una apasionada educadora y tuvo la suerte de participar en el foro inaugural de Mujer millonaria en 2010. También se ha presentado como oradora en eventos educativos de Padre rico. Fue delegada de la Asociación Nacional de Departamentos (National Apartment Association) y miembro de Mujeres en Bienes Raíces Comerciales de Arizona (AZ CREW, por sus siglas en inglés. Ver página www.arizonacrew.org), la Asociación de Agentes Inmobiliarios del Área de Scottsdale (SAAR, por sus siglas en inglés.

Ver página: www.saaronline.com), y de la Asociación Nacional de Agentes Inmobiliarios (NAR, también por sus siglas en inglés).

Lesley fue finalista del concurso Supervisor de Inmuebles del año, organizado por la AMA, y sus propiedades y empleados han sido candidatos, finalistas y ganadores de premios de la NAA y la AMA. Además está involucrada en la campaña Big Hearts for Little Hands de UMOM, dedicada a trabajar para ayudar a la gente de Arizona que no tiene casa.

Lesley y su esposo viven en Glendale, Arizona, con sus tres hijos. Además de pasar tiempo con su familia, ella disfruta de las actividades en exteriores y, en su tiempo libre, le gusta cocinar, leer y viajar.

CAPÍTULO 29.

CORRE RIESGOS CALCULADOS

La historia de Rita Khagram

En el entorno cultural en el que se crió Rita, sólo a los hombres se les educa para convertirse en negociantes y para ganar dinero. Debido a que ella quería poseer sus propios medios económicos, se rebeló contra las reglas con las que la educaron y se dispuso a marcar la diferencia, no sólo en su vida, sino en las vidas de quienes la rodeaban, especialmente la de su hija. Le pedí a Rita que compartiera su historia porque ilustra de una manera muy hermosa la influencia que puede tener una madre sobre el futuro financiero de su hija.

Kim Kiyosaki

Nací en Kenia y soy la tercera de cuatro hijos. Cuando mi padre llegó a las costas de Kenia, proveniente de la India, era sólo un niño de trece años que no tenía dinero ni educación. Sin embargo, en unas cuantas décadas, la compañía que fundó comenzó a prosperar en cuatro países, dándole la oportunidad de contratar a varios miles de personas. Sus mayores éxitos, sin embargo, fueron como padre. Él era nuestro ídolo, alguien a quien mis hermanos y yo respetábamos y admirábamos.

Siendo niña, mis hermanos fueron motivados a tomar en serio su educación, mientras que a las niñas no se les consideraba una fuerza importante en el ámbito de los negocios. En la cultura hindú, se espera que el hombre sea el único proveedor de la familia. A mí me daba mucha tristeza esta noción porque sentía que a las mujeres no se les brindaban oportunidades equitativas.

Haciendo estudios en el extranjero, conocí a mi esposo: un hombre inteligente que vivía en Inglaterra, pero que no se dedicaba a los negocios. Mi padre se preocupó. Recuerdo lo que susurró aquel día, "El mundo es muy difícil, especialmente cuando no tienes dinero y eres una chica en un país que no es el tuyo. Esto no es para ti".

Tomé sus palabras como si se tratara de un desafío y le prometí, no sólo a él, sino a mí también, que llegaría a tener tanto éxito como él. Ese paso fue uno de los más difíciles que he dado porque, en aquel tiempo, pensaba que para hacer dinero se requería tener dinero. Soy optometrista pero me involucré en distintos proyectos porque me pareció que ésa sería una buena primera estrategia para alcanzar el éxito. De esa manera logré iniciar un pequeño negocio. A pesar de que había tenido un buen empleo por varios años, no contaba con dinero y, por lo tanto, tuve que vender nuestro auto para cubrir el primer depósito de un consultorio de optometría. ¡Pasaba más de sesenta horas trabajando en ese negocio!

Amo a mi hija con todo mi corazón. Ella es, sin lugar a duda, una de las mejores cosas de mi vida, y me gusta pensar que me esforcé muchísimo porque quería lo mejor para ella. El tiempo se fue volando mientras iba creciendo y el equilibrio entre mi trabajo y el tiempo que pasaba con ella era como un delicado sube y baja que se inclinaba más hacia el trabajo. Antes de que siquiera pudiera darme cuenta, se había rodeado de malas compañías y se había convertido en una adolescente problemática. En una ocasión me dijo, "¿Cómo te atreves a decirme qué hacer? ¿Quién te crees?, si lo único que te interesa es tu trabajo". Y entonces, se me encogió el corazón.

Mi esposo me apoyaba mucho y creía en mí, sin embargo, ese momento fue decisivo. Supe que tenía que encontrar el equilibrio. ¡Si tan sólo el día tuviera más horas y fuera más sencillo ser exitosa!

Decidí vender los consultorios (ya tenía dos para entonces) porque pensé que podría encontrar un empleo de medio tiempo que me permitiera tener más tiempo libre. Como no tenía conocimientos sobre finanzas en aquel entonces, cometí muchos errores, no obstante, siempre fui cuidadosa y traté de tener suficiente dinero para la educación de mi hija. Por eso estaba muy contenta con la decisión de trabajar medio tiempo.

Algunos meses después recibí un requerimiento fiscal de la oficina de impuestos, y en él me reclamaban ¡sesenta por ciento de mi dinero! Mi contador no me había asesorado bien, y como yo no tenía antecedentes financieros y no sabía bien qué preguntas hacer, caí en esa enorme trampa. Todo mi esfuerzo, todas las horas y los años que me perdí de ver crecer a mi hija, me hicieron sentir muy vulnerable. Estaba muy herida también.

Sin embargo, le prometí a mi hija que, de todas maneras, iríamos a la India de vacaciones. La pobreza que pude ver ahí me conmovió muchísimo y, de hecho, tuve una experiencia que me cambió la vida. Cuando visité un templo en Mumbai, vi a dos niños; uno de tres y otro de cinco años. Los niños estaban tomados de la mano mendigando fuera del templo porque no los dejaban entrar. Me acerqué a ellos, me incliné y miré sus inocentes ojos. En cuanto estiré la mano para darles algo de dinero, pude sentir su miedo. Me sorprendió mucho que lo rechazaran, pero es que, lo que en realidad querían, era algo de comida caliente, algo a lo que creo que todo mundo tiene derecho. Entonces los llevé a un café. Como no los dejaron pasar, me esperaron afuera con mucha paciencia. Entré y pedí algunos platillos calientes para llevar.

Mientras tanto mi esposo me esperaba en una calle verdaderamente transitada, y lo único que quería era que me metiera al taxi. Salí con las bolsas de comida ¡y dos adolescentes pasaron junto a mí y me las arrebataron! Lo único que recuerdo es que, en ese momento, mi esposo me jaló y me metió al taxi. Cuando me asomé por la ventana vi lágrimas en las mejillas de aquellos pequeños. La imagen se quedó por siempre conmigo. No pude dormir durante días y, hasta la fecha, a veces todavía pienso en ellos. Sabía que tenía que hacer algo para ayudarlos; ya no se trataba de mí o de mi familia. Tenía que hacer algo más para ayudar a la gente pobre.

Quería hacer más dinero y usar una parte para ayudar a otros. Fue entonces que Naftalí, un amigo muy querido, me llevó a un seminario de Padre rico después de leer *Padre rico, Padre pobre* de Robert Kiyosaki, y de jugar *CASHFLOW 101*. Todo eso me hizo darme cuenta de que si quería lograr el éxito necesario, tendría que aprender más.

Mi vida dio un giro positivo en cuanto empecé a aprender más acerca de apalancamiento e ingresos pasivos. El primer paso fue refinanciar mi propiedad. Mi nueva estructura mental me dio el poder de hacer inversiones que fueron teniendo éxito de manera gradual. En los primeros tres meses a partir de que comenzó mi educación financiera, adquirí seis propiedades que me producían un flujo positivo de efectivo. Sólo se trata de correr riesgos calculados. Kim Kiyosaki fue una gran inspiración para mí en aquel tiempo.

A pesar de que perdí a mi padre hace casi dos años, estoy contenta de que tuvo la oportunidad de ver a la mujer que soy ahora: propietaria de una exitosa franquicia de ópticas y de un amplio portafolio de bienes raíces. Él me dijo cuán orgulloso estaba de que hubiera logrado tanto a pesar de las desventajas que tuve en la vida. Todo ese esfuerzo y sacrificio que hice valieron la pena.

Mi hija Naiya es mi inspiración. Su inteligencia es tan evidente que ahora tenemos una relación como socias de negocios. Juntas fundamos una organización de caridad para ayudar a niños, y apoyamos para que se repliquen Clubes de CASHFLOW en Londres para poder compartir con todo mundo este juego que le puede cambiar la vida a cualquiera.

Rita Khagram, Londres, Inglaterra, Reino Unido

Rita nació en Kenia, y comparte con Naiya, su hija y socia de negocios, el sueño del espíritu empresarial y de la creación de ingreso pasivo. Juntas han enfrentado desafíos y privaciones, y gracias a la asociación que fundaron, Rita le está dando forma a futuras generaciones.

CAPÍTULO 30.

SOCIOS EN LA VIDA, SOCIOS EN LOS NEGOCIOS

Las historias de Leanne Carling y Anita Rodríguez

Hay mucha gente que dice, "Sí, Kim, eso que tú haces se puede lograr en Phoenix, pero no en el lugar en donde yo vivo". Leanne vive en Glasglow, Escocia y, definitivamente, está haciendo las cosas bien, muy bien. Leanne se embarcó en la travesía financiera junto a su esposo Graeme. Recuerda que construir tu futuro financiero con tu esposo o tu pareja es la situación ideal, pero no siempre la más sencilla. En su historia, Leanne ahonda en lo que en verdad se requiere para hacer dinero con tu pareja.

Kim Kiyosaki

Nací en Glasgow, Escocia, en 1980, y en aquel tiempo, la industria se encontraba en pleno auge. Margaret Thatcher estaba en el poder; era la primera mujer nombrada Primer Ministro. Mis padres me enseñaron que debía buscar un empleo seguro que me brindara beneficios, ¡y que me durara para toda la vida! Me enseñaron que mi casa era el mayor activo que podía tener, y que era importante ahorrar y no tener deudas.

No me gustaba lo que me enseñaban en la escuela; yo sólo iba porque me agradaba socializar con mis amigos. Mis materias preferidas eran deportes e idiomas.

Abandoné la escuela a los dieciséis años y empecé mi carrera en una empresa de distribución. Mi labor consistía en capturar las órdenes de una popular cadena minorista. Me encantaba ganar mi propio dinero para comprar y hacer cosas por mí misma. En los siguientes once años salté de compañía en compañía para ocupar los puestos de tomadora de acciones, a administradora de control de acciones, a directora de mi propio equipo y contralora de mis indicadores de clave de desempeño (KPI, por sus siglas en inglés).

Disfruto de los sucesos inminentes, las fechas límite y la resolución de problemas, pero siempre estaba en busca de algo más. Era una joven e independiente mujer de dieciocho años, y a esa edad, compré mi primer inmueble.

En 2005, conocí al amor de mi vida, mi alma gemela, esposo y mentor. La enorme ventaja que Graeme tenía sobre mí era que él había leído libros de *Padre rico*, y jugado *CASHFLOW 101*. El primer regalo que recibí de Graeme fue *Mujer millonaria*, el libro de Kim. Me encantó. Luego leí otros libros de la serie Padre rico y me fui metiendo al juego. Mi viaje había comenzado.

Los siguientes dos años nos los pasamos hablando de la libertad. Mientras planeábamos nuestro viaje a la libertad financiera, apuntamos cómo sería nuestra casa soñada, y en dónde nos encontraríamos en cinco años. En septiembre de 2007, yo tenía siete meses de embarazo; Graeme y yo renunciamos a nuestros bien pagados empleos seguros para poder dedicarnos a buscar la independencia económica.

Abrimos una empresa de inversión en propiedades. Comprábamos inmuebles y luego los rentábamos para generar flujo de efectivo. Habíamos ahorrado lo suficiente para vivir los siguientes seis meses hasta enero. Después de eso necesitaríamos el flujo de efectivo o, de otra manera, nos veríamos obligados a volver al trabajo.

Escudriñamos continuamente el mercado inmobiliario y revisamos productos hipotecarios, pero el tiempo no estaba de nuestro lado. Llegó enero y, con él, nuestro primer negocio, que nos generó quinientas libras de flujo en efectivo y suficiente capital para comprar algo más de tiempo. ¿Que si estaba aterrada? Claro. ¿Cometí errores? Sí. ¿Aprendí de ellos? También. ¿Continuaré cometiéndolos? Seguramente. ¿Continuaré aprendiendo de ellos? Por supuesto.

En abril se me acercó una señora de unos setenta años que quería vender su casa, rentarla para ella misma, y liberar la herencia para sus hijos. La razón para hacerlo era que ellos ya habían comenzado a pelearse por su dinero, y ella quería decidir qué se iba a hacer con él. Después de visitarme en una ocasión con un amigo, la señora ya estaba preparada para venderme su casa. También le aconsejó a su amigo que hiciera lo mismo, y él ¡lo hizo! Debido a eso pudimos comprar tres propiedades antes de que terminara el mes de abril. Ya estábamos en camino.

En octubre de 2008, Graeme asistió a la conferencia de Padre rico llamada, "Cómo predecir el futuro". Estaba muy emocionado cuando regresó, y me dijo, "Leanne, si queremos crecer hasta desarrollar nuestro máximo potencial, tenemos que involucrarnos con el equipo de Padre rico".

Salimos de la carrera de la rata y alcanzamos la libertad financiera a finales de febrero de 2009. Actualmente, continuamos comprando propiedades, adaptándonos y evolucionando con el mercado. ¿Es un desafío? Sí, pero gracias a la continua educación que recibimos, se vuelve un desafío muy emocionante.

En 2009, viajamos juntos por todo Scottsdale para asistir a más conferencias y entrenamientos de Padre rico. Todo lo que aprendimos lo fuimos poniendo en práctica. Por ejemplo, aprendimos que cada vez que nos compramos algún juguetito caro (me refiero a esos lujos que en realidad no son indispensables), tenemos que consolidar un activo para respaldar el gasto. Eso fue también lo que hice cuando cumplí treinta años y me compré el Mercedes 4x4 de mis sueños, lo hice utilizando los ingresos que percibíamos de uno de nuestros activos.

Cada Año Nuevo usamos el Programa de Evaluación y Revisión Técnica (PERT, por sus siglas en inglés y español) para planear el año venidero y definir qué activos compraremos y cuáles serán nuestras metas profesionales y personales. Estas metas las repasamos cada tres meses; cuando no hemos alcanzado alguna, sabemos que contamos con el otro como pareja para lograrlo. Cuando tenemos éxitos, los celebramos juntos.

Cuando desempacamos en enero de 2010, en nuestra casa nueva, me encontré con un papel en el que habíamos descrito tres años antes cómo sería nuestra casa soñada. De inmediato sentí deseos de mostrárselo a Graeme porque descubrí que habíamos alcanzado una meta de cinco años en sólo tres.

En una de las conferencias a las que asistimos en 2009, "El arte de hacer negocios", aprendimos acerca de intercambios. Y, como siempre, continuamos repasando nuestro aprendizaje y poniéndolo en práctica. En julio de 2010, un mes después de que naciera nuestro segundo hijo, compramos el primer negocio a través de un intercambio que complementamos con dinero generado en otros tratos.

Sé que no me encontraría en donde estoy ahora si no me hubiera preparado y si no hubiera aprovechado las oportunidades que se me presentaron. Mi plan es continuar con mi educación financiera. Cada propiedad e investigación que realizamos tiene una historia, una lección que abre una nueva puerta. El éxito no es un destino, es un viaje. Y es un viaje que me ha fascinado realizar.

Leanne Carling, Dundee, Escocia, Reino Unido

Leanne Carling, inversionista de treinta y un años, dueña de negocios y empresaria, vive en Dundee, Escocia, con su esposo Graeme y sus dos hijos. Juntos han construido un sólido portafolio inmobiliario y comenzado a adquirir exitosos negocios.

Ambos son firmes defensores de la educación financiera y continúan enfocándose en el crecimiento de sus compañías y su portafolio inmobiliario. Tanto a Leanne como Graeme les gusta aprender y enseñar, y viajan por el mundo en busca de más educación financiera.

La historia de Anita Rodríguez

Anita fue por muchos años administradora de una escuela de Estados Unidos. A pesar de que trabajó para el sistema público escolar, estaba tan decepcionada de él que decidió educar a sus cuatro hijos en casa. Anita ha sido una férrea defensora de la necesidad de que se incluya educación financiera en el sistema escolar, y eso no ha sido cosa fácil. Ella se convirtió en una estudiante permanente del dinero y las inversiones y, hoy en día, posee suficientes activos para probarlo. ¡Ojalá tuviéramos maestros como Anita a cargo del sistema escolar!

Kim Kiyosaki

Mi esposo y yo éramos una pareja bastante común cuando descubrimos los mensajes de Padre rico. Trabajábamos con mucho ahínco en nuestros empleos, tratábamos de expandir nuestros planes de retiro y esperábamos que el mercado de valores cooperara y nos brindara retornos decentes cuando estuviéramos listos para retirarnos y sacar el dinero del banco.

En un proceso lento pero seguro, a medida que fuimos recibiendo más educación financiera, nuestro contexto cambió y creció desde adentro. En lugar de confiar solamente en los ingresos que recibíamos por nuestro trabajo, y de desear que el mercado de valores subiera, aprendimos a usar el apalancamiento para adquirir activos. Nuestros preferidos eran las casas unifamiliares para renta.

Además de la maravillosa sensación de recibir un flujo de efectivo mensual gracias a nuestros activos inmobiliarios, una de las lecciones más gratificantes ha sido superar el miedo a realizar algo. Comenzamos a invertir poco y arriesgarnos sólo con pequeñas propiedades, pero, gracias a la experiencia y la educación, hemos crecido y sido capaces de correr riesgos más grandes, aunque siempre calculados.

Uno de esos riesgos mayores a los que me refiero consiste en pujar por un inmueble cuando va a ser rematado. A esto también se le conoce como subasta pública. Es un proceso muy intimidante porque, por lo general, no podemos conocer el interior de la casa que se está subastando hasta que la compremos. No hay un periodo de inspección ni forma de retractarse. Además, es un negocio que se paga en efectivo y en una sola exhibición.

No obstante, si haces la tarea, es posible conseguir precios tan bajos en las subastas, que hacen que valga la pena correr el riesgo. En la operación que hicimos en nuestra primera subasta, adquirimos una casa que, hace unos años, valía doscientos mil dólares. Nosotros pagamos cuarenta mil por ella. Cuando giramos la llave y abrimos la puerta para ver lo que habíamos comprado, recibimos una sorpresa muy grata. No sería necesario realizar ninguna reparación mayor, sólo bastante pintura y limpieza. Por suerte, ese negocio nos salió muy bien y nos generó un excelente flujo de efectivo. Después de eso pujamos por dos propiedades más, también en remates inmobiliarios.

Lo que sí se debe tomar en cuenta es que cada casa trae consigo una nueva experiencia de aprendizaje. Nunca puedes decir, "Ya llegué" o "Ya lo sé todo" porque cada experiencia es distinta y siempre hay algo nuevo que aprender. Dicho de otra forma, es un proceso diferente cada vez.

En una compra que realizamos recientemente, aprendimos, de primera mano, lo que significa el término "las llaves a cambio de dinero". Compramos una casa en una subasta; fue una ganga. Pero por desgracia, descubrimos que el dueño anterior y su esposa seguían viviendo ahí y no tenían ninguna prisa por irse. Llevaban un año sin pagar la hipoteca y parecían decididos a sacarle hasta la última gota de jugo a la propiedad antes de que alguien los obligara a irse.

Nosotros no sabíamos nada acerca de procesos de desalojo ni sobre las ramificaciones legales del asunto. Al, mi esposo, comenzó a llamar a abogados especializados en bienes raíces, a la policía y a organizaciones gubernamentales para investigar qué podíamos hacer. Descubrimos que podíamos usar el sistema judicial para desalojarlos, pero que eso tomaría entre uno y dos meses. Lo peor era que, antes de mudarse, los propietarios podían llegar a dañar profundamente el inmueble. Nosotros ya habíamos visto montones de propiedades rematadas, casas que habían sido preciosas, pero que terminaron saqueadas y con enormes agujeros en la pared y grafiti por todos lados.

Entonces, decidimos hacer algo que nunca habíamos probado antes. Decidimos que aprenderíamos a negociar con los dueños de la propiedad rematada, con el fin de desalojarlos de la casa. De hecho, debería aclarar que mi esposo fue el valiente que estuvo preparado para emprender dichas acciones, porque a mí, definitivamente, no me agradan esas situaciones.

Tras investigar todo lo posible acerca de los requisitos legales para desalojos, Al se acercó a la puerta de la pareja y tocó el timbre. Estaba realmente asustado porque no sabía qué tipo de respuesta obtendría de los afligidos propietarios que acababan de perder su casa. Oramos y pedimos valor y fuerza antes de intentar cualquier cosa.

Después de tres reuniones, Al y los propietarios anteriores llegaron a una solución amigable. Al se ganó su confianza porque no los amenazó con emprender acciones legales, y les dio tiempo para limpiar la casa y mudarse a otra propiedad. Las negociaciones terminaron en la mitad de tiempo de lo que habría tomado realizarlas a través de un oficial del sistema judicial.

¿Recuerdas que mencioné el término "las llaves a cambio de dinero"? Bien, pues se refiere al acuerdo que hacen los antiguos propietarios de mudarse en una fecha específica y devolver la propiedad en buenas condiciones, a cambio de una suma de dinero fijada previamente. Es por eso que se dice que los antiguos propietarios reciben *el dinero*, y los nuevos, *las llaves*. Descubrimos que la cantidad estándar de uno de esos tratos "las llaves a cambio de dinero", era de dos mil dólares. Sin embargo, gracias a las negociaciones que sostuvo Al, los propietarios aceptaron ochocientos dólares y dejaron la casa en condiciones bastantes aceptables y sin daños mayores. Aunque, claro, se llevaron el candelabro y, con él, ¡*todos* los focos, *todas* las baterías de las alarmas de incendio, y *todas* las repisas y los cajones del refrigerador! Gracias a esa experiencia aprendimos sobre cómo ser compasivos y negociar al mismo tiempo.

Aquellas semanas de espera fueron muy estresantes porque tuvimos que negociar las fechas, qué enseres se quedarían y en qué condición, así como otros detalles. En muchas ocasiones sentimos que nos habíamos equivocado al enfrentar el asunto nosotros mismos, que debimos contratar a alguien más, pero ahora que lo vemos en retrospectiva, estamos muy contentos de haber vivido la experiencia. Seguimos los consejos de Padre rico, por lo que "dimos saltos de fe" y "no permitimos que el temor nos detuviera".

A pesar de que obtuvimos resultados positivos, no queremos volver a embarcarnos en otro proceso de desalojo, de ser posible, pero sabemos que el conocimiento de primera mano y el éxito que obtuvimos nos brindaron experiencia, confianza y poder para lograr cosas más grandes y mejores. Gracias al proceso que atravesamos para superar el miedo y actuar nos hicimos mucho más fuertes.

Anita Rodríguez, Phoenix, Arizona, Estados Unidos

Anita Rodríguez es Directora de Educación de la Compañía Padre rico. A través de su negocio, Equity Investment, también invierte en remates inmobiliarios junto con su esposo, Al. Debido al reciente colapso inmobiliario, particularmente el del área de Phoenix, ellos están en condición de devolverles a los inversionistas privados un buen retorno a cambio de su dinero y, al mismo tiempo, adquirir inmuebles rematados a los precios más bajos posibles.

Anita ha estado involucrada en varios proyectos educativos durante la mayor parte de su vida. Ella educó en casa a sus cuatro hijos durante catorce años. Dos de ellos fueron aceptados en la Academia Naval de West Point y en la Academia de la Fuerza Aérea. Ambos se graduaron de la Academia de la Fuerza Aérea de Estados Unidos. Su hija mayor hizo una maestría en análisis cuantitativo. Su hija menor es abogada.

Después de educar a sus hijos, Anita ingresó al sistema público de educación como maestra en grupo, y luego como consejera de preparatoria y administradora.

Tras decepcionarse de muchos aspectos de la educación pública, y de descubrir el mensaje de Padre rico, decidió aprovechar sus antecedentes en el área educativa y ponerlos a disposición de la educación financiera. Anita trabaja con los equipos de Padre rico y Mujer millonaria para establecer vínculos con las escuelas y organizaciones comunitarias que estén interesadas en proveer educación financiera. Su pasión radica en compartir el mensaje de Padre rico y Mujer millonaria con otros, y en seguir viviendo bajo esos mismos principios.

CAPÍTULO 31.

LA PRÁCTICA HACE
AL MAESTRO

La historia de Stacey Baker

Si alguna vez te dijiste a ti misma, "No puedo hacer esto porque no tengo dinero", entonces por favor lee la siguiente historia. Stacey, originaria de Nueva Zelanda, recibía ayuda del gobierno cuando comenzó su viaje para alcanzar la libertad financiera. No aceptó ninguna excusa a pesar de que eso habría sido lo más sencillo. Stacey prefirió echar a andar su creatividad y preguntarse, "¿Cómo puedo hacer esto?", y esto es lo que descubrió.

Kim Kiyosaki

Dejé la escuela en 1982, a la edad de dieciséis años. No tenía educación sólida ni objetivos reales. Tuve varios empleos y vivía de una quincena a otra; asimismo, por periodos intermitentes recibí ayuda del gobierno, de lo cual, tampoco estoy muy orgullosa. Odiaba vivir en la pobreza, pero mi vida continuó más o menos así hasta finales de los noventa, cuando encontré el libro *Padre rico, Padre pobre*. Después de leerlo, cambió mi actitud respecto al dinero. Comencé a aprender la jerga económica gracias al juego de mesa *CASHFLOW*. En aquel entonces recibía ayuda del gobierno y era madre soltera. Tenía un hijo pequeño. Recuerdo que me preocupaba cómo iba a pagar la cuota de diez dólares del kínder de mi hijo. Los tiempos eran muy difíciles, pero, gracias a que había cambiado mi forma de ver las cosas y a que ahora pensaba de manera positiva, comencé a buscar oportunidades. Y así como en el juego de *CASHFLOW*, sabía que tenía que existir una manera de salir de la carrera de la rata.

Para no hacer la historia larga, les comentaré que compartía una pequeña casa con una amiga que era doctora y trabajaba como médico general en la clínica local. Ella me dijo que el propietario de la clínica le había ofrecido vendérsela. Yo normalmente no habría estado interesada en un negocio así, pero, como leí *Padre rico, Padre pobre*, detecté una gran oportunidad. Después de discutir el asunto varias veces y de pensar las cosas con cuidado, entre las dos le hicimos una oferta al dueño. Después de revisar los números, Medical Assurance Society ofreció prestarnos veinticinco por ciento de la cantidad total. Llegamos a un acuerdo con el propietario para que nos financiara el setenta y cinco por ciento restante del préstamo, y la clínica fue nuestra.

De pronto me vi envuelta en el mundo de los abogados y contadores, un ámbito que era totalmente ajeno a mí. Comprar esa clínica fue un paso que me dio mucho miedo dar, pero estoy muy contenta de haberlo hecho. A veces, para hacerla en grande, tienes que dar pasos que te atemorizan, pero yo nunca he mirado atrás ni me he arrepentido de mis decisiones. Pagamos todos los préstamos en tres años y no tuvimos que dar ningún enganche para la compra.

Siempre había estado interesada en los bienes raíces, y con la compra de la clínica, tuve todo lo necesario para comenzar a invertir en casas habitación. Después de leer algunos libros más y asistir a seminarios sobre adquisición de inmuebles para rentar, compré, en 2002, dos casas y comencé a rentarlas. Como siempre fui una estudiante muy astuta (bueno, siempre que me interesara lo que estaba aprendiendo), puse en práctica todos mis conocimientos y logré adquirir las casas por debajo de su valor real. Eso me permitió generar un flujo positivo de efectivo. Con las ganancias que obtuve por haberlas adquirido a menor precio, pude comprar mi tercera propiedad en 2003. Una vez más, pagué un precio por debajo del valor real. Esto, a su vez, me ayudó a comprar dos casas más en 2004. En 2006, terminé haciendo la remodelación de una de ellas porque se había dañado un poco y yo quería vendarla. No obstante, los inquilinos que tuvieron que abandonar la casa antes de la remodelación querían volver a vivir en ella cuando se hubiese terminado el trabajo. Como me di cuenta de que esa casa era la que me producía la mayor cantidad de flujo de efectivo, la conservé y permití que volvieran los antiguos inquilinos. Luego compré la sexta casa en enero de 2007, y terminé viviendo en ella porque, a pesar de que para entonces ya tenía varias propiedades, yo seguía pagando renta por el lugar en donde vivía.

En 2009, la recesión golpeó al mercado inmobiliario. Con todo el conocimiento que tenía sobre éste, me di cuenta de que era un buen momento para comprar. Adquirí cuatro casas más a precios de ganga y, con eso, tuve un total de nueve propiedades, todas en Auckland. Nada mal para una adolescente que había abandonado la escuela sin tener ningún plan inmediato.

Poco a poco he ido creciendo en el ámbito inmobiliario. A pesar de las subidas y las bajadas de los últimos diez años, el valor de mis propiedades ha continuado en aumento. Las primeras casas que compré ya valen el doble. Todavía tengo acciones de la clínica, y ésta continúa brindándome un ingreso pasivo. Mis inversiones me permiten tener un estilo de vida que disfruto bastante.

Después de haber vivido aquellos tiempos en los que me preguntaba si podía juntar diez dólares para pagar el kínder de mi hijo, ahora puedo brindarle la mejor educación privada. Alimento mi pasión por viajar con viajes anuales a Europa, en los que aprovecho para dar un brinco hasta Australia, siempre que me dan ganas de hacerlo. Soy una exitosa mujer de negocios que todavía tiene suficiente juventud para disfrutar de la vida que me gusta, una vida de seguridad e independencia financieras. Dirijo mis propias empresas y, desde 1998, jamás he vuelto a trabajar para nadie más.

Stacey Baker, Auckland,
Nueva Zelanda

Stacey Baker, una mujer de espíritu libre que creció en el sur de
Auckland y ahora vive en el noroeste de esa misma región tiene cuarenta y tantos años y, a pesar de que, como ella misma dice, "casi no
fue a la escuela", alcanzó el éxito gracias a su deseo por continuar su
educación financiera. Abandonó la preparatoria para entrar al ámbito
laboral, y ahí vio oportunidades para meterse de lleno al mercado de
los bienes raíces.

ACTIVOS DE PAPEL

CAPÍTULO 32.

CÓMO EMPEZAR EN LOS ACTIVOS DE PAPEL

Para emprender el vuelo y convertirse en una sorprendente inversionista en activos de papel, se requiere...

Es muy fácil empezar a invertir en activos de papel. Cualquier persona puede meterse a Internet y comprar o vender algunas acciones. Lo que es más complicado es saber qué y cuándo comprar y/o vender.

Las acciones son tan sólo uno de los cientos de activos de papel que están disponibles en la actualidad. Tal vez ya hayas escuchado hablar de los derivados. Es una palabra bonita que se usa con mucha frecuencia, pero ¿qué significa? 'Derivado' proviene de 'derivar' que, a su vez, significa "salir de algo más".

Si alguna vez has preparado jugo de naranja, puedes pensarlo de la siguiente manera. Cortas la naranja, le exprimes el jugo y lo viertes en un vaso. El jugo es un derivado de la naranja.

Una acción es un derivado de la compañía que la emite. Una opción, como las de compra y venta (opción *put* y opción *call*), es un derivado de la acción misma. Es por lo anterior que, en buena medida, para empezar a invertir en activos de papel es necesario aprender la jerga del ámbito de las acciones, los bonos, los fondos mutualistas y todos los derivados.

Líneas arriba hablamos sobre ser fiel a sí misma y, de cierta forma, eso implica decidir qué tipo de activo coincide más contigo, con tus valores y con lo que deseas lograr.

Obviamente, soy una férrea promotora de la educación financiera entre las mujeres, incluyéndome. Al principio no sabía nada sobre el mercado de valores, así que hice lo que, en aquel entonces, todo mundo me dijo que hiciera: buscar un corredor. Y lo encontré. Se llamaba Mark. Un día le dije: "Tengo algo de dinero y quiero invertirlo en acciones. ¿Qué me recomiendas?".

Mark me contestó, "No hay manera de perder con Coca-Cola. Ha estado a la alza los últimos tres meses".

Lo único que yo sabía entonces de Coca-Cola era que, de niña, me encantaba, pero de todas maneras dije: "Está bien, voy a comprar cuatrocientos dólares en acciones". Pasó casi un año y yo seguía escuchando rumores sobre las acciones. Desde que las compré, el precio había subido un poco, por lo que me sentí contenta con la ganancia. Llamé al corredor y le dije, "Mark, quiero vender mis acciones de Coca-Cola".

—No es buen momento para vender, te estarías saliendo demasiado pronto. Mejor quédate –me recomendó.

—No. Estoy contenta con el dinero que ya hice. Quiero vender.

Mark continuó argumentando y, poco a poco, me fue convenciendo. Para no hacer la historia larga, decidí no vender. Unas semanas después el precio de las acciones cayó por debajo del precio al que las había comprado. Entonces me enojé muchísimo. Me enojé con Mark por convencerme de no vender, pero estaba muchísimo más molesta conmigo por no confiar en mis instintos. Le llamé a Mark y, de muy mala forma, le dije, "¡Vende!". Decidí aceptar la pérdida. Vendí impulsada por la emoción porque, ¿por qué otra razón lo habría hecho? Para empezar no sabía nada. Verás, yo estaba consciente de que no estaba informada, pero, en ese momento, también me quedó claro que él tampoco sabía nada. ¡Y entonces declaré que no me volvería a enredar en el mercado de valores jamás!

Luego, cuando me calmé, pensé que tal vez debía aprender primero sobre el mercado y luego decidir si quería jugar en él.

Entonces tomé cursos sobre opciones y seminarios sobre lo que se conoce como *day trading* (intercambio intradía), y leí libros sobre el tema. He estado involucrada en el proceso de llevar a una compañía que no ascendía a nada, hasta la posición de cotizar en la bolsa. De hecho, ahora mismo también estoy involucrada con otra empresa. Me mantengo informada sobre lo que sucede en el mundo de las acciones, los bonos y los derivados, porque eso afecta tanto a la economía mundial que sería una tonta si decidiera no prestarle atención al asunto.

Sin embargo, como soy fiel a mí misma, admito que el ámbito bursátil no es el que más me interesa. No me enciende ni hace que sienta fluir la adrenalina. Es por eso que también es necesario contar con asesores sagaces y confiables. Decidí que quiero continuar en el juego, sólo que no quiero ser una jugadora estrella. Hay otras personas a las que les encanta; ellas pueden prosperar en el ámbito y han encontrado que su pasión es el mundo de los activos de papel.

Tom, nuestro corredor, también se ha convertido en un amigo muy cercano. ¿Por qué es nuestro corredor? Por tres razones:

1. *Nunca* nos contacta sólo para pasarnos un *tip* candente.
2. Investiga a fondo todas las recomendaciones que nos hace. Tom puede volar hasta donde se ubican las oficinas corporativas de una empresa para reunirse con los ejecutivos. En una ocasión, organizó una comida en Los Ángeles, a la que nos invitó, a Robert, a mí y a otros de sus clientes, para reunirnos con los fundadores de una compañía de energía alternativa que estaba analizando para invertir. Tom quería brindarnos a nosotros, sus clientes, la oportunidad de hacerles las preguntas difíciles a los dueños de la empresa.
3. Antes de sugerirnos alguna inversión, Tom siempre invierte en ella. Predica con el ejemplo.

Las dos reglas básicas de Tom para invertir en acciones son:
1. Si no entiendes cuál es la forma en la que la compañía gana dinero, entonces no inviertas en ella.

2. Si se ve demasiado bueno para ser verdad, entonces probablemente no lo es.

Tom es un maestro aunque no se dé cuenta. Siempre que trabajo a su lado, mi conocimiento crece.

Las ventajas de los activos de papel
- **Ofrecen mucha liquidez**
  Es muy fácil adquirir y vender activos de papel.

- **Es fácil entrar al mercado**
  Para empezar a invertir en acciones, bonos, etcétera, no se requiere de mucho tiempo o esfuerzo. (Sin embargo, sí es necesario que investigues lo necesario.)

- **Flujo de efectivo**
  Las acciones que pagan dividendos pueden proveer flujo de efectivo a largo plazo. También hay otros vehículos de papel que te pueden ofrecer flujo de efectivo, si aprendes la estrategia adecuada.

- **Ventajas fiscales**
  Por las ganancias de los activos de papel que se conservan por más de un año se pagan impuestos a la tasa más baja de las ganancias de capital a largo plazo. Sucede lo mismo con los dividendos.

- **Negocio en casa**
  Incluye a tus niños en el proceso de inversión. ¡Así aprenderán junto contigo!

Las desventajas de los activos de papel

- **Falta de control**
  Tú no tienes control sobre la forma en que la compañía hace o gasta dinero, ni en cómo administra sus deudas y pasivos. (A menos, claro, que se trate de una compañía que ofrezca acciones al público.)

- **Volatilidad**

  Los precios de las acciones pueden subir y bajar de forma muy dramática, particularmente en tiempos de incertidumbre económica.

- **No hay apalancamiento**

  El inversionista común tiene que pagar cien por ciento del activo para poder poseerlo. No puede pedir dinero prestado para comprar un fondo mutualista o acciones.

- **Tarifas y comisiones muy altas**

  Sin importar si compras o vendes, te cobrarán tarifas y comisiones muy altas por casi todos los intercambios.

Permíteme presentarte a algunas mujeres increíbles. Ellas son inteligentes, fuertes y apasionadas en lo que se refiere al mundo de los activos de papel. Se les facilita prosperar en este ambiente y tienen los éxitos y los registros necesarios para mostrarlo.

CAPÍTULO 33.

ENFÓCATE EN LOS RUDIMENTOS

La historia de Donna Miller

Donna es una excelente maestra en el ámbito de los activos de papel. Además, es maravillosa para lograr que la gente, y las mujeres en particular, se presionen para ir más allá de donde creen que pueden llegar. Donna tuvo una llamada de atención que le cambió la vida y que la llevó a preguntarse qué pasaría con su futuro, especialmente el financiero. Lo que me encanta de Donna es que es una gran inversionista que tiene el don de inspirar a las mujeres a actuar. A Donna le preocupan las personas que la rodean y desea que también tengan éxito.

Kim Kiyosaki

Mi esposo y yo comenzamos a invertir en el mercado de valores en 2002. En ese tiempo pensábamos que sabíamos todo lo necesario sobre inversión sólo porque veíamos las noticias y leíamos el *Wall Street Journal*. ¿Qué tan difícil podría ser? Abrimos una cuenta de corretaje en línea y, usando casi todo nuestro capital, acumulamos una posición de más de treinta mil acciones de reconocido *stock* de comercio.

Eso lo hicimos sin siquiera saber que con una orden *stop-loss* podíamos mitigar el riesgo, que podíamos ver una gráfica para entender la tendencia que prevalecía, y sin saber en qué condición se encontraban las bases de la compañía. En pocas palabras, a la compañía la estaban vapuleando los vientos de la tendencia bajista pero los rumores de una compra mantenían viva nuestra esperanza. Esa inversión sería para nuestro retiro, lo único que necesitábamos era que subiera diez puntos. El rumor iba y venía, y lo mismo pasaba con el precio de las acciones. Yo me sentía completamente impotente y paralizada mientras veía cómo se hundía más y más el precio.

Mi esposo estaba convencido de que lo único que necesitaban las acciones era una buena señal en los noticieros, o que surgiera un rumor que las hiciera subir para que pudiéramos salir tablas. Pero ninguno de sus deseos se realizó. Poco después, las acciones fueron sacadas de la lista y, al final, fueron declaradas en bancarrota. Aprendimos una invaluable lección a la mala. Es muy fácil analizar lo que sucede cuando tocas fondo. Es a lo que llamo el "síndrome de aferrarse y esperar".

En realidad, sabía que podíamos lograrlo, pero llegué a la conclusión de que necesitábamos un programa educativo. Investigamos varios cursos en línea y, finalmente, nos inscribimos en el curso de Padre rico para activos de papel. Dicho curso solía llamarse "Enséñame a hacer intercambios bursátiles". Al principio sólo me senté junto a mi esposo sin participar. Pensé que dejaría que él lo hiciera y, mientras, yo observaría. En ese tiempo tenía una vida bastante ocupada debido al trabajo, los niños y mi apretada agenda. Sólo funcionaba como una suerte de caja de resonancia para las decisiones de mi esposo, pero después entendí algo: ¿qué haría si algo llegara a sucederle? Hice a un lado ese pensamiento negativo, pero me metí con todo el ímpetu posible a las clases y al mercado de valores. Varios años después nos enfrentamos exactamente a la misma situación. Mi esposo presentó cáncer dos veces y atravesó varios meses de tratamientos muy intensos.

Hubo muchos sacrificios en el camino. Uno de ellos fue no poder salir de vacaciones con la familia durante varios años seguidos. En lugar de eso, nos dedicamos a la bolsa y a ver los movimientos del mercado desde primera fila. Todo momento libre que teníamos nos servía para leer, estudiar gráficas y ver videos de intercambio. Tengo un recuerdo muy grato del equipo de natación de nuestra hija. Las prácticas y las juntas de todos los días eran bastante largas. Yo me sentaba ahí durante horas para estudiar toda la información del mercado, y sólo me detenía para ver lo que ella hacía.

Mi clave para aprender fue la repetición, así que lo único que pude hacer fue imbuirme por completo en las cifras. Aprender sobre el mercado de valores exige de perseverancia, dedicación, tiempo y organización. A menudo uso el término "clavarse" para referirme a la habilidad de mantenerse aferrado cuando las cosas se ponen difíciles. Es muy sencillo renunciar, pero yo ni siquiera consideré esa opción. Las cosas que valen la pena en la vida exigen esfuerzo y energía en abundancia.

He tratado de inculcarles a mis hijos esos mismos principios. Recientemente, mi hijo recibió su título de ingeniería aeronáutica, y ahora es aviador naval. Mi hija es cadete y estudia en la Academia de la Fuerza Aérea de los Estados Unidos. Los niños imitan lo que ven hacer a sus padres, yo tengo la suerte de que mis hijos muestren la misma fuerza y determinación. Ambos están cumpliendo sus sueños y tienen un futuro brillante.

Mucha gente cree que el mercado de valores es un "mundo de hombres". Cuando comencé no había muchas mujeres haciendo intercambios, pero, para mi sorpresa, muchos veteranos me dijeron que las mujeres son mejores en ese campo. La gran pregunta es ¿por qué? En general, a las mujeres no las mueve el ego y son más capaces de separar sus emociones de una inversión o intercambio.

En 2004, me convertí en la única mujer instructora del programa financiero de activos de papel de Padre rico. Tengo un recuerdo muy vívido de una ocasión en la que conversé con un avezado veterano del mercado. Estábamos hablando sobre los intercambios y las condiciones del mercado. Él se detuvo a media oración y dijo: "Vaya, estoy sorprendido. ¡No estaba enterado de que tú supieras cómo negociar en la bolsa! Pensé que estabas aquí porque eres guapa". A partir de ese momento, me gané su respeto. Ahora soy reconocida como una de las mejores analistas técnicas de la compañía.

Donna Miller, Louisville, Kentucky, Estados Unidos

Donna tiene la perspectiva y experiencia únicas de una estudiante real de nuestra compañía. Ella empezó su viaje en 2002, tomando clases. Como reconocimiento a sus habilidades, fue elegida como mentora en 2004. Es la autora del curso Intercambio de Futuros y *Commodities* (FACT, por sus siglas en inglés) y da clases y laboratorios de intercambio a través de Internet.

CAPÍTULO 34.

CÓMO RECUPERARSE DE LA BANCARROTA

La historia de Kim Snider

Cuando conocí a Kim Snider supe que haríamos muchas cosas juntas, y así fue. La filosofía de Kim es igual a la mía: invierte para obtener flujo de efectivo y expándelo para poder tener el estilo de vida que deseas. Kim aplica esta estrategia a los activos de papel, y eso ha sido muy revelador para mí. En algún momento de su vida, Kim enfrentó una situación económica abrumadora que seguramente habría vencido a muchas otras mujeres. Pero Kim aprendió la lección, reconstruyó lo que tenía, y ahora le enseña a la gente a hacer lo mismo que ella. Kim es un alma gemela para mí, por eso le agradezco que comparta con nosotros una parte tan importante de su vida.

Kim Kiyosaki

Hoy en día soy autora y anfitriona de programas de radio. Hablo públicamente sobre el tema del ahorro y las inversiones para el retiro, y les he enseñado a miles de inversionistas mi método de inversión para generar flujo de efectivo. Sin embargo, todo eso sucedió poco después. Al principio sólo tuve que resolver un problema por mí misma: ¿Qué puedo hacer para asegurarme de no volver a estar en esta situación jamás?

La "situación" a la que me refiero fue cuando pasé de ser millonaria a la bancarrota, ¡en solamente dos años! Tal vez algunos de ustedes se identifiquen con mi historia. Hace dos décadas empecé a trabajar para una pequeña compañía de suministros de computación al mayoreo. En aquel entonces, la empresa hacía cerca de treinta y seis millones de dólares al año en ventas. Pasé sólo algunos años fuera de la universidad, y luego comencé a trabajar en el departamento de compras de la empresa que mencioné.

Con el tiempo fui subiendo de puesto hasta llegar al nivel de alta dirección. Cada vez que me ascendían, recibía un aumento de sueldo y responsabilidades adicionales, y a veces, el aumento me lo otorgaban en opciones de acciones.

En enero de 1995, la compañía comenzó a cotizar en la bolsa. Para entonces ya estaban cerrando a quinientos millones de dólares al año en ventas, y estaban cerca de alcanzar los mil millones.

Cuando la compañía de mis jefes cotizó en bolsa y su símbolo de teletipo rompió el récord la primera vez, de repente tuve más dinero del que mucha gente sueña tener después de trabajar toda una vida. Yo sólo tenía treinta y un años.

No sabía nada sobre inversiones ni sobre cómo cuidar el dinero. De hecho, cuando la compañía empezó a cotizar, yo, como todos los demás, vivía esperando el siguiente cheque de nómina (aunque debo decir que eran cheques muy nutridos).

Antes de eso asistí a algunas de las escuelas más prestigiosas de nuestro país. En la preparatoria estudié derecho mercantil, y me gradué de la universidad con un título de administración. Tomé varias clases de finanzas corporativas; podía hacer contabilidad de partida doble, interpretar curvas de oferta y demanda, programar una computadora y leer novelas en francés. Sin embargo, en ningún momento llegó alguien para explicarme los rudimentos de las finanzas personales o la inversión. Es extraño, ¿no?

Entonces, como crecí viendo televisión y, por lo tanto, comerciales, hice lo que me pareció más razonable. Fui a una de esas agencias de corretaje y les pregunté qué debía hacer con el dinero. Me dijeron que ellos tenían corredores que estarían felices de administrar el dinero por mí.

¡Qué bien! Problema resuelto. Delegar responsabi… Es decir, contratar a alguien más para que maneje el asunto. Y no sólo eso. No creas que sólo saqué el nombre de la agencia del directorio telefónico. Me la recomendó el principal asegurador de nuestra oferta pública. Mi corredor venía muy bien recomendado y trabajaba para la compañía matriz del banco de inversión que se encargó de hacer que nuestra empresa cotizara. Sin decir nombres, sólo te comentaré que, a menos de que hayas pasado toda tu vida escondida bajo una roca, seguramente conoces el nombre de la firma.

Para ser justos, debo admitir que yo no manejé mi responsabilidad muy bien. Gastaba mucho dinero en tonterías. De hecho, renuncié a mi empleo y me dediqué a pasármela verdaderamente bien. Eso es lo que haces cuando eres joven y tonta y te sientes invencible. Pero, ¿sabes qué? El corredor también cometió un montón de tonterías.

No entendía lo que estaba haciendo él. Para ser francas, ni siquiera *traté* de hacerlo. Después de todo, él era el experto, ¿no? Yo estuve de acuerdo en hacer todo lo que me sugirió. ¿Cómo podría disentir? No contaba con los datos necesarios para tomar una decisión en un sentido o en otro. Era como una hoja flotando en el río, yendo a donde quiera que la corriente me llevara. ¡Hasta que me llevó a las cataratas!

En menos de dos años ya estaba en bancarrota. Tengo que admitir, ante Dios y ante el mundo, que eché a perder la gran oportunidad de mi vida. Y eso es algo muy difícil de asimilar cada vez que te miras al espejo por la mañana.

No tenía absolutamente nada que me perteneciera, estaba endeudada hasta el copete y todos mis costosos juguetitos fueron embargados. Para evitar que lo remataran tuve que vender mi exclusivísimo condominio a un precio de risa. Mi crédito quedó hecho añicos y, por supuesto, no tenía empleo. Ni siquiera tenía dinero para comprarle alimento a mi perro.

Lo peor de todo fue tener que acudir a mi madre para que me prestara dinero para comer. No, bueno, eso no fue lo peor. Lo peor fue enfrentar a mi padre. Creo que en ese momento de verdad toqué fondo.

Sin embargo, esa experiencia también fue una suerte de catarsis. Debido a ella pude decirme, "*Nunca* volveré a confiarle mi dinero a alguien más. Si yo lo pierdo, que así sea, pero tengo que ser responsable de mi propio bienestar financiero".

Debido a todo lo anterior comencé a aprender acerca del dinero y a experimentar con las inversiones. Algunas veces tuve éxito, otras, no. Pero descubrí que conforme más aprendía, más dinero ganaba. Entre más aprendía, más control tenía. Y en lugar de sentirme desesperada e inútil en lo que se refería al dinero, comencé a percibir el poder que iba adquiriendo sobre mi situación financiera. Por fin volvía a ser responsable, y ésa fue la mejor sensación que he tenido.

Hoy, doce años después, mi situación es completamente distinta. No sólo administro bien mi propio dinero, también enseño a otros a hacerlo. Con frecuencia, la gente me pregunta por qué me siento tan obligada a compartir mi historia y enseñanzas con otras personas. ¿Por qué no mejor sólo aplicar a mi propia vida lo que aprendí y terminar con el asunto?

En primer lugar, mi historia es un ejemplo de que, si eso le puede pasar a una inteligente, joven y próspera ejecutiva de negocios, entonces ya podrán imaginarse cómo le va a la mayoría de la gente con sus finanzas personales. Pero lo más importante es que también soy prueba de que, sin importar qué tan mal hayas manejado tu dinero anteriormente, puedes tomar la decisión de cambiar tus hábitos y triunfar.

En segundo lugar, creo que, si eres inteligente, siempre puedes aprender de tus errores. Y si realmente has sido bendecido, entonces tendrás la oportunidad de tomar lo que aprendiste por las malas, y usarlo para ayudar a otros. De hecho, creo que es una obligación moral hacerlo.

En tercer lugar, la necesidad de tener educación financiera en la actualidad está alcanzando niveles insospechados. Los estudios indican que nuestro conocimiento financiero no avanza a la par de las exigencias a las que estamos sujetos. Esto sucede particularmente con las minorías, las mujeres, los jóvenes y las personas menos educadas.

Cuando la gente me pregunta cómo pasé de estar en la bancarrota a la recuperación económica en doce años, siempre digo: "Porque decidí hacerlo". Y es la verdad. Sin compromiso y decisión, lo más probable es que jamás triunfes porque el éxito financiero exige tomar decisiones muy difíciles. Por lo general significa renunciar a lo que deseas a cambio de la oportunidad de conseguir algo mejor en el futuro. Es difícil, lo sé.

Piensa en la recompensa: el éxito financiero. Mi definición de éxito financiero es "ser capaz de hacer lo que quieras, cuando quieras, y sin tener que preocuparte por cómo vas a pagar las cuentas". En mi opinión, vale la pena.

Kim Snider, Dallas/Fort Worth, Texas, Estados Unidos (http://www.kimsnider.com)

Kim Snider es fundadora y presidenta de Snider Advisors, una firma asesora de inversiones con licencia de la Comisión de Valores de los Estados Unidos (SEC, por sus siglas en inglés). La firma maneja aproximadamente noventa millones de dólares de sus clientes, de manera directa, y usando el Método Snider de Inversión. Asimismo, brinda asesoría sobre más de 320 millones adicionales, a través de la extensa familia de alumnos del Taller del Método Snider de Inversión.

En 2006, Snider Advisors fue honrada como una de las compañías privadas de mayor crecimiento del área de Dallas/Fort Worth, por el Instituto Caruth de Estudios empresariales, en la Escuela Cox de Negocios de la Southern Methodist University (SMU). En 2008 y 2009, la compañía fue nombrada en la lista Inc 5000 de las empresas privadas de más rápido crecimiento de Estados Unidos. Quedó en el trigésimo cuarto lugar entre los negocios de Dallas/Fort Worth, y en el lugar cuadragésimo quinto entre firmas de servicios financieros.

Además de su papel en la construcción y la operación de Snider Advisors, Kim es autora y oradora. Su primer libro, *Cómo ser el director financiero de la familia: cuatro pasos sencillos para poner en orden las finanzas en casa* (*How to Be the Family CFO: Four Simple Steps to Put Your Financial House in Order*, Greenleaf), llegó a las librerías el 1 de octubre de 2008.

CAPÍTULO 35

HAZTE CARGO DE TU VIDA

La historia de Bárbara Anderson

Bárbara me sirve de inspiración. Me cuesta trabajo seguirle el paso en el tipo de investigación y conocimientos que la respaldan sobre la economía mundial, las predicciones del futuro y su impacto en las inversiones. De una manera elegante y sin muchas fanfarrias, Bárbara logra hacer muchísimas cosas. Es filántropa y le apasiona apoyar a las mujeres jóvenes y menos privilegiadas para que tengan la oportunidad de cumplir sus sueños en la vida. Ella es un fabuloso modelo a seguir y, definitivamente, es una mujer que vive la vida sin dejar de ser fiel a sí misma.

Kim Kiyosaki

Mi camino en el ámbito bursátil comenzó después de que mis cuatro hijos se fueron a la universidad. Me acababa de separar de mi esposo después de veinticuatro años de casados. Él era un competente hombre de negocios y abrió su propia compañía petrolera dos años después de que nos casamos.

Cuando me di cuenta de que no contaba con un historial crediticio y que no aparecía en ningún registro financiero (excepto como portadora de las tarjetas adicionales de las cuentas de mi esposo), decidí solicitar mi propia tarjeta de crédito. Me la negaron y, de repente, ya me encontraba en la oficina del banco pidiendo ayuda. Mi ejecutivo hizo arreglos para que me entregaran una tarjeta Visa y una American Express. Ésas continúan siendo las que siempre llevo conmigo. Hoy en día, la mayoría de las mujeres logra establecer este tipo de crédito en cuanto sale de la preparatoria.

Lo primero que escribí en mi lista de pendientes fue tomar un curso de treinta días sobre impuestos. Luego, como soy una ávida lectora, comencé a leer libros y periódicos financieros, y a asistir a seminarios informativos en el área donde vivía. *Benjamin Graham*, el primer *libro* que leí, me resultó demasiado difícil de entender. Luego leí a Warren Buffett y algunos artículos de Charles Munger. Poco después me encontré *Buffettology*, seguido de *The New Buffettology*, de Mary Buffett, la nuera de Warren, y David Clark. Ambos textos eran una especie de manual de las acciones que Warren Buffett había tomado para determinar lo que debe tener una buena compañía. Jim Rogers se convirtió en uno de los inversionistas más interesantes para mí. A él se le conoce como "El Indiana Jones de las finanzas".

En el año 2000, invertí en Phillip Morris mis primeras acciones de importancia. En ese tiempo dichas acciones se intercambiaban a 5.07 dólares debido a los procesos legales que enfrentaba Morris. De cualquier forma, compré cinco mil acciones porque en mi investigación descubrí que la compañía tenía confianza en que podía ganar todos sus casos, excepto uno que había sido presentado en varios estados. Todo lo anterior ya había sido considerado en sus planes. La compañía tenía muchos otros productos además de cigarros. Phillip Morris terminó perdiendo el juicio más importante y tuvo que pagar a los estados en varias exhibiciones. California emitió bonos de tabaco al ocho por ciento y yo compré algunos que aún conservo. Luego, Phillip Morris cambió su nombre a Altria Group Inc. Finalmente, para desvincularse de la imagen del cigarro, Altria recrea a Phillip Morris como subsidiaria (maniobra conocida como *spinoff*). Gracias a eso, recibí cinco mil acciones en mi portafolio. Más adelante, Altria realiza otro *spinoff* con Kraft Foods Inc., y yo recibo 3460 acciones más en mi portafolio. Por supuesto, todas estas acciones pagan dividendos y, hasta la fecha, los recibo y los sigo reinvirtiendo.

En 2001, mi ex esposo vendió su compañía y, como habíamos dividido las acciones en nuestro convenio de divorcio, en cuanto se vendió la compañía y se ejecutó la disposición en Canadá, pagué mis impuestos, me mudé a Phoenix y recobré mi residencia en Estados Unidos.

Desde que llegué me llovieron ofertas de empresas que querían administrar mis activos, pero me tomé mi tiempo, continué investigando y, poco a poco, compré las acciones que quería. Jamás me he arrepentido de tomar esa decisión.

En 2002, compré acciones de muchas compañías. Todas, excepto una, me pagan dividendos y, en casi todos los casos, los he reinvertido.

Adquirí dichas acciones basándome en el plan de *Buffettology* en el que tanto confío; sin embargo, en 2004 adquirí algunas que no necesariamente encajan con mi perfil. Eran acciones de Apple. Cuando hablé con mi yerno, él me sugirió comprar de Microsoft y me preguntó por qué estaba interesada en la otra compañía. "Porque cada vez que voy a la tienda de Apple a comprar algo para pagar siempre me tengo que formar en una de cinco filas, y en cada fila siempre hay por lo menos ocho personas", le contesté. Claro que el sistema de cobro que tienen ahora es mucho mejor. Nunca he podido entender por qué Wall Street se resistía a Apple, tal vez porque toda la gente de Wall Street trabajaba con computadoras de otras marcas.

Algunas de las elecciones que hice resultaron tremendos desastres y, ciertamente, aprendí buenas lecciones. El problema fue que yo no había hecho la tarea, no había investigado a fondo; además, dos de esas elecciones habían sido simplemente recomendaciones candentes. SIEMPRE sigue tu plan. Recuerda que las acciones son como los autobuses: detrás de éste, siempre viene otro atrás. ¡Lección aprendida!

Cuando comencé a invertir en acciones, mi objetivo era conservar capital y generar crecimiento. Gracias a Dios, las acciones de tecnología no coincidían con el criterio que yo usaba para elegir. A pesar de todo, en 2007 sufrí un revés porque no obedecí a mi instinto cuando me dijo que sacara mi dinero del mercado y esperara. Me tomó dos años recuperarme, pero ese revés me brindó la oportunidad de comprar oro y plata, en estado físico, como protección a futuro.

Después de mis inversiones iniciales, expandí mi panorama y comencé a mirar en otros países. En la actualidad, tengo una enorme antena en la azotea, que me sirve sólo para ver Deutsche Welle, una cadena alemana de noticias internacionales que cada dos horas transmite en inglés. Ver estas noticias amplió mi perspectiva sobre todo lo que sucede en el mundo y que, finalmente, también tiene un impacto aquí. Es muy interesante escuchar las noticias sobre Estados Unidos desde la perspectiva de otro país porque, por lo general, es muy distinta a la perspectiva local.

Las finanzas son otra de mis pasiones; lo han sido desde hace algunos años. Me encanta investigar, porque es como un viaje permanente de aprendizaje. He tenido la suerte también de viajar en un par de Cruceros Forbes, que resultaron ser una tremenda experiencia educativa. Creo que Steve Forbes tiene una visión muy realista. Me gustó mucho su libro llamado *Flat Tax Revolution*, donde explica por qué está a favor del impuesto único. En los cruceros, varios oradores dieron su opinión sobre las distintas facetas del ámbito financiero y, lo mejor de todo, viajes como esos te permiten estar en contacto con gente que piensa de manera similar a ti.

En 2007, Robert Kiyosaki dio uno de los mejores seminarios a los que he asistido. Richard Duncan (autor de *The Dollar Crisis* y *The Corruption of Capitalism*) habló durante más de dos horas. Luego le siguió Kim, quien ofreció un excepcional seminario financiero para mujeres. Después de eso, pude entender mejor lo que es la reserva federal, por qué fue creada, y cómo se fabrica y se usa el dinero en nuestro sistema bancario.

La tarde del domingo 31 de julio de 2011, hablé con mi corredor acerca de las acciones que quería vender al día siguiente, lunes 1 de agosto. Yo quería hacerle comprender que, sin importar lo que sucediera el lunes en los mercados, yo tomaría una decisión racional. Así pues, ese día vendí la mayor parte de mis acciones y decidí que, por algún tiempo, sólo observaría desde fuera del campo de juego. No sé si la gente de nuestro país trabajará en conjunto y hará lo correcto, pero mi investigación sugiere que lo que se avecina no se ve nada bien. Esta ocasión planeo obedecer a mi instinto y quitarme del camino. Sólo el tiempo podrá decirme si mi estrategia rendirá frutos.

A las mujeres que conozco, siempre las animo a que sean apasionadas en la vida y en lo que disfrutan. Diviértete, involúcrate en lo que sucede en tu comunidad y da todo de ti. Convive con gente buena y construye un equipo de personas que te apoyen al cien por ciento. No puede ser un equipo 50-50 como lo son los matrimonios porque, entonces, las cosas no funcionarán. Todo mundo tiene que dar el cien por ciento para obtener el éxito.

Bárbara Anderson, Calgary, Alberta, Canadá

Después de criar a sus cuatro hijos, y vivir en Canadá, Bárbara comenzó a participar en la Fundación Sir Edmund Hillary y perteneció a la Junta directiva de ésta, durante varios años. Después de mudarse a Phoenix en 2001, tuvo la oportunidad de trabajar de manera directa en dos de sus intereses principales: las mujeres y la educación. La Fundación Fresh Start Women me dio la oportunidad de abrir un programa de becas en honor de su madre. Estas becas son para que otras mujeres también tengan acceso a la educación. Asimismo, la asociación Teach for American le ha permitido patrocinar a maestros del área de Phoenix y ayudar a muchos jóvenes estudiantes de esa comunidad. Bárbara disfruta de la música, el golf, los libros y los viajes, y, durante los últimos diez años, ella misma ha manejado sus finanzas.

COMMODITIES

CAPÍTULO 36

CÓMO EMPEZAR EN LAS *COMMODITIES*

Para emprender el vuelo y trabajar como
una magnífica inversionista en **commodities,** *se requiere...*

Existen muchos tipos de *commodities* o insumos en los que puedes invertir. Por ejemplo:

- Agricultura (soya, trigo, leche y algodón).
- Ganadería (ganado vacuno y porcino).
- Energía (petróleo, gas natural y etanol).
- Metales preciosos (oro, plata, platino y paladio).
- Metales industriales (cobre, plomo, zinc y estaño).

Las *commodities*, así como los otros tipos de activos, son una ciencia en sí mismas. En *¡Es hora de emprender el vuelo!* queremos mantener las cosas sencillas, por eso sólo nos enfocaremos en algunas *commodities* sobre las que habla mucho la gente hoy en día. Creo que éstas son las que generan mayor interés, pero si alguna de ustedes desea una explicación más profunda sobre cómo operan los mercados de estos activos, estoy segura de que podrá encontrar algún libro de la línea *For Dummies* (tal vez *Commodities for Dummies*). Yo empezaría por ahí.

Plata

La plata es un tema muy popular en la actualidad. No era así hace unos años, pero ahora el precio de la plata aparece en la pantalla de televisión en los programas sobre temas financieros. ¿Pero qué es lo que hace que la plata sea tan atractiva?

La plata es un insumo consumible. Se utiliza para la fabricación de artículos como computadoras, celulares, televisiones, focos, automóviles, espejos, medicinas y sistemas de purificación de agua. Debido al crecimiento de las naciones emergentes, el precio de la plata seguramente aumentará de forma exponencial, a pesar de que el suministro continúa sufriendo decrementos. Como resultado, por primera vez en la historia, ahora hay más oro que plata disponible en el mundo. Hay aproximadamente cinco veces más oro que plata, por eso es posible decir que el precio de este metal se incrementa de acuerdo con la demanda.

Mi primera compra de plata

La primera vez que compré plata fue en 1985. A pesar de que Robert y yo teníamos muy poco dinero entonces, entramos a una tienda especializada en metales preciosos de La Jolla, California, y preguntamos el precio de la plata. En ese tiempo costaba seis dólares la onza. Nos lanzamos de lleno y compramos una barra de cien onzas.

Cuando uno no tiene dinero, seiscientos dólares representan una gran suma; por eso, nos fuimos caminando hasta nuestro condominio y escondimos la barra en el clóset. Habíamos tomado la decisión de que, en lugar de guardar el dinero en una cuenta de ahorros, lo derrocharíamos en una barra de plata cada vez que tuviéramos suficiente. Continuamos aplicando esta estrategia durante muchos años.

En 1988, decidimos comprar nuestra primera casa para vivir. Sería nuestra residencia personal. Llevábamos tres años construyendo nuestro negocio y, por lo tanto, no teníamos "empleos regulares". Por supuesto, lo que más le preocupaba al banco era que no recibíamos un cheque de nómina constante. Además, debíamos mucho dinero y nuestros antecedentes crediticios eran muy malos. Por eso, podría decirse que fue un milagro que el banco aprobara el crédito para nuestra nueva casa. La corredora, que también era la vendedora directa del inmueble, me dijo, "Tenemos que apresurarnos". Ella quería apresurarse porque le habíamos asegurado que le pagaríamos completa la cantidad que pedía, si nos ayudaba a conseguir el financiamiento. "Vamos a cerrar el trato en dos días", me informó.

"¡Genial!" pensé. "Ya quiero mudarme".

Pero luego añadió, "Es necesario que hagan la transferencia de los veinticuatro mil dólares del enganche, mañana mismo".

—¡Veinticuatro mil dólares! –grité–. ¿De dónde voy a sacar esa cantidad?

Robert estaba de viaje y era imposible localizarlo, pero sólo le dije a la corredora, "No hay problema, yo lo tendré para mañana". Colgué el teléfono y puse mi mente a trabajar a toda velocidad. "¿De dónde demonios voy a sacar el dinero en un día?".

Entonces, se me encendió el foco. Abrí la puerta del clóset de nuestra habitación, y encontré nuestro pequeño Fort Knox. Conté las barras de plata y, sí, con ellas podíamos pagar los veinticuatro mil dólares del enganche. Llené una bolsa de papel del supermercado con todas las barras que puede y caminé tres cuadras hasta la tienda de numismática para canjearlas. Para cuando hice el cuarto viaje ya me dolían los brazos, pero seguí haciéndolo hasta que tuve los veinticuatro mil dólares para pagarle al banco. En cuanto vendí la última barra, hice la transferencia al banco, y Robert y yo nos convertimos en propietarios de un inmueble. En ese momento, mi metal más *precioso* fue la plata.

Oro

A pesar de que la economía global no deja de empeorar, el precio del oro continúa en aumento. Una de las razones para esto es que el oro tiene un valor real. En este preciso momento, una moneda de una onza se puede vender o comprar por casi 1 900 dólares. A medida que los gobiernos imprimen más y más dinero, su valor va disminuyendo. Hace dos años, con un dólar se podían comprar más cosas que ahora. Asimismo, debido a la forma en que ha estado empeorando la economía de Estados Unidos, los inversionistas (tanto los particulares como los gobiernos extranjeros) también han perdido la confianza en la capacidad de nuestro país para pagar lo que ha pedido prestado. Por todo lo anterior, los inversionistas dudan en invertir en dólares, y eso, lo debilita aún más.

El oro es un activo tangible que ha logrado mantener su valor a lo largo de la historia. A diferencia de un billete de dólar, peso o euro, el oro sí es dinero de verdad. Los billetes son simplemente divisas. ¿Cuál es la diferencia entre dinero real y divisa? El dinero real tiene valor intrínseco, es decir, valor en sí mismo. Una moneda de oro se puede cambiar por 1 900 dólares, y con eso, se pueden comprar bienes y servicios en cualquier lugar del mundo. *El dinero de verdad siempre es divisa* porque se puede usar para comprar otros artículos que también tienen valor en sí mismos. *Las divisas, por otra parte, no siempre son dinero* porque no cuentan con valor intrínseco. Por ejemplo, saca de tu cartera un billete de veinte dólares o de un euro. ¿Realmente crees que ese pedazo de papel que tienes en la mano vale veinte dólares? Pues no. El papel *per se* probablemente sólo vale cinco centavos de dólar. La única razón por la que una divisa tiene valor es porque la gente confía en el gobierno que la emite y porque existe un acuerdo compartido de que esa divisa vale algo. Cuando la confianza mengua, el valor también lo hace.

El oro puede ser una buena inversión como protección contra la inflación y contra una divisa debilitada.

Petróleo y gas

El precio del petróleo y del gas es un tema bastante popular porque todo lo que sucede con estos insumos afecta nuestra vida. El costo del litro de gasolina para nuestro auto, el costo de un boleto de avión, el de la calefacción de tu casa, etcétera.

Por lo que respecta a invertir, me he dado cuenta de que es de suma importancia saber diferenciar entre los distintos tipos de propiedades de petróleo y gas. Éstas son las cuatro categorías principales:

1. En producción

Los pozos que ya fueron excavados producen petróleo y gas.

2. Comprobada y en desarrollo

Ya se comprobó que las reservas de petróleo y gas están ahí, los pozos ya se cavaron también. Sin embargo, todavía no se encuentran operando ni produciendo el insumo.

3. Comprobada pero no desarrollada

Ya se comprobó que existen reservas de petróleo y gas, pero no se han cavado los pozos en la propiedad.

4. En exploración

Se está cavando para encontrar petróleo y gas, pero todavía no se comprueba la existencia de reservas en el área.

Una propiedad en la que ya hay un pozo que *produce* insumos es la que menos retornos generará porque, de los cuatro tipos, es el que implica un menor riesgo. El pozo ya está cavado y funcionando.

Por lo general, los retornos son más altos en una propiedad *comprobada y desarrollada* porque el petróleo y el gas están ahí, y porque los pozos ya están cavados. Todo es cuestión de que empiece a producir.

La propiedad *comprobada pero no desarrollada* te puede brindar retornos sobre inversión mayores a los que recibirías si ya se hubieran desarrollado los pozos, debido al tiempo y al costo necesarios para sacar los insumos del suelo. El hecho de que se haya comprobado que hay petróleo y gas en una zona no necesariamente implica que valga la pena invertir para extraerlos.

El mayor riesgo se encuentra en las zonas con pozos *en exploración* porque los expertos ya investigaron y *creen* que podrían encontrar petróleo y gas, pero sólo estarán seguros hasta que se cave. Por esa razón, los encargados tratan de captar inversiones para cavar los pozos, con la esperanza de que encontrarán los insumos. Por supuesto, no hay ninguna garantía de que así será.

A mí nunca me ha emocionado mucho invertir en petróleo y gas; a Robert le gusta más. Él ha invertido en estos insumos desde antes de conocernos. Sin embargo, si parte de nuestro dinero está invertido en este tipo de propiedades, entonces es mi obligación informarme al respecto. Eso fue justamente lo que hice en un viaje a Los Ángeles. Entonces acabábamos de invertir en un campo que producía petróleo y gas, a poca distancia de Long Beach, California. La compañía de inversión nos invitó a mí y a Robert a ver cómo se llevaba a cabo la operación del pozo, así que, con sombrero en mano, abordamos un pequeño bote y, diez minutos después, desembarcamos en una isla artificial. Pasamos cerca de tres horas inspeccionando las instalaciones y aprendiendo acerca de la producción de gas y petróleo. En mi caso, el hecho de estar en el pozo y aprender de primera mano lo que ahí sucedía me sirvió para acumular mucho conocimiento en poco tiempo. Mi opinión sobre invertir en estos insumos no ha cambiado, pero ahora tengo más conciencia y aprecio por las inversiones que tenemos.

Mi commodity *más reciente*

Jim Rogers es el reconocido inversionista y cofundador (junto con George Soros), de Quantum Fund. A mí me gusta estar al tanto de lo que George sugiere porque él dice las cosas tal como son. Él acaba de abrir un fondo de *commodities* y, hace poco, cuando Robert y yo lo estábamos entrevistando para un programa de radio, le pregunté en qué *commodities* estaba invirtiendo. Jim mencionó el oro y la plata.

Luego habló de alimentos. Jim Rogers predice que, dentro de poco tiempo, habrá escasez de alimentos en todo el mundo. Explicó que la agricultura no ofrece suficientes ganancias como para atraer a los jóvenes a estudiar las carreras relacionadas. Él cree que la escasez que se avecina provocará que los precios se disparen hasta el cielo.

Y entonces, ¿qué inversión estoy explorando ahora? Alimentos. ¿En qué tipo de alimentos debería invertir? ¿De qué manera específica debería hacerlo?

Las ventajas de invertir en commodities

- **Es fácil involucrarse**

  Por ejemplo, comprar monedas de oro y plata es muy sencillo. Si puedes comprar una hogaza de pan, entonces también puedes comprar metales preciosos. Adquirir otros insumos es tan sencillo como adquirir activos de papel.

• **A medida que las economías crecen, también se incrementa la demanda de insumos**

Por ejemplo, debido al crecimiento de China e India, la demanda de petróleo, gas, alimentos, cobre y aluminio, va en aumento.

• **Es una cobertura en caso de inflación o de devaluación de divisas**

El oro es un buen ejemplo porque cada vez que las divisas se devalúan, el valor de las *commodities* aumenta. Cuando los inversionistas pierden la confianza en las divisas, siempre acuden a los insumos, especialmente al oro.

• **Ventajas fiscales**

Las *commodities* tienen distintos niveles de ventajas fiscales. Los impuestos que se pagan por casi todas tienen una tasa menor que los impuestos sobre ingreso ganado o sobre sueldos y salarios. El gas y el petróleo, por ejemplo, pueden ofrecerle beneficios fiscales incomparables al inversionista.

• **Negocio en casa**

Un niño podría, fácilmente, comprar un par de monedas de plata y revisar las gráficas todos los días para estar al tanto de los precios. Involucra a tus hijos lo más posible en el proyecto que emprendas. ¡Será una maravillosa manera de que los inicies en el ámbito de las inversiones!

Las desventajas de invertir en commodities

• **No hay flujo de efectivo**

La mayoría de las *commodities* no genera flujo de efectivo porque, en realidad, son inversiones para obtener ganancias de capital. Sin embargo, no es el caso de todas.

• **No hay apalancamiento**

El inversionista común no puede solicitar préstamos para invertir en *commodities*.

- **Dependen de la economía**

  A medida que la economía se desacelera, decrece la demanda por insumos.

- **Son volátiles**

  Las *commodities* pueden ser volátiles y tener caídas y subidas extremas.

CAPÍTULO 37

EL HILO DE PLATA

La historia de Trina White-Maduro

Trina creció en un barrio bravo de edificios de interés social, en Chicago. En una ocasión, me dijo en broma, "¿Vivir por debajo de mis posibilidades? ¡Eso habría significado aumentar mi estatus!". Trina es una hermosa mujer que comenzó con muy poco, pero que está dedicada a servir a otros por medio de su fe y de ser un ejemplo de lo que se requiere para triunfar. Sí, al igual que todas nosotras, Trina ha tenido días buenos y días de aprendizaje. Si buscas la palabra "persistente" en el diccionario, encontrarás la fotografía de esta mujer. Estoy muy agradecida de contar con su amistad.

Kim Kiyosaki

La primera vez que escuché acerca de los metales preciosos como el oro y la plata, en otro lugar que no fuera la Biblia, tenía treinta y seis años de edad. Era una persona sin estudios y no estaba interesada en la noción de que la gente pudiera invertir en ellos. La historia sobre cómo me convertí en inversionista en plata es muy poco usual. En realidad, tengo antecedentes en trabajo social, detención de delincuentes juveniles, y ministerio de jóvenes. Crecí en los guetos de Chicago, con lo único que comerciábamos ahí era con cupones para alimentos. Más adelante me encontré en el corazón del sur de Phoenix, dirigiendo las instalaciones de un Club para Chicos y Chicas, y haciendo trabajo voluntario como oradora. Uno de los objetos que más llamaba la atención en mi oficina, en medio de los programas de desarrollo juvenil y los montones de archivos de chicos problemáticos, era mi libro de *Padre rico, Padre pobre.*

Un mes antes de conocer a Robert y a Kim, en el otoño de 2006, fui invitada a participar como oradora en la capilla de un centro correccional juvenil en Phoenix. Acababa de ofrecer un sermón espiritual e inmediatamente después de la oración, me atreví a proclamar que quería producir veinte millonarios en veinte años en la comunidad urbana. ¿Quién quería ser uno de ellos? Casi todos los cuarenta internos levantaron sus manos con mucho entusiasmo y me dijeron: "¡Elígeme a mí!". Esa prisión correccional fue un lugar poco común para tener una visión así por primera vez; sin embargo, creo que fue una especie de confirmación de la visión que Dios había puesto en mi corazón y en mi mente. Les dije que no sabía cómo iba a hacer que así fuera, pero que estaba segura de que sucedería.

Un mes después conocí a Robert Kiyosaki, cuando fue a visitar a los jóvenes en mi Club de Chicos y Chicas de Phoenix. Ahí compartió información sobre su juego de mesa, *CASHFLOW.* Después de una visita de cuarenta y cinco minutos, pude tener una visión de Robert, de la misma forma que me había pasado con los jóvenes internos de la correccional. Veinticuatro horas después recibí la llamada de un integrante del equipo de Padre rico; me dijo que Robert quería proveerme la educación financiera y los recursos necesarios para darle empuje a mi sueño. Entonces comencé a asistir a intensas sesiones de entrenamiento, y a aprender sobre activos durante seis meses continuos.

Tiempo después, Robert me dijo que, para poder inspirar a otros, primero tendría que volverme millonaria, y que para eso necesitaría educación financiera y buenos mentores. Para ser franca, me sentí muy abrumada y no dejaba de preguntarme en qué me había metido. Creía que el mundo bursátil era para gente que tenía dinero y que vivía en comunidades muy acomodadas. Por esa misma razón me pregunté, "¿Cómo podría enseñar los principios de la riqueza a una comunidad que se está muriendo y cuyos niños se encuentran en la pobreza extrema?".

En mi papel de Directora de sucursal del Club para Chicos y Chicas, tenía que luchar contra las deprimentes condiciones de una comunidad en la que había altos índices de tráfico de drogas y prostitución. Noventa por ciento de los niños recibía un almuerzo gratuito; más de setenta por ciento provenía de hogares de padres solteros. Comencé a dudar si podría competir con los negocios de narcóticos que prosperaban en nuestras calles. Trabajar para conseguir dinero inmediato, les resultaba muy lucrativo a los distribuidores de drogas, así que, con mucho miedo y dudas, reuní aproximadamente a treinta adolescentes (algunos participaron en contra de su voluntad) para comenzar a jugar *CASHFLOW*. Entre esos muchachos había proxenetas, prostitutas y vendedores de drogas. Pensé que, pasados cinco minutos, empezarían a insultarme y a arrojarme cosas, pero, tres horas después, seguíamos jugando. Por supuesto, enfurecieron cuando tuve que dar por terminado el juego.

Esa experiencia me enseñó varias cosas. Noté que algunos de los adolescentes ni siquiera podían leer bien las tarjetas o realizar las sencillas operaciones matemáticas que se presentaban en los estados financieros. Sin embargo, eso no los detuvo. Se divirtieron muchísimo haciendo negocios, comprando casas y negocios, ¡y estrujando billetes de millones de dólares de juguete! El juego captó su atención e incendió su imaginación. Entonces, comenzaron a soñar en invertir. Un día, de repente, Ricky, un conocido traficante de drogas, decidió que quería cambiar su vida y aprender sobre bienes raíces. David, otro joven, le pidió a su madre que lo sacara de todos los cursos de regularización a los que asistía, y que lo inscribiera en el horario escolar regular. Poco después, su familia compró un juego de *CASHFLOW*. Esos niños estaban emocionadísimos, y no pasó mucho tiempo antes de que me preguntaran, "¿Y ahora qué sigue?". Les dije que no sabía, que yo también estaba aprendiendo.

Gracias al entrenamiento y a la información que recibí de mis mentores, aprendí sobre *commodities* como la plata. Me fui interesando cada vez más, y luego, de repente, grité, "¡Podemos hacer esto! ¡Plata! Podemos invertir en plata y aprender a observar las fluctuaciones del mercado con un insumo muy bondadoso, tangible y real". En aquel entonces, la onza de plata costaba 11.50 dólares, por lo que decidí comprar sólo una para irme familiarizando con el proceso. Los chicos, el personal y los padres, aprendimos juntos a observar el mercado. En todas las computadoras del laboratorio de aprendizaje se marcó el sitio de Internet del mercado de metales preciosos para que la gente pudiera tener acceso inmediato. El Club de Chicos y Chicas rezumbaba por la emoción que creaban los vaivenes del mercado.

La emoción llegó a ser tan fuerte en ocasiones que, el día de paga, mi personal iba con su cheque (que era de apenas por encima del salario mínimo) a la tienda de numismática local para comprar barras de una onza de plata. "¡No podemos dejar solo el club para ir todos a comprar!", les tuve que decir, así que nos turnamos cada semana, hasta que tuvimos cerca de cien onzas. Entonces comenzamos una compañía de responsabilidad limitada (LLC), a la que llamamos Silver Million. El objetivo de la compañía era ayudar a iniciar micronegocios con la plata que logramos acumular. La experiencia nos brindó mucha libertad y poder. Creímos que sería posible adquirir activos y riqueza, con tan sólo dar el primer paso con la compra de la plata.

Recuerdo que quería enviar a Ricky a una escuela de inversión inmobiliaria para que tuviera otra opción que no fuera vender drogas. Ahora que lo pienso, creo que debí tener un mejor plan para la transición que harían los muchachos hacia la actividad empresarial. Sin embargo, puedo decir que la visión continúa viva y que mi sueño es hacer que suceda.

Algo es seguro: creo que todo es posible en cualquier situación y ambiente. Si los chicos "del barrio" pueden entenderlo, entonces cualquiera puede. No hay pretexto para no aprovechar la oportunidad cuando se presenta. En nuestro caso, la oportunidad nos la dio la plata.

Desde que empecé a jugar *CASHFLOW* y a asistir a entrenamientos, además de invertir en plata, me involucré en otro negocio. Ahora entiendo que los ingresos residuales y pasivos son los que me pueden brindar la verdadera libertad financiera, y que tengo que lograr que mi dinero trabaje a mi favor.

La aplicación de los principios de Mujer millonaria ha tenido un efecto profundo y directo en mi vida; me ha permitido tener un ingreso pasivo que se incrementa de manera constante. Ahora soy dueña de una compañía de mercadeo en Internet. La manejo desde mi casa, por lo que casi no tengo que usar papel ni hacer trámites. Ver que la nueva tendencia radica en dejar atrás lo engorroso y pesado de hacer las cosas de manera física, para dedicarse a sólo dar clic y ordenar productos, es para mí una muestra más de que hemos llegado al final de la era industrial. Ahora poseo bienes raíces virtuales de esta era de la información, en la que el comercio se realiza a través de medios sociales electrónicos. Para que yo pueda guiar a toda una generación de millonarios urbanos, primero tengo que convertirme en eso, yo misma. Tengo que ser una estudiante de por vida de los principios financieros, para poder aprender y mantenerme a la cabeza a pesar de los cambios en las tendencias. Ya no puedo tener una "mentalidad de máquina de escribir" en la era de las computadoras, porque si lo hago, sé que me dejarán atrás los demás.

Mi objetivo es tener una vida plena, espiritual y saludable, y, al mismo tiempo, asegurar mi bienestar económico. Le agradezco a Dios haberme puesto en el camino hacia una vida pletórica de bendiciones y libertad. Ha llegado el momento de ponerme a la altura y aprovechar la oportunidad que tengo para acabar de una vez por todas con el negativo círculo de la escasez.

Trina White-Maduro, Chicago, Illinois, Estados Unidos

Mujer de negocios, inversionista y empresaria social, Trina White-Maduro es dueña de un negocio *unfranchise* (es decir, una franquicia, pero sin los altos costos de este sistema), invierte en metales preciosos y participa de manera activa en organizaciones comunitarias y religiosas. Trina creció en medio de un ambiente de violencia, drogas y pandillas, al sur de Chicago. Junto con sus otros catorce hermanos y familiares, fue criada en el hogar de una madre soltera. Su familia era muy pobre y subsistía con muy pocos recursos. Trina sobresalió en los deportes y, en un principio, consideró que el baloncesto profesional podría ser su destino y su vehículo para alcanzar el éxito. Más adelante eligió hacer

carrera en el trabajo social y el ministerio religioso a través de organizaciones sin fines de lucro e iglesias, labores que ha realizado por vein-
tiún años. Actualmente es empresaria en el ámbito social y entiende la
manera en que se pueden utilizar los recursos para crear oportunidades
y mejorar las vidas de aquellos a quienes sirve.

CAPÍTULO 38

LOS ACTIVOS SON LOS MEJORES AMIGOS DE UNA CHICA

Para emprender el vuelo y alcanzar tu máximo potencial, se requiere...

Elige tu tipo de activo preferido. Tal vez ya sabes cuál es y ya comenzaste a invertir. De no ser así, entonces investiga un poco y trata de definir con qué activo te identificas más. ¿Cuál coincide más con el tipo de persona que eres y las inversiones que te parecen tan interesantes como desafiantes?

Practica y trata de desarrollar tu habilidad para invertir. De esa manera, tus activos generarán flujo de efectivo y recibirás retornos muy atractivos. Entre más inteligente seas con tu dinero, más cómoda te sentirás al involucrarte en activos de otro tipo.

Ya redefinimos lo que significa diversificarse, y vimos que no se trata de distribuir tus inversiones dentro de una misma gama de activos como los de papel, sino en participar en los cuatro tipos que existen.

Recuerda que cada tipo responde de manera distinta a los vaivenes de la economía, tanto en el escenario nacional como en el global. Un activo que puede estar en auge el día de hoy, mañana podría sufrir un colapso y viceversa. Tu negocio se encuentra en la columna de activos de tu hoja de balance, y como en cualquier negocio, tienes que estar muy al pendiente de lo que ahí suceda.

Cada tipo de activos tiene ventajas y desventajas. Los activos de papel se mueven de manera rápida y brindan liquidez. Los bienes raíces son lentos y no se pueden vender para obtener efectivo de manera inmediata. Lo que es una ventaja para un inversionista, podría ser una desventaja para otro; por eso te reitero que tienes que ser fiel a ti misma.

El riesgo de toda inversión radica en el inversionista, no en el proyecto. Por eso, siempre que metas tu dinero a *cualquier* proyecto que no entiendas, estarás corriendo riesgos. La única manera de disminuir el riesgo es aprender y ganar experiencia poco a poco.

Finalmente, hablamos de los cuatro tipos *principales* de activos. El hecho es que puedes invertir en *cualquier* cosa que creas que te puede dar retornos importantes a cambio de tu dinero. La gente ha invertido en todo tipo de cosas, de vinos añejados a obra pictórica, de automóviles antiguos a muñecas Barbie. El mundo de la inversión es tan amplio como tu imaginación, así que, sé curiosa y atrevida, y disfruta de la aventura de explorar los distintos tipos de activos. ¡Salud por la avezada inversionista que vive dentro de ti, aquella que está a punto de emprender el vuelo!

CUARTA PARTE

ALCANZA LA REALIZACIÓN DE TUS SUEÑOS FINANCIEROS

CAPÍTULO 39

UNE TODAS LAS PIEZAS

*Para emprender el vuelo y alcanzar la recompensa
de la libertad financiera, se requiere...*

Aspira

Elige tu sueño. Crea una visión nítida de cómo percibes tu sueño y tu libertad financiera. Aférrate a esa visión a lo largo de todo el viaje.

Adquiere

Adquiere el conocimiento, la educación, la información, las cifras y los datos que necesitas para actuar. Esta etapa de adquisición es permanente porque los mercados y la economía siempre están cambiando.

Aplica

Aplica el conocimiento que adquieras en el mundo real. Actúa. Pon en práctica todo lo que has aprendido. Con tan sólo una pequeña cantidad del conocimiento que has adquirido, puedes moverte rápidamente hacia la etapa de aplicación. Todos los pequeños pasos que des al aplicar tu conocimiento te conducirán a un aprendizaje insospechado y te brindarán resultados que no esperas.

Alcanza

Una de las claves de este proceso es llevar a cabo, todos los días, aunque sea una pequeña acción que te acerque más a tu sueño financiero, el cual se encuentra en la "A" de la cuarta etapa: *Alcanza*. A lo largo de tu travesía irás alcanzando objetivos; lo harás con cada logro o éxito. Asegúrate de celebrar cada uno de ellos, porque el verdadero gozo radica en esos momentos en los que la sensación de logro y triunfo hacen que te eleves.

Hacer es creer

Robert y yo nos regalamos la oportunidad de pasar una semana en Canyon Ranch, Tucson, Arizona. Canyon Ranch es un reconocido complejo de bienestar integral con actividades de salud y deportivas. Quisimos ir ahí para recargar nuestro cuerpo y nuestro espíritu.

Un día, mientras trabajaba en mi condición física, el experto me preguntó sobre mis hábitos alimenticios. Le dije que, por lo general, siempre hago dos comidas al día: desayuno o almuerzo, y cena. Le expliqué que, a veces miro el reloj y me doy cuenta de que ya son las 6:00 de la tarde y no he comido nada en todo el día. Sencillamente, comer no es una de mis prioridades. El entrenador me lanzó una mirada de desaprobación y dijo: "Necesitas hacer tres comidas al día". Por supuesto, fue algo que ya me habían dicho antes.

—No lo creí necesario antes, y ahora, tampoco –le dije–. Creo que si como tres veces al día voy a subir mucho de peso.

El entrenador se rió:

—Tienes que comer más durante el día, en los momentos que realizas más actividades como en la mañana y al medio día. Asimismo, debes comer menos en la noche porque es cuando no realizas tantas actividades.

El entrenador me explicó que, como soy una persona muy activa, si no como lo suficiente, en lugar de que mi cuerpo queme calorías, empezará a quemar músculo y, debido a eso, jamás lograré tener la condición física que podría desarrollar.

Todavía seguía peleándome con la noción de que comer tres veces al día me haría ganar peso, pero, como fui a Canyon Ranch para cuidar de mi salud, pensé que tal vez debería intentarlo.

Durante siete días me presenté religiosamente en el comedor, tres veces al día. No escatimé en absoluto. Hice tres comidas *completas* todos los días. De inmediato noté que tenía más energía. Por las mañanas, me sentía de mejor humor y tenía más vitalidad para el día. Seguí el programa y, después de siete días, no sólo no había ganado peso, de hecho, hasta había perdido aproximadamente un kilo. Soy muy afortunada porque, en realidad, no tengo problemas con mi peso. Me reuní de nuevo con el entrenador y, para mi sorpresa, incrementó la ración de comida que tenía que comer al día. Estaba sorprendida.

Lo importante de esta anécdota es que tenía una idea fija. A pesar de que desde que era joven comencé a escuchar que tenía que comer tres veces al día, nunca creí que los beneficios pudieran ser reales. Tenía la información pero no fue sino hasta que la aplique y comí tres veces de manera consistente que la experiencia y el conocimiento me empezaron a beneficiar de lleno.

Cuanto más rápido apliques lo que aprendes, más pronto obtendrás resultados y entenderás qué es lo que más te conviene en relación con tu dinero y tu estrategia para invertir.

Tan sencillo que hasta un niño de ocho años puede hacerlo

Un día, en 2010, la Compañía Padre Rico estaba presentando un evento en Londres. Bulent, nuestro chofer, nos recibió en el aeropuerto y nos llevó al hotel. En el trayecto conversamos un buen rato con él.

Nos enteramos de que un día decidió dar el gran salto y, con el dinero que había ahorrado, inició su propio negocio de limusinas. Nos dijo que tenía que trabajar mucho pero que las cosas iban bien. Bulent estaba bien familiarizado con las enseñanzas y la filosofía de la Compañía Padre Rico; ya le había empezado a enseñar a su hijo, Anil, sobre el dinero y las inversiones. Nos contó su historia.

Tuve una reunión con un corredor de bienes raíces para ver un edificio de diez departamentos. Un cliente llamó solicitando transporte para ir al aeropuerto, así que, en lugar de cancelar la cita con el corredor, le dije, "Enviaré a mi hijo en mi lugar".

> *Cuando Anil se presentó a la cita, el corredor se quedó sorprendido.*
> *Me llamó, y dijo, "Señor, me dijo que su hijo podía venir a ver la pro-*
> *piedad, pero, ¡este niño sólo tiene ocho años!".*
> *"Así es", le contesté. "Por favor muéstrele el inmueble. Él se encarga-*
> *rá de explicarme lo que vio". Entonces, el corredor y Anil fueron a ver*
> *la propiedad.*

Cuando conocí a Anil en nuestro evento, le pregunté qué había visto cuando fue a inspeccionar la propiedad. Me dijo que habían pospuesto el mantenimiento, que había más departamentos desocupados de los que se informaba en el anuncio, y que el ingreso neto de operación no incluía varios gastos importantes. Su conclusión final fue que la propiedad no representaba un buen negocio para su papá porque tendría que invertir más dinero del que había asignado en su presupuesto para reparar el edificio e incrementar el nivel de ocupación.

"Increíble", pensé. "¡Y sólo tiene ocho años!".

Dos meses después, recibí un correo electrónico de Bulent con el que quería actualizarme sobre sus negocios e inversiones. Me dijo que el otro día, cuando Anil llegó a casa, le dijo: "Papá, tengo un problema en la escuela".

—¿Qué sucede? –le preguntó Bulent.

Anil titubeó pero, finalmente, contestó:

—Sé más que mi maestra.

Bulent sólo sonrió porque, en lo que se refiere a negocios, dinero e inversiones, sí, Anil sabe más que su maestra. Bulent es un maravilloso ejemplo a seguir para su hijo. ¡Ha llegado la hora de emprender el vuelo! La hora de que, en lo que se refiere a los manejos financieros, más y más mujeres se conviertan en un modelo a seguir para sus hijas, sobrinas, y para las otras jóvenes del mundo.

Una joven madre

En una ocasión, junto con otras cinco mujeres, participé en un panel sobre el ámbito bursátil. Fue en un gran salón de conferencias repleto de mujeres. Una joven se acercó al micrófono para hacer una pregunta. Comenzó a hablar con mucha timidez, "Siento que soy una terrible inversionista y que, como madre, también dejo mucho que desear. Me encanta todo lo que estoy aprendiendo sobre las acciones y las *commodities*. He estado asistiendo a cursos y leyendo, y ya empecé a invertir por Internet. ¡Me fascina!". A medida que iba hablando, la emoción comenzó a invadirla. "El problema es que creo que soy una mala madre porque siento que debería pasar todo momento libre que tengo con mi hija de tres años".

Otra mujer del público se levantó de repente y le gritó a la joven: "Oh, por Dios, ¿acaso no te das cuenta del gran ejemplo que le estás dando a tu hija? Sé que tienes que hacer malabares para lograr tus objetivos, pero, dentro de muy poco, tendrás la oportunidad de enseñarle a ella. ¡Qué ventaja tan increíble le vas a dar!". Luego, la mujer volteó emocionada al público: "¿Cuántas de ustedes habrían deseado tener una madre que les hubiera podido enseñar todo esto cuando eran niñas?", preguntó. Y todas levantaron la mano.

Luego, la mujer que hizo las preguntas volteó y se dirigió a la joven madre: "Yo creo que al transmitirle tu conocimiento y tu experiencia financiera a tu hija, estás haciendo mucho más de lo que te imaginas por su futuro. Muchas felicidades". Y entonces, estallaron los aplausos.

La joven, sonriendo de oreja a oreja, sólo dijo: "Muchas gracias, jamás lo había visto desde esa perspectiva. Seguiré trabajando en mi libertad financiera".

El impacto en otras vidas

Anteriormente hablamos de la importancia de entender los números que se presentan en cada inversión. Las cifras son un elemento muy valioso porque, a medida que las mujeres sagaces en el aspecto financiero vayan haciendo que sus números crezcan en todo el mundo, mayor será el impacto que tengamos en la vida de otras mujeres, tanto jóvenes como mayores. Por supuesto, sé que cada mujer enfrenta desafíos diferentes, pero cuando escucho las historias, me doy cuenta de que también hay muchas mujeres que están atravesando por lo mismo que yo.

Cada vez que logramos hacer coincidir nuestras agendas, me reúno con mis cuatro amigas para hacer los viajes ciclistas en Francia. Nos juntamos y hablamos sobre la vida. Esa experiencia resulta muy gratificante porque todas pensamos de manera similar: todas nos sentimos optimistas respecto a lo que nos aguarda. Todas tenemos metas y sueños que estamos en camino de alcanzar, y tal vez uno de los rasgos más importantes que he detectado, tanto en mis amigas como en muchas otras mujeres, es el deseo de apoyarse y motivarse las unas a las otras para lograrlo. Esa sensación de afinidad y vinculación es muy difícil de describir. Lo único que puedo decir es que *no tiene precio*.

El equipo de Mujer millonaria y yo, apoyamos y animamos a todas las mujeres que están en busca de cumplir su sueño en la vida. Nosotros le aplaudimos a toda aquella que está dispuesta a ponerse de pie y convertirse en un modelo a seguir para otras mujeres, jóvenes y mayores. Asimismo, apreciamos a toda aquella que está dispuesta a hacer lo que se requiere hoy, para alcanzar su libertad y felicidad, mañana.

La comunidad de Mujer millonaria está diseñada precisamente para acercar a mujeres que piensan de manera similar y que están en busca de sus sueños, porque creemos que es necesario ayudar en la construcción de la confianza personal que cada una de ellas necesita para dar el siguiente paso en este viaje hacia la seguridad y la independencia financieras.

Aspira a tu sueño, *adquiere* el conocimiento, y luego *aplícalo* para que puedas *alcanzar* todo lo que quieres en la vida.

Una última historia…

No podemos contener las olas

Después de tantos años de vivir en Hawai, llegué a apreciar mucho a los hombres y a las mujeres que podían surfear. Era algo que yo jamás pude hacer. Llegué a pedirles prestadas sus tablas a mis amigos, pero, sencillamente, no se me dio. Recuerdo que en una ocasión, hace ya muchos años, estaba practicando sobre unas olitas y me emocioné mucho porque ya casi lograba ponerme de pie. Sin embargo, no noté que, detrás de mí, de pronto surgió una ola ligeramente más grande que las demás. Entonces me tiró de golpe de la tabla y me envió directamente a unas puntiagudas formaciones de coral. ¡Ouch! Ése fue el fin de mi carrera como surfista.

Por su parte, Robert creció surfeando en Hilo, Hawai, y como ahora vivimos ahí por algunos periodos, se compró una tabla. En cuanto la tuvo, quiso probarla; así que fuimos a Waikikí y, por diez dólares la hora, yo renté una de esas largas tablas que flotan y están diseñadas para principiantes. Ambos braceamos hacia las olas. Durante una hora estuve batallando, y jamás pude, ni siquiera, alcanzar una ola.

Miré a mi izquierda y noté que ahí mismo había un instructor local, ya mayor, trabajando con tres niños de aproximadamente diez años. Entonces braceé para acercarme y escuchar. El instructor les dijo que tenían que pasar por varias etapas. Primero, estarían recostados bocabajo sobre la tabla, luego tendrían que levantarse sobre las rodillas, luego, ponerse de pie. Traté de memorizar todo lo que les estaba enseñando.

Luego el instructor me lanzó una mirada y preguntó, "¿Tienes ganas de surfear hoy?". Yo asentí con la cabeza. "Muy bien", dijo, "entonces sigue mis instrucciones". "Voltea la tabla del otro lado para que mire hacia la playa. Cuando te diga que bracees, hazlo con toda la fuerza posible. No te detengas, y luego, cuando te grite 'De pie', te levantas". Yo volví a asentir con la cabeza.

"Puedo hacer esto", pensé.

—Prepárate –dijo–. Ahí viene una ola.

Volteé, miré hacia atrás y, efectivamente, vi que se estaba formando una pequeña ola.

—¡Bracea! –gritó el instructor–. ¡Bracea! ¡Bracea más y más fuerte!

Yo remaba lo más fuerte que podía, pero la ola me pasó de largo. El instructor se me quedó viendo.

—Cuando te diga que bracees, tienes que bracear de verdad. Dejaste ir la ola. ¿Estás segura de que quieres hacer esto? –me preguntó enfurruñado.

—¡Sí! –grité.

—Entonces, haz lo que te digo y no te des por vencida –me ordenó–. Colócate en posición. ¡Bracea! –gritó–. ¡Bracea!

Braceé hasta que sentí que se me salía el corazón, y entonces, mi tabla ya estaba sobre la ola, y ésta, la impulsaba. Estaba tan emocionada que casi me olvido del paso siguiente, pero el instructor gritó, "¡Ponte de pie! ¡Levántate ahora!".

Sentí temor de que el instructor me lastimara con sus palabras si no hacía lo que me estaba indicando, así que, me puse de rodillas, y luego de pie. "¡Guau!", pensé. "¡Estoy de pie!" Y en cuanto pensé eso me caí de bruces. Sin embargo, ya había experimentado la sensación de montar una ola. Me urgía volver a intentarlo.

Como el instructor estaba a punto de dar por terminada la clase de los niños, me gritó a lo lejos, agitando la mano, "Ahora te vas a quedar sola. ¡Bien hecho!".

—¡Gracias por sus enseñanzas!

Permanecí en la playa por dos horas más y, al final, ya podía ponerme de pie y llegar hasta la arena montada en las olas. ¡Me encantó!

La moraleja de la historia

Yo *aspiraba* a montar una ola, pero como no tenía quién me instruyera, el mar me frustró y me confundió. Las olas seguían llegando y yo no sabía qué hacer. Las olas me estaban ganando.

Lo único que necesité fue un poco de aprendizaje, *adquirir* el conocimiento sobre qué hacer. Al bracear, perderme las olas, y luego volver a bracear más fuerte hasta que pude montar una, *apliqué* el conocimiento para, luego, *alcanzar* mi sueño de *surfear*.

Fue algo mágico porque no sólo pude montar las olas, ¡también disfruté enormemente de la experiencia!

¡Salud por esos increíbles momentos en los que emprendemos el vuelo!

EPÍLOGO

¡Es hora de emprender el vuelo!

Es hora de ponerse por encima de los obstáculos y lidiar con ellos. Es hora de llegar más allá de donde creíste que podías llegar, en términos de tu inteligencia, valor, acciones y resultados.

Es hora de ponerte a la altura de tu genialidad financiera y hacer un poco de magia en tu vida.

A lo largo de este libro pudiste escuchar, por medio de las historias de muchas mujeres, qué es lo que *realmente* se requiere para cumplir tus sueños financieros. Todas estas mujeres son tan inteligentes como tú. Ninguna de ellas tuvo educación financiera o un buen comienzo en un principio, y, para colmo, tampoco contaban con grandes recursos. No obstante, todas ellas tenían la ventaja de que estaban dispuestas a hacer lo necesario para infundirle vida a su sueño. Ciertamente enfrentaron momentos muy difíciles y tuvieron que enfrentarse a la turbulencia, pero siempre disfrutaron mucho de sus momentos de triunfo, tanto de los grandes, como de los modestos. Hoy, esas mujeres son más inteligentes, más fuertes, más plenas y más felices gracias a sus experiencias.

Creo que este libro es importante para las mujeres de nuestra época porque, sin importar en qué punto te encuentras de tu vida personal y financiera, sabes bien que quieres un cambio. La pregunta que hay que hacerse es muy sencilla: "¿Cuándo?". ¿Cuándo tendrás el valor de ir detrás de lo que realmente quieres en la vida? Eso es lo que marca la diferencia entre sentarse en la banca y entrar al campo de juego.

Creo que nosotras las mujeres lo queremos todo. Queremos todo lo que somos, todo lo que podemos brindar y toda la gran diferencia que podemos marcar en el mundo. En cuanto te pones de pie y comienzas a perseguir tus sueños financieros, de manera instantánea, te conviertes en un modelo a seguir para todas las mujeres que te rodean. Dios bien sabe que necesitamos de mujeres fuertes y positivas que puedan dar el ejemplo en el mundo.

Por favor, utiliza este libro como referencia cada vez que necesites, a lo largo de tu viaje, que alguien te recuerde que sí, estás en lo correcto. Tal vez no siempre consigas lo que quieres o lo que esperas, pero sólo sacúdete el polvo y sigue adelante.

Este viaje es una aventura fantástica de sabiduría, experiencia, crecimiento personal, humor (sí, a veces tenemos que reírnos un poco de nosotras mismas), resultados sorprendentes y de esos momentos en los que nos quedamos atónitas. Recibe todo lo anterior porque eso es lo que te hace ser quien eres y lo que te otorga las recompensas que mereces.

Me siento muy honrada de que hayas elegido este libro. Recuerda que nuestra vida es tan sólo el resultado de las decisiones que tomamos, así que elige con sabiduría para ti misma.

¡Es hora de emprender el vuelo!

Reflexión final

"Todos nuestros sueños se pueden convertir en realidad, si tan sólo tenemos el valor de ir tras ellos", Walt Disney

AGRADECIMIENTOS

¡Un aplauso para las mujeres que, en todos los lugares del mundo, se están poniendo a la altura de su grandeza financiera!

Un aplauso a las mujeres que, de una manera tan generosa y abierta, compartieron sus historias con nosotros en *¡Es hora de emprender el vuelo!*

Un aplauso al equipo de Mujer millonaria y al equipo de Padre rico, por trabajar tan bien en conjunto, por desempeñar sus labores de una manera tan extraordinaria, y por inspirarme a dar lo mejor de mí.

A Mona Gambetta, por llegar más alto e ir más allá para llevar *¡Es hora de emprender el vuelo!* hasta las manos de los lectores.

A Anita Rodríguez, Rhonda Hitchcock, Marian Van Dyke y Mike Joe, porque no hay un equipo editorial mejor en el mundo.

A Lisa Lannon, por brindar de manera incondicional su tiempo y su conocimiento, para motivar a mujeres de todo el mundo a convertirse en sagaces mujeres millonarias.

A Robert, mi mejor amigo, mi socio de negocios, mi esposo… en ese orden.

A todos les agradezco desde el fondo de mi corazón.

ACERCA DE LA AUTORA

Kim Kiyosaki,
exitosa empresaria, autora de *best-seller.*

Kim Kiyosaki es una oradora reconocida internacionalmente, empresaria e inversionista en bienes raíces, que sabe perfectamente lo que se requiere para tener éxito y convertirse en una mujer independiente en el sentido económico. La experiencia de Kim de toda una vida en los negocios, bienes raíces e inversiones, respalda su misión de brindar educación financiera a las mujeres, la cual también le permite desempeñarse como oradora, anfitriona de programas de radio y televisión, anfitriona del programa *Mujer millonaria* de PBS, así como columnista para www.womanentrepreneur.com.

Mediante su marca internacional, Mujer millonaria, Kim aprovecha la experiencia de toda una vida en negocios, bienes raíces e inversiones, para servir como defensora de las mujeres en el ámbito económico, y para dirigir su pasión por proveer educación financiera con los productos Mujer millonaria.

Además de ser una mujer que se convirtió en millonaria por sus propios medios, Kim está felizmente casada (aunque defiende su independencia económica con furia). A menudo viaja y se desenvuelve como oradora al lado de Robert Kiyosaki, su esposo y autor de *Padre rico, Padre pobre*. *Mujer millonaria*, el primer libro de Kim, fue *bestseller* de *Business Week* y es uno de los cincuenta libros sobre finanzas personales más vendidos de todos los tiempos.

REFERENCIAS Y FUENTES

www.richwoman.com
www.richdad.com
CASHFLOW 101 Juego de mesa
Clubes de CASHFLOW

Busca el Club de CASHFLOW de tu ciudad, para que conozcas a gente que se reúne de manera regular para jugar *CASHFLOW*.

Entrenamiento Mujer millonaria: www.richwomancoaching.com
Entrenamiento Padre rico: www.richdadeducation.com

Libros
Libros de Kim Kiyosaki.
Libros de Robert Kiyosaki.
Libros de Robert Kiyosaki y Donald Trump.
Libros de negocios.
 Garrett Sutton, asesor de Padre rico.
 Blair Singer, asesor de Padre rico.
 Tom Wheelwright, asesor de Padre rico.

Libros de bienes raíces
 Ken McElroy, asesor de Padre rico.

Libros de activos
Andy Tanner, asesor de Padre rico

Libros de *commodities*
Mike Maloney, Oro y plata

Mujeres presentadas en ¡Es hora de emprender el vuelo!
Kim Babjak. KimCo LLC
www.kimbabjak.com

Lesley Brice. MC Residential Communities
www.mccompanies.com
www.mcresidential.com

Lisa Lannon. Journey Healing Centers
www.journeyrecoveringcenters.com

Kim Snider. Snider Advisors
www.kimsnider.com

How to Be the Family CFO: Four Simple Steps to Put Your Financial House in order

Eileen Spitalny. Fairytale Brownies
www.brownies.com

Otras fuentes
Índice Kolbe
www.kolbe.com/itsrisingtime

Herramientas Padre rico
www.richdad.com/resources/tools.aspx

ESTADO DE INGRESOS

INGRESOS

Descripción	Flujo de efectivo
Salario:	
Intereses/Dividendos	
Bienes raíces/Negocios:	

AUDITOR

(La persona que está a tu derecha)

Ingreso pasivo: $ _____

(Flujo de efectivo de Intereses/Dividendos +
Bienes raíces/Negocios

Ingreso
total $ _____

GASTOS

Impuestos:	
Pago hipotecario:	
Pago de préstamo escolar:	
Crédito del auto:	
Pago de préstamo para automóvil:	
Pago de tarjeta de crédito:	
Compras menores:	
Otros gastos:	
Gastos de los niños:	
Pago préstamo:	

Número
de hijos _____

(Comienza el juego sin niños)

Gasto por
hijo $ _____

**Gasto
total** $ _____

HOJA DE BALANCE

Flujo de efectivo mensual (NÓMINA) $ _____
(Ingreso total – Gasto total)

ACTIVOS

Ahorros:		
Acciones/Fondos/	# de Acciones	Costo/Acción:
Certificados de depósito:		
Bienes raíces/Negocios	Enganche:	Costo

PASIVOS

Hipoteca:	
Préstamos escolares:	
Préstamo automóvil:	
Tarjetas de crédito:	
Deuda compras menores:	
Bienes raíces/Negocios:	Hipoteca/Pasivo
Préstamo	

Deja salir a la mujer millonaria que hay en ti

Enfrentémoslo. Los hombres y las mujeres son diferentes en lo que se refiere a dinero. En el manejo del dinero y las inversiones, las mujeres tienen que superar dificultades muy específicas. Este libro *best-seller* de Kim Kiyosaki se enfoca en las fortalezas de las mujeres y en las oportunidades que éstas tienen en el ámbito económico actual.

Ha llegado el momento de que las mujeres se manejen de una forma más inteligente con su dinero. La pasión de Kim radica en educar y motivar a las mujeres a construir su seguridad financiera para poder vivir tranquilamente.

Kim les aconseja a las mujeres que:
• Se olviden de buscar un príncipe azul.
• Dejen de angustiarse por sus problemas económicos.
• Asuman el control de su futuro financiero.

Comienza tu viaje hacia la independencia financiera ahora mismo.

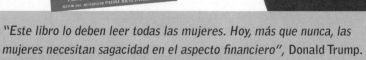

"Este libro lo deben leer todas las mujeres. Hoy, más que nunca, las mujeres necesitan sagacidad en el aspecto financiero", Donald Trump.

¡Consigue tu libro *Mujer millonaria*, hoy mismo!

Inicia con la ventaja de tener un entrenador de *Padre rico*

Empezar la aventura de la independencia financiera puede resultar muy abrumador. Aumenta tu confianza personal y acelera tu progreso con la guía de uno de los altamente capacitados e inspiradores entrenadores de *Padre rico*.

- Descubre tu misión, tu pasión y tu propósito.
- Construye una estrategia de inversión personalizada.
- Echa a andar tu plan para obtener la libertad financiera.

No importa si eres un inversionista avezado o si apenas estás comenzando el proceso, asóciate con un entrenador de *Padre rico* para lograr tus metas.

Echa a andar tu futuro hoy mismo con el entrenamiento de *Padre rico*.

El conocimiento es el dinero de hoy

El camino a la riqueza se construye con el conocimiento que se va recibiendo en el viaje. Únete a las miles de personas que ya estudiaron el arte y la ciencia de invertir, con los entrenadores y asesores de Robert y Kim Kiyosaki.

- Aprende en un ambiente práctico y acelera tu curva de aprendizaje.

- Maximiza tu potencial al aprender de quienes practican lo que predican.

- Obtén acceso exclusivo a expertos del más alto nivel.

Comienza tu entrenamiento con una asesoría previa en una ciudad cerca de ti, o participa en clases avanzadas en la categoría de inversión que elijas.

Vista www.richdad.com para obtener más información sobre oportunidades de entrenamiento y clases cerca de ti.

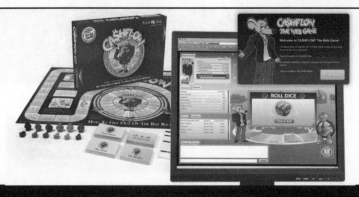

¡Conéctate con la comunidad global de Padre rico y Mujer millonaria! ¡Únete de manera gratuita!

Tú puedes hacer crecer tu mundo y tu red en la liga de Padre rico y Mujer millonaria, con sólo dar un paso muy sencillo. Únete de forma GRATUITA a la comunidad de Padre rico en www.richdad.com, y continúa tu viaje hacia el bienestar financiero. Aprende, conéctate y juega juegos con gente que piensa de manera similar a ti y que está comprometida a incrementar su IQ financiero. ¡Igual que tú!

Regístrate gratis y disfruta de:

• Inspiradores foros de discusión.

• Acceso a nuevos productos y eventos de Robert y Kim.

• Chats en vivo con Robert y Kim.

• Intercambio de ideas e información con otras personas.

• Desafiantes juegos con otras personas del mundo.

Padre rico y Mujer millonaria están comprometidos a comunicarse contigo a través de los canales de los medios sociales. Sigue los inspiradores *threads* en Twitter, conéctate y participa en un creciente grupo de admiradores de la comunidad de Padre rico en Facebook, ¡y disfruta de los beneficios que tiene la gente con educación financiera!

¡Visita **richdad.com** hoy y únete GRATIS
a la comunidad de Padre rico!

NOTAS

NOTAS

NOTAS

Este libro se terminó de imprimir en el mes de
abril de 2012, en Edamsa Impresiones S.A. de C.V.
Av. Hidalgo No. 111, Col. Fracc. San Nicolás Tolentino C.P. 09850,
Del. Iztapalapa, México, D.F.